KB129057

Dramatherapy and Destructiveness
Creating the Evidence Base, Playing with Thanatos

연극치료와
파괴성

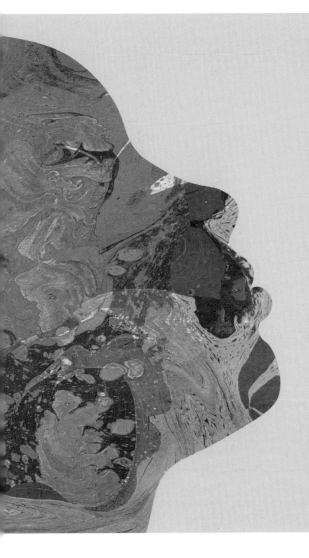

Ditty Dokter · Pete Holloway · Henri Seebohm 편저
박미리 · 김숙현 · 배희숙 · 심정순 · 오수진 · 윤일수
이가원 · 이두성 · 이선형 · 이효원 · 장인숙 · 정순모 공역

학지사

책머리에

> 이 어둠의 자식은 제가 알죠.
>
> (Shakespeare, 『태풍』, 5막 1장)

자 기 자신이나 다른 사람에게 '해를 가하는' 참여자를 만나는 심리
치료사에게 매우 중요한 자료라 여겨지는 이 책의 서문을 쓰게 해
준 편집자들께 감사를 표한다. 이렇게 말하는 몇 가지 이유를 짧게 살펴보
겠지만, 이 책은 독자들에게 풍부한 성찰과 치료적 조언을 제공할 것이다.

이 책에서 주목해야 할 한 가지 주제는 이전에 없던 것을 있게 하는 것의
중요성이다. 우리는 범법자가 범죄를 저지르는 것은 경험의 상징을 창조하
지 못하기 때문이라고 생각한다. 그들은 자신이 생각하고 느끼는 것을 말로
명확하게 표현하지 못하며, 그것은 '감정 표현불능증alexithimia' 혹은 '정신
화 혹은 상징적 기능의 실패'라 부를 수 있다. 그것을 뭐라 말하든, 그 결과
는 의미를 소통하는 은유 대신 신체적 행동을 불러낸다.

> 손이여, 나를 위해, 말하라!
>
> (Shakespeare, 『줄리어스 시저』, 3막)

손은 너무나 무시무시하고 압도적이어서 두뇌와 마음이 표현하지 못하는 것을 행동하게 한다. 감정이 몸에 '갇혀' 경험의 서사적 차원은 물론, 신체적인 차원에서 언어적인 차원으로도 옮겨 가지 못하는 것이다(McAdams & Pals, 2006). 일반적으로 이것은 아동기의 방임과 고통스러운 외상적 경험이 두뇌 발달, 그중에서도 특히 감정 조절과 자기감의 발달을 관장하는 영역에 부정적인 영향을 미쳤기 때문일 것이다(Schore, 2001, 2003).

생각과 감정을 표현함에 있어 상당히 정상적인 능력을 전제로 하는 심리치료는 그런 환자를 감당하기가 쉽지 않을 것이다. 특히 일정 수준의 연역적인 정신화 능력이 필요한 인지치료가 그에 해당하며, 상징화 능력과 그에 대한 흥미를 요하는 정신분석 역시 예외가 아니다. 법의학 환경에서 자해하는 참여자와의 작업이 복합적이고 까다로운 이유가 바로 이것이다. 또 다른 문제는 우리가 만나는 환자들 다수가 인지 외에 다른 통로를 갖고 있지 않다는 점이다. 다시 말해, 그들을 폭력으로 이끈 것은 다름 아닌 (타인이나 자기 자신에 대한) 정서적이고 감정이입적인 태도의 결핍이다.

주로 몸에 집중하여 감정의 신체적 표현에 주력하는 심리치료는 감정 표현에 서투른 참여자를 그 모습 그대로 담아낼 수 있다. 나는 그것을 고난의 길로, 곧 자기 자신이나 다른 사람에게 심각한 폭력을 저지르고 난 이후의 삶으로 생각한다. 맥길크라이스트(McGilchrist, 2009)는 한 권위 있는 인터뷰에서, 대뇌 우반구가 세계에 대한 정서적 '반응take'을 조직하는 방식과, 특히 신체적 감정의 자각과 은유의 생성을 통해 감정 표현을 지지하는 방식을 설명한다. 그는 진화적인 관점에서 음악이 언어에 앞서 있음을 입증한다. 그리고 그것이 여전히 전 세계 사람들이 감정을 표현하는 주된 방식이라고 말한다. 시각예술은 상징을 만들고, 신체적인 참여를 허용하며, 연극치료와 춤동작치료는 몸을 다른 방식으로 재경험할 수 있는 가능성을 제공한다. 이 책은 맥길크라이스트가 신경과학의 관점에서 이론적으로 설명한 것을, 숙련된 연극치료사와 이론가의 관점에서 다시 논할 것이다.

이 책을 읽으면서, 나는 장애가 있거나 위험한 환자들이 자신의 행동과 경험을 미래가 있는 이야기로 변형하기 위해서 비극적인 서사를 창조할 필요가 있다는 아이디어에 충격을 받았다. 나는 최근의 발표(Adshead, 2010)에서, 해당 경험과 관련된 감정에 집중하게 함으로써 끔찍한 사건을 이해할 수 있도록 돕는 도구로서 비극을 바라보는 아리스토텔레스적인 견해를 살펴보았다. 그것은 여러 버전의 '공포' 스토리가 전개되는 형사 법정을 연상시켰다. 검사는 피고를 괴물로 묘사하겠지만, 피고는 그에 맞서 자신을 삶의 어두운 숲을 지나는 중에 실수를 저지른, 무슨 일이 벌어지는지 혹은 자신이 저지른 일의 진정한 의미가 무엇인지 미처 '보지' 못한 사람으로 피력하려 할 것이다. 자기 자신이나 모종의 추상적인 '타자'에게 폭력을 행사한 사람들도 마찬가지일 것이다. 그 경우 역시 진단과 표현되지 않은 경험의 서사는 모두 끔찍한 사건에 대한 이해를 끌어내는 계기가 된다.

심리치료사는 범죄자를 나중에 만나게 된다. 그래서 이미 여러 버전의 이야기를 알고 있지만, 그럼에도 범죄자 자신의 이야기를 듣고자 한다. 그가 자신의 '목소리'를 찾을 수 있다면, 자신을 폭력적으로 만든 혹은 고통을 행위화하게 한 '어두운 힘'을 인식할 수 있으며, 그 후에야 비로소 경험에 대한 개인적 서사로 작업해 들어갈 수 있다. 도덕적 정체성, '내가 되고자 하는 사람'의 목소리를 만나는 것 또한 바로 그 개인적 서사의 차원에서 가능하다.

창의적 치료는 재생과 회복에 꼭 필요한, 보다 깊고 비언어적인 정신기능에 접근하는 경로를 제공한다. 참여자의 황량하고 상처 입은 내면의 풍경으로 들어가 뭔가 새로운 것을 길러 내는 것이다. 이 책에 실린 연극치료의 증거, 경험, 체현된 은유, 상징과 관계에 초점을 둔 작업은 상처 입은 사람들과 만나는 나의 작업을 보다 깊이 돌아볼 수 있게 해 주었다. 그 만남은 우리로 하여금 얻을 수 있는 모든 도움을 구하게 한다.

그웬 애드쉐드(Gwen Adshead)

서 문

이 세상이 파괴성의 표현과 파괴의 힘으로 가득하다는 것은 자명한 사실이다. 지구 환경과 사회정치, 문화와 가정, 대인관계로부터 개인내적 영역에 이르기까지, 파괴 혹은 파괴성과 자기파괴는 다양한 가면을 쓴 채 만연해 있다. 역사적이고 문화적인 환경의 측면에서, 또 인간으로서 파괴적인 행동을 할 수 있다는 관점에서, 우리는 그 힘을 자기 자신이나 다른 사람들에게 행사한다. 무엇보다 치료를 받으러 오는 참여자들의 경험이 이를 잘 보여 준다. 파괴적 힘에 의해 왜곡된 자아감을 보여 주는 이야기와 자기 자신이나 다른 사람에게 잠재적 파괴성을 실행하는 능력에 대한 명백한 위협은 치료적 공간에서 다루는 인간 경험의 딜레마와 결코 다르지 않다.

창조적 상상력과 창조성이라는 타고난 능력을 근거로 삼는 연극치료사와 여타 창조적 예술치료사들에게, 파괴성의 경험과 표현은 새로운 가능성의 생산적이고 생성력 있고 창조적인 측면과의 뚜렷한 대조를 이루며 하나의 도전을 제공한다. 한편, 실제 현장에서 파괴적 참여자를 대상으로 한 연극치료는 또 다른 도전을 제시한다. 그것은 극화를 바탕으로 한 작업이 폭력적이고 공격적이며 위험한 특질을 '행위화acting out'하도록 자극하지 않을까 하는 두려움이다. 그러나 예술치료 전반, 그중에서도 특히 연극치료는 참여자와 치료사가 임상적 문제뿐 아니라 파괴성의 표현을 다루어야 하는 환경에서 발달해 왔다. 이야기를 본격적으로 전개하기에 앞서 예술치료의 역사적 발달과 정의를 살펴보도록 하자.

예술치료: 역사적 맥락

영국에서 각기 독자적 분야로 인식되는 네 가지 예술치료의 역사를 다룬 책이 출간된 것은 최근의 일이다(Jones, 2005; Karkou & Sanderson, 2006). 존스(Jones, 2005)는 네 분야가 공히 작은 집단을 이끄는 개척자들이 협력하여 해당 영역의 실제 작업과 교육기관과 협의체를 발달시켜 왔음을 보여 준다(Jones, 1996; Nordoff & Robbins, 1971; Payne, 1993; Priestley, 1975; Waller, 1991). 자격증을 취득한 개인에 대한 존스의 강조는 비교적 최근의 상황이다. 다른 나라에서 훈련받고 자신의 나라로 돌아가 예술치료라는 새로운 분야를 개척하는 이들도 있다(Dokter, 1998; Waller, 1998).

유럽예술치료협회ECAT 산하 교육기관은 각 지역에 산재한 유럽 예술치료의 연결망을 만드는 것을 목표로 삼아 왔다. 격년으로 회의를 주최하고 출판물을 간행하여 유럽에서 행해지는 다양한 작업과 훈련 과정을 소개한다. 월러(Waller, 1998)는 영국과 여타 유럽 국가를 대상으로, 각국의 사회정치적이고 의료적인 다양한 맥락에서 행해지는 예술치료를 면밀하게 조사하였다.

많은 연구가 경계 없는 다양성을 지적한다. 해당 분야의 발전에 지대한 의미를 갖고 있음에도 그 이론적이고 정치적인 방향에 대해서는 명확하게 언급하지 않는 것이다. 카코우와 샌더슨(Karkou & Sanderson, 2006)의 연구는 주요 정보제공자 면담을 통해 영국의 상황을 개괄한 반면, 존스(2005)는 문헌 연구와 면담으로 전 세계에서 행해지는 예술치료의 공통점과 차이를 연구한다.

존스(2005)는 다양한 하위집단이 고유한 설명과 정의에 도달하는 과정을 보여 준다. 이론 중심으로 스스로를 규정하는 집단이 있는가 하면, 실제 작업의 맥락에서 자신을 정의하는 이들도 있다. 존스는 예술치료가 실행되는 환경을 개괄한다. 그는 "작업의 범위는 치료사의 태도와 특성 그리고 보건 의료 체계와 더불어 경제적이고 정치적인 상황에 의해 제한될 수 있다."고 지적한다(Jones, 2005: 19). 예술치료사들은 유사한 환경에서 작업하는 반면, 접근방식에서는 차이를 보일 수 있다(Karkou, 1999).

　카코우는 전문 기구에 등록된 영국의 예술치료사 40%를 대상으로 조사를 했다. 각 부문별 구성을 보면 미술치료사가 51.6%로 가장 많고, 음악치료사가 21%, 연극치료사가 19%, 춤동작치료사가 7%를 차지한다. 주요 작업 환경으로는 48.5%를 점유한 의료기관이 가장 높고, 교육 환경이 16.5%, 사설 단체가 12.7%, 지역사회 기관이 12%, 개인 작업이 7.6%, 기타가 2.8%로 나타났다. 의료기관에서의 작업이 거의 절반을 차지하고, 영국의 예술치료사 중 절반 이상이 미술치료사인 것이다.

　카코우와 샌더슨(2006)은 1989년과 2004년 사이에 영국에서 예술치료의 정의가 어떻게 변해 왔는지를 보여 준다. 월러(1998) 또한 전 세계의 음악치료를 연구한 브루시아(Bruscia, 1998)와 위그램 등(Wigram et al., 2002)의 선례를 따라 유럽을 배경으로 예술치료의 정의가 변화하는 과정을 살핀다. 관련 기구의 웹사이트에 게시된 최근의 정의는 다음과 같다.

- **영국미술치료사협회(BAAT 웹사이트):** 미술치료는 훈련된 미술치료사가 지켜보는 가운데 미술 재료를 이용하여 자기를 표현하고 성찰하는 것이다. 미술치료사는 참여자가 만든 이미지를 미학적으로나 진단적으로 분석하는 것을 제일의 초점으로 삼지 않는다. 미술치료사에게 가장 중요한 목표는 참여자가 안전하고 촉진적인 환경 속에서 미술 재료를 다룸으로써 개인적 차원에서 변화하고 성장할 수 있도록 돕는 것이다.
- **영국연극치료사협회(BADth 웹사이트):** 연극치료는 치료적 과정으로서 드

라마와 연극의 치유적 양상을 의도적으로 사용하는 데 주된 초점을 둔다. 그것은 창조성, 상상력, 학습, 통찰, 성장을 촉진하기 위해 행동 접근법을 사용하는 놀이이자 작업 방식이다.

- **영국춤동작심리치료협회(ADMP UK 웹사이트)**: 춤동작치료는 움직임과 춤을 심리치료적으로 사용하는 것이다. 참여자는 그것을 통해 정서적·인지적·신체적·사회적 통합 과정에 창조적으로 참여할 수 있다.
- **영국음악치료협회(BSMT 웹사이트)**: 음악치료에는 다양한 접근법이 있다. 하지만 그 근본을 이루는 것은 참여자와 치료사의 관계다. 음악을 하는 것은 이 관계에서 일어나는 소통을 위한 기반을 형성한다.

이상의 다양한 정의는 예술치료가 심리치료에 속한 것인가 아니면 예술 양식인가를 둘러싼 현재의 논쟁을 반영한다(Karkou & Sanderson, 2006). 예술 양식을 서로 비교해 보면(Karkou & Sanderson, 2006), 미술치료가 음악치료와 연극치료에 비해 정신분석적/정신역동적 견해에 좀 더 의지하고, 춤동작치료와 연극치료가 음악치료에 비해 인본주의적 체계에 더 가치를 부여하며, 연극치료가 미술치료보다 인본주의적 경향을 띠는 것을 알 수 있다. 연극치료는 다른 예술치료 분야에 비해 예술적/창조적 과정을 강조한다. 그리고 음악치료를 제외한 나머지 예술치료는 모두 절충적/통합적 접근법을 중시한다.

연극치료와 파괴성

이 책은 연극치료 과정에서 발생하고 다뤄지는 파괴성의 현상을 탐험하고자 하는 작은 시도다. 카코우와 샌더슨(2006)의 연구에서 드러난바, 대다수 연극치료사들이 연극치료를 인본주의적이고 정신역동적인 전통, 창조적 과정에 기반을 둔 접근법과 절충적/통합적 관점에서 접근한다고 할 때, 이 책의 필진과 전반적인 편집 방향 역시 동일한 입장을 견지한다. 이 분야의 다른 많은 연구자가 정신분석과 체계 이론을 배경으로 하며, 따라서 카코우가 말한 바에 따라 '절충적/통합적' 관점이 적절할 듯하다. 필자들은 연극치료사가 자신과 타자에게 파괴적인 참여자와 작업할 때 겪는 도전과 가능성을 일련의 작업 기반 증거로 드러낸다는 목표를 가지고, 그 현상을 철학적·문화적·임상적 맥락에서 고찰한다. 처음 세 장은 문화 이론과 심리치료 그리고 예술치료의 관점에서 현장에서 진행되는 작업과 관련된 주제를 정리한다.

1장에서 편집자들은 파괴성을 해석하는 문화적이고 심리치료적인 다양한 관점을 살피고, 파괴성의 미학과 그것이 예술적 창조성과 맺고 있는 다층적 관계에 기반을 둔 대안적 예술의 관점을 제시한다.

필 존스Phil Jones는 2장에서 연극치료사들이 파괴성과 창조성과의 만남을 어떻게 기술하는지를 탐험한다. 존스는 대화 분석을 통해 연극치료사들이 자신의 작업을 표현하는 방식과 그 효율성을 설명하는 방식을 연구한다.

디티 독터Ditty Dokter는 3장에서 임상 작업의 기록과 발전에 연관된 작업 기반 증거/증거 기반 작업의 주제를 논한다. 그리고 다양한 파괴적 양상을 보이는 참여자 집단을 대상으로 한 예술치료와 연극치료의 개입과 관련하여 증거 기반 작업의 현황을 자세히 살핀다.

뒤에 이어지는 장들은 특정한 임상 영역이나 초점이 된 문제와 관련하여 파괴적 잠재력을 다루는 여러 방식을 탐험한다. 4장에서 램스덴Ramsden은 정서적·사회적·행동적 문제가 있는 초등학교 남학생들이 세대 간 트라우마를 담아낼 수 있도록 한 연극치료를 살펴본다. 5장에서 질Zeal은 미성년자 위탁교육기관에서 진행한 반항적인 행동으로 퇴학당한 청소년과의 작업을 이야기한다. 독터가 쓴 6장은 경계성 인격장애BPD와 자해증상을 나타낸 17세 소녀에 주목하여, 치료적 공동체에 기반한 예술치료 집단과정을 기술한다. 잭슨 역시 심한 학습장애인의 자해 현상을 다루면서, 특히 자해의 의미에 관한 과정을 명료화하기 위해 연극치료사들을 면담한다. 조그라포우Zografou는 익명의 알코올중독자 모임Alcoholics Anonymous에 속한 성인을 대상으로 작업한다. 그녀는 물질 오용으로부터의 회복이라는 희망과 그에 대한 저항을 탐험하기 위해 '영웅의 여정hero's journey'(Rebillot, 1993)을 활용한다. 시봄Seebohm은 법의학 환경의 치료 공간에서 일어나는 막힘 현상을 탐험한다. 막힘 현상은 치료사, 매체 혹은 환자의 감정과 관련하여 나타날 수 있다. 그녀는 그 경우에 창조적 놀이와 사고의 가능성을 유지하는 것이 관건이라고 주장한다. 그리고 연극치료 공간에서 파괴성이 표출되어 창조적 놀이와 사고의 가능성이 단절되면, 그 막힘 현상을 해결할 수 있는 이는 슈퍼바이저가 유일할 수 있다고 말한다. 손Thorn은 중간 위험군의 법의학 환경에 있는 흑인 여성 환자와의 작업을 통해 인종이라는 주제를 다루면서, 그것이 치료사와 환자 두 사람과 보다 광범한 치료팀을 구성하는 방식을 탐험한다. 그녀는 확장된 평가 과정을 기술하고, 자신의 역전이를 이론적 근거와 연결함으로써 애착을 형성하고자 하는 참여자의 노력을 드러내 보여 준다. 매칼리스터McAlister는 연극치료 집단, 그중에서도 특히 법의학 환경의 저항적인 환자 집단에서의 상징의 역할을 논한다. 그녀는 범법 행위와 정신질환을 모두 다루어야 하는 정신증 환자와 작업할 때 상징적 과정을 회복하는 것이 필요하다고 주장한다. 임상을 다루는 장은 피트 할로웨이Pete Holloway가 자살 생존자를 대상으로 특정한 맥락(정신역동적 관찰과 실존주의적 이론에 기댄 연극치료 접근법을 활용한)에서 진행한 작업으로 끝맺는다.

13장에서 편집자들은 앞서 살펴본 장의 주제를 집약하고, 연극치료에서 파괴적 표현에 대하여 창조적 반응의 가능성을 견지하기 위해 무엇이 필요한지를 설명한다. 그리고 마지막으로 연극치료사와 함께 일할 수 있는 다른 전문가들을 소개하여 진행 중인 작업을 좀 더 자신 있게 기록하고 평가하여 객관적인 근거를 축적할 수 있도록 돕는다.

감사의 말

서론을 마치기 전에 필자들에게 감사를 표하지 않을 수 없다. 때때로 작업 환경이나 참여자로 인해 겪게 되는 압도적인 낙담, 두려움, 비관주의에 맞서 창조적 가능성을 굳게 믿으면서 혁신적인 작업을 개발하느라 애쓴 그들 모두에게 박수를 보낸다. 우리는 또한 증거 기반 작업 연구 프로젝트Evidence-Based Practice Research Project를 위탁 진행함으로써 이 책의 이론적 근거를 보강해 준 영국연극치료사협회와 그 회장인 매들린 앤더슨 워렌Madeline Andersen-Warren에게 큰 빚을 졌다. 최종 자료를 모으는 것을 도와준 데이비드 테이텀David Tatem과 리처드 시봄Richard Seebohm의 지칠 줄 모르는 노력에 무한한 감사를 표한다. 그러나 무엇보다 가장 고마운 이는 참여자들이다. 외부의 파괴성을 견디고 참아 내며 안으로 자신의 파괴성을 중재하고 담아내는 법을 배우기 위해 용기를 내고 창조성을 발휘한 그들이야말로 단순하지만 근본적이고 심원한 인간성의 증거다.

Pete Holloway, Ditty Dokter, Henri Seebohm

차 례

3부 지금까지 증거 기반 자료의 평가를 향하여

1부

파괴성과 연극치료

Dramatherapy and Destructiveness

Creating the Evidence Base, Playing with Thanatos

파괴성의 이해

Pete Holloway, Henri Seebohm, Ditty Dokter

파괴는 그러므로 창조와 마찬가지로 자연의 명령 중 하나다.

(Marquis de Sade)

개 요

이 장은 심리와 보다 광범한 문화에서 나타나는 파괴라는 현상의 역사와 동시대적 구성을 고찰하는 것을 목표로 한다. 정신역동적·문화적·예술적 관점에 대한 비평적 주석을 제공하고, 그것을 일종의 렌즈로 삼아 이어지는 장에서 임상 사례를 분석하고자 한다.

서 론

단어로서 '파괴성'—사회적으로 구성되고 문화적으로 협상된 의미의 언어적 기의—은 뚜렷하게 직접적인 의미를 갖고 있다.

  1. 분쇄 혹은 파멸의 특질
  2. (심리학) 파괴의 행동을 범하고자 하는 충동으로 추정되는 능력,
     파괴적 경향.

(Online Medical Dictionary, 1998; www.mondofacto.com)

단어의 뜻을 좀 더 깊이 살피기 위해 '파괴'의 정의를 찾아보면 이와 같다.

파괴하는 행위; 부수기; 망치기; 전복; 분쇄; 파멸; 근절; 유린.

(Webster, 1913)

그리고 '파괴하기'는

더 이상 존재하지 않거나 쓸 수 없도록 심하게 뭔가를 손상시키는 것.

(Cambridge Online Advanced Learner's Dictionary, 2008)

하지만 우리가 경험experience과 행위behavior로 드러나는 파괴성을 고찰하려 한다면, 상대적으로 정직한 이 개념들보다 훨씬 더 넓고 다층적인 함축적 의미를 살펴야 할 것이다. 그러니까 쓰나미, 지진, 테러, 살인, 자살과 같이 '더 이상 존재하지 않거나 쓸 수 없도록 뭔가를 심하게 손상시키는' 파괴적인 힘과 파괴성의 행위가 있다. 그러나 다른 한편에는 대상을 완전히 파

괴하지 않으면서 해를 입히고 불구로 만들며 상처를 주는 파괴성의 행위 그리고 마음속 어두운 환상의 은거지에 남아 있으면서 의도적 행위의 표면에 슬쩍 파문을 일으키는 파괴성의 또 다른 양상이 있다.

　이 장의 목적과 앞으로 전개될 임상 작업에 대한 논의를 위해, '파괴성'을 그 **결과**effect가 아닌 내적 동력의 측면에서 좀 더 명확하게 정의할 필요가 있다. 가령 그 진행 경로에서 건물을 집어삼키는 것과 상관없이, 태풍은 파괴성의 내적 동력을 갖고 있다. 그와 유사하게, 인간 심리의 파괴성 역시 그로 인한 결과가 언제 어떻게 외부 세계에 드러나는가와 무관한 내적 에너지를 가지고 있다. 그래서 이 책에서는 파괴성을 방화, 살인, 자살 등 실제 결과 속에서 다루기도 하고, 대상을 총체적으로 말살하는 파괴성의 현상보다는 그 내적 에너지에 초점을 맞추어 살피기도 한다.

　여기서는 '파괴성'을 일차적으로 심리내적인 그리고 사람들의 관계 속에서 나타나는 경향으로 간주할 것이다. 그것은 공격, 폭력, 언어적 학대 등으로 뚜렷하게 외화되기도 하고, 외적 행위를 추동하기는 하나 골 부리기, 지루해하기, 물러나기와 같이 직접적이지 않은 행위로 나타나기도 한다. 또 다른 맥락에서 표현하기에 너무나 강력하고 위험하게 느껴지는 그 에너지는 진정 땅속 깊은 곳으로 사라져, 바깥으로는 '수동-공격적'이고, 외부 세계에 대해 과도하게 순응적이거나 해리적인 반응을 나타내기도 한다.

　지금까지 본 바, 우리는 파괴성을 외적 행동의 내적 에너지 혹은 추동자로서, 그의 후계자들이 **타나토스**Thanatos라 부른 프로이트의 "죽음 본능death instinct" 개념에 한정하고자 한다(Jones, 1957: 295). 많은 학자들이 인간의 파괴적 잠재성과 그 발현을 정신분석의 맥락에서 논의해 왔다.

정신분석적 이해: 파괴성과 죽음 본능

　정신분석적 전통은 가장 눈에 띄는 공격성의 형식은 자기나 타인을 향한 폭력이지만, 무의식적인 공격성은 다양한 모습으로 가장할 뿐 아니라 치료 과정에서 잠재된 환상으로 나타나기도 한다고 말한다. 퍼렐버그Perelberg는 『폭력과 자살에 대한 정신분석적 이해Psychoanalytic Understanding of Violence and Suicide』(1999)의 '폭력의 주요 환상'이라는 장에서 이 주제를 자세히 논한다. 그는 그 책의 첫 장인 '문학과 새로운 형식에 대한 비평'에서 이렇게 말한다.

> … '공격성aggression'이라는 말은 자기주장부터 파괴성에 이르는 광범한 행위를 지칭해 왔다. 공격성 이론은 욕동 이론에서 자아심리학과 대상관계이론까지 다양한 정신분석적 형식을 포괄한다.
>
> (Perelberg, 1999: 20)

　퍼렐버그는 프로이트의 욕동 이론에서 시작한다. 프로이트는 인간이 일련의 '욕동drives'으로 구성되며, 그것은 다시 삶을 지향하는 '리비도적 본능'(에로스)이나 '니르바나' 곧 본질적으로 자아의 파괴를 위해 삶을 절멸시키고자 하는 '죽음 본능'(타나토스)에 의해 움직인다고 믿었다(Freud, 1920). 그는 모든 정신적 갈등의 근원에는 이 두 본능의 연합과 분리―둘 사이의 싸움―가 있다고 주장했다. '죽음 본능'은 파괴적인 패턴을 반복하는 인간의 강박을 이해하려 한 프로이트의 노력에서 나왔으며, 그가 분석에서의 저항과 치료에 대한 부정적 반응을 이해할 수 있도록 도와주었다. 프로이트는 공격성이 이들 두 '욕동'과 짝이 될 수 있다고 믿었고, 그래서 공격성을 건강할 수도 또 파괴적일 수도 있는 잠재력으로 간주하였다. 공격성은 성숙과

성적 표현을 향한 추진력이라는 맥락에서는 건강할 수 있으나, 특히 심리의 균형을 위협하는 대상에 대한 증오 속에서 자기보존 본능과 만날 때는 파괴적으로 변한다. 공격성은 '죽음 본능'에 연결될 때, 불가피하게 자기 자신과 타자를 향해 파괴적으로 나타난다(Harding, 2006: 6).

멜라니 클라인Melanie Klein은 '대상'을 파괴하는 것과 보존하는 것 사이에서 지속적인 싸움을 보여 준 아동과의 임상 경험을 통해 죽음 본능에 대한 아이디어를 발전시켰다. 그녀는 삶과 죽음 본능에 필적하는 것으로, 생명을 유지하려는 마음 상태를 **우울 자리**the depressive position, 마음의 해체적 경향을 **편집 분열 자리**the paranoid schizoid position라 명명한다. 유아의 건강한 발달을 위해서는 한 자리에서 다른 자리로, 곧 편집 분열 자리에서 우울 자리로 움직일 필요가 있다. 그러나 각 자리는 없어지지 않고 유지되며 다양한 삶의 장면에서 다시 등장할 수 있다.

클라인은 유아가 **편집 분열 자리**에 있을 때 무시무시한 불안을 경험하고 그것이 절멸의 공포를 일으킨다고 믿었다(Klein, 1946). 그리고 이런 감정으로부터 유아를 보호하기 위해 '분열splitting'이 일어난다.

> … 죽음 본능의 일부가 외부 대상에 투사되고, 그 결과 그것이 학대자가 된다. 반면, 자아에 남아 있는 죽음 본능의 일부는 그 학대 대상에 대한 공격성으로 바뀐다.
>
> (Klein, 1946)

로젠펠드Rosenfeld는 거기에 이와 같이 덧붙인다.

> … 삶의 본능 또한 외부 대상에 투사되어 그것을 사랑스럽거나 이상적으로 느껴지게 한다.… 그리하여 이상화된 대상과 학대자 대상은 분열되어 동떨어져 있게 된다.… 그와 동시에 자아 역시 선한 부분과 악한

부분으로 갈라진다. 이 자아 분열의 과정은 삶의 본능과 죽음 본능 사이
의 긴장을 완화한다.

(Rosenfeld, 1971)

투사적 동일시projective identification는 투사에서 한 단계 나아가 자아의 원
치 않는 양상을 외부 대상뿐 아니라 그 내부로 투사한다. 개인은 투사적 동
일시를 통해 자신이 의식으로 가져올 수 없는 감정을 다른 사람이 느끼도록
(정서적으로/신체적으로) 만든다(Jenkyns, 1996).

일부 정신분석가들은 '죽음 본능'을 자신의 이론 체계에서 핵심 요소로
차용하는 반면, 로버트 로이스튼Robert Royston과 같은 이들은 죽음 본능을 그
대로 받아들이기보다 은유로 간주해야 한다고 주장하는 것을 볼 수 있다.
그는 죽음 본능을 '필요한 허구'라 표현하면서 다음과 같이 말한다.

본능적인 파괴성이 설령 존재한다 해도, 또 다른 차원의 파괴성이 있
다. 그것은 매우 강력하며, 양육자와의 파괴적인 경험이 자해 행위를 유
발하는 자극으로 작동한다.

(Royston, 2006: 36)

애착 이론을 향하여: 파괴성과 발달

위니컷Winnicott은 '학대적이거나 태만한 아동기 대상'이 유독성의 근원
이라는 로이스튼의 주장에 동의할 것이다. 그는 파괴적 경향의 임상적 증후
대부분이 유아기와 아동 초기의 정서적 박탈에 기원을 두고 있다고 보았다.
대상관계라는 클라인의 아이디어를 발전시킴에 있어, 위니컷은 공격성을 생
래적인 것으로 여겼다. 그러나 그는 공격성이 자기와 자기가 아닌 것을 구

분하는 하나의 방식이라고 생각했고, 그 점에서 클라인과 달랐다. 그는 공격성이 내적 현실, 곧 견디기 힘든 혹독한 경험을 극적으로 재현한다고 보았다. 다시 말해 아동의 인성 내부에 공격성과 파괴성을 담아 낼 공간이 없어지면, 놀 수 있는 능력이 행위화로 대체된다(Winnicott et al., 1984). 파괴적 역할을 행위화함으로써, 내적으로 이루지 못한 통제를 외적 권위에 의지하여 성취하는 것이다. 이런 방식으로, 위니컷은 비행 행동이 박탈의 순간으로 돌아가 외적 통제와 안전감을 제공하는 좋은 대상을 경험하고자 하는 욕망을 표현한다고 믿었다.

데 줄루에타De Zulueta는 『고통에서 폭력으로From Pain to Violence』라는 책에서 본능부터 관계에 기반한 것까지 애착 이론가들 사이의 균열을 기꺼이 받아들인다. 그녀는 그것을 이해할 필요가 있음을 마지못해 인정하면서도, 프로이트의 본능 이론을 '지지할 수 없는' 것으로 기술한다(De Zulueta, 2006: 120). 대신 그녀는 대상관계 이론을 애착 이론을 위한 기초로 보고, 위니컷의 관점을 유지하면서 "기본적인 애착 관련 욕구의 박탈 경험이 파괴성으로 나타난다."는 사실을 강조한다(De Zulueta, 2006: 54). 그녀는 정신분석 이론을 비평하면서, 인간이 "본질적으로 대상을 추구하는, 다시 말해 쾌감이 아니라 관계를 추구하는 존재"라는 신념으로 프로이트의 본능 이론을 공개적으로 거부한 페어베언Fairbairn에게 특히 주목한다(de Zulueta, 2006: 128).

데 줄루에타는 다양한 애착 유형을 살피면서, 그중에 특히 혼돈형 애착유형을 경계성 인격장애부터 해리성 정체감 장애에 이르는 여러 해리장애 환자들에게서 나타나는 '분열'과 연관시킨다(De Zulueta, 2006: 97). 스코그스태드Skogstad는 중증 성격장애SPD환자들이 생각하지 않고 곧바로 행동하는 경향이 있음을 밝힌다. 견디기 힘든 고통스러운 생각이나 감정을 공격적으로 투사함으로써 적극적으로 제거하는 것이다. 그는 다음과 같이 주장한다.

… 대개 이런 행동은 공격적이고 파괴적인 것이다. 많은 환자들이 자

신의 몸을 표적으로 삼아 스스로 찌르고, 불태우고, 피 흘리며, 굶주리거
나 약물에 취함으로써 파괴성을 발휘한다. 그런 반면, 어떤 환자들은 다
른 사람을 파괴적 행동의 대상으로 삼아 학대적이고 가학적이거나 폭력
적인 범법자가 된다. 또 일부는 양쪽 모두에 해당하기도 한다.

(Welldon, 1988)

애착 이론가들에게서 반복되는 주제는, 파괴성이 생래적인 욕동의 표현
이라기보다 애착 대상 혹은 일차 양육자가 아동의 공격성과 좌절을 수용하
고 중재하거나 해독하지 못한 데 그 원인이 있다는 것이다. 혹은 외부 세계
의 뿌리 깊은 무관심이나 외상 경험 역시 아동이 공격적 반응을 개선하지
못하게 만들 수 있다. 이론적인 관점에서, 파괴적 환상과 행동의 맥락이 순
전히 내적인 것에서 관계적인 현상으로 미묘하게 초점을 이동한 것이다.

지난 20여 년 동안의 연구에서 포나기Fonagy 등은 애착 경험을 신경화학
적 두뇌 발달과 연결함으로써, 외적 경험과 두뇌와 심리 기능의 내적 작용
의 사이클을 완결하려 노력해 왔다. 그들의 연구는 혼란스러운 애착이 하나
의 기관으로서 두뇌뿐 아니라 관계적 정체로서 심리의 내적 소통 경로의 발
달에 근본적인 영향을 미친다고 주장한다. 그런 맥락에서 정교한 신경 심상
화 기법을 통해 특정한 신경화학물질에 대한 수용 세포의 민감성과 반응의
차원에서 의미 있는 변화를 분별한다. 그리고 그것이 개인의 정신화 능력,
곧 관계적 상호작용과 정서적 반응을 성찰하고 처리하며 이해하는 데 영향
을 미친다고 말한다. 그들은 공격적, 파괴적, '반사회적' 행동의 상당 부분이
'정서affectivity'를 정신화하는 능력의 결핍에 의해 촉발된다고 결론짓는다. 포
나기 등(Fonagy et al., 2002: 15)은 정서를 "감정emotion을 의미와 연계할 수
있는 능력"이라고 정의한다. 그는 또한 긍정적인 치료적 관계가 손상된 신
경계의 소통 경로를 복구함으로써 정신화 능력의 발달을 도울 수 있다고 말
한다.

파괴성의 '문제'

지금까지 살펴본 바에 따르면 파괴성은 그 자체로서 본질적으로 부정적인 힘이라는 것이 공통된 견해다. 그것이 생래적인 욕동을 통제하지 못한 자아와 초자아의 실패에 기원하든, '충분히 좋은' 내사물을 둘러싼 대상 항상성을 구축하지 못한 탓이든, 혹은 신경상의 화학적이고 접합적인 발달의 문제든 상관없이, 파괴성은 인간에게 하나의 문제로 해석된다는 것이다. 그처럼 정신분석의 영향을 받은 인식론에서, 파괴성은 일차적으로 바람직하지 않은 원시적인 현상 곧 '통제되어야' 하고, '넘어서야' 하며, 혹은 '처리해 버려야' 하는 것으로 간주된다. 그러나 융에게 영감을 받은 '분석 심리학'이라 불리는 또 다른 전통은, 초기 정신분석 운동에 뿌리를 두면서도 그와 구별되는 행보를 보여 주었다. 융학파와 '후기 융학파'(Samuels, 1985)는 파괴성의 현상을 미묘하게 다른, 하지만 의미 있는 관점으로 조명한다.

분석 심리학: 융과 그림자 - 통합을 향하여

여기서는 초기 정신분석에 열띤 분열을 가져온 이론적이고 기술적인 불일치를 재론하려는 것이 아니며, 그에 대해서는 새뮤얼스 등(Samuels et al., 1997)이 다른 데서 다룬 바 있다. 그보다 우리의 초점은 '그림자Shadow' 원형에 대한 융의 개념, '집단 무의식collective unconsciousness'과의 관계, 그리고 정신이 '개성화individuation'를 성취하자면 '그림자'를 반드시 통합해야 한다는 그의 주장을 살피는 데 있다.

융은 '그림자'를 "개인이 소망하지 않는 것"을 포함하는 정신의 의인화된 구조라고 단순하게 정의한다(Jung CW16, 1966: 문단 470). 그리고 그림자를

"다른 사람들뿐 아니라 스스로도 자기 자신이라 생각하는 것"(Jung CW9, 1975: 문단 221)으로서의 페르소나persona와 맞세운 다음, 그 정의를 다음과 같이 확장한다.

> 그림자는 성격의 숨겨지고 억압된, 대부분 열등하고 죄책감에 시달리는 측면으로 그 궁극적인 영향은 동물 조상의 영역으로 소급한다.
>
> (Jung CW9, 1975 ii: 문단 422)

융은 프로이트처럼 놀이에서 무의식의 파괴적인 충동과 본능의 증거를 보았고, 그 성향을 개인 무의식의 본성으로 간주했다. 하지만 융은 그것이 집단적이고, 조상으로부터 전해 내려오는 초개인적 무의식에 의해 형성되고 작동되며, 인간의 진화적 경험의 총체가 호전성, 방어적 태도, '타자' 및 외부 환경에 대한 공포감을 갖게 한다고 주장했다. 융에게 이 잠재적 파괴성은 (얄롬Yalom의 표현을 빌려) '실존의 조건given of existence'(Yalom, 1980: 5)이다. 그 잠재력은 본래 도덕적으로 중립적이고 본질적으로 비활성(자력으로 움직이지 못하는)이며, 오직 억압과 투사의 적극적인 심리 기제를 통할 때만 파괴적으로 발현된다. 파괴성 혹은 '악'(Jung, 2002)—제2차 세계대전 이후의 글에서 융은 그림자를 이렇게 지칭한다—은 억압을 받아 '그림자'에 갇힐 때 무의식의 어둠으로부터 양분을 받아 그 잠재적 영향력을 키우는 것으로 보인다.

> 우리는 악을 [피하고], 가능하면, 그것을 언급하지도 그와 접촉하지도 말아야 한다고 들어 왔다. 왜냐하면 악은 흉조일 뿐 아니라 금기시되는 공포의 대상이기 때문이다. 악에 대한 이 같은 모험은 악을 눈감아 버리고 그것을 모종의 경계 너머 타자에게 떠넘기려는 우리의 원시적 경향을 만족시킨다.… 그러나 악은 사람이 선택한 것이 아니라 인간의 본

성 자체에 내재한 것임을 피하지 않고 정확히 본다면, 악은 선과 대극을 이루는 동등한 짝패로서 마음의 무대를 지배할 것이다. 이러한 깨달음은 정치적 세계의 분열과 현대인의 무의식적 해리에서 이미 예견된 심리적 이원성과 직결된다.

(Jung, 2002: 109-110)

그러나 우리가 '그림자'에 가두어 놓은 원시적 내용의 진정한 힘은 투사를 통해 나타난다. 그것은 우리 자신의 참기 힘든 것을 다른 사람들에게서 찾아내어 증오하는 힘이다. 융과 후기 융학파들은 다른 문화와 신앙과 관습을 악마화하는 것이 마음의 표면 아래 숨어 있는 증오심의 작동이라고 본다. 파괴성의 힘을 억압하고 부인할수록, 그것은 타자 속에서 더욱 과장되고 험악해지며, 그에 따라 더욱 거칠게 대상을 공격하고 망가뜨리게 된다. 개인과 국가들 사이의 갈등과 분쟁이 바로 그렇게 나타나는 것이다.

융학파와 그 밖의 심리치료사들은 집단 심리와 그 잠재적 파괴성에 집중하여, 개인적 역동에서 보다 광범한 범주인 국제적 역동으로 관심의 초점을 옮겼다. 융은 전쟁과 혁명을 집단 병리의 표현으로 간주했다.

우리는 심리적 전염병에 지나지 않는 전쟁과 혁명으로부터 끔찍한 위협을 받고 있다. 언제든 수백만의 사람들이 새로운 광기에 물들어 버릴 수 있고, 그 결과 우리는 또 다른 세계 전쟁이나 지독한 혁명을 겪게 될지 모른다. 현대인은 맹수, 지진, 산사태, 홍수 대신, 자신의 마음의 근본적인 힘에 난타당한다. 이것이 지구상의 다른 모든 힘을 압도적으로 앞지른 세계 권력이다.

(Jung CW10, 1964: 문단 71)

스토(Storr, 1991)는 이 잔혹성과 파괴성의 질서를 인간 특유의 것으로 보고, 그것이 어떻게 상상력의 작동을 필요로 하는지에 대해 말한다.

> 같은 인간을 전적으로 악하고, 해를 입힐 수 있는 마법적인 힘을 갖고 있는, 야비하고 위험한 존재로 볼 수 있기 위해서는, 다른 종에게는 없는 상상의 능력이 요구된다.… 현재에 대한 우리의 태생적인 불만족은… 상상력이 더 나은 뭔가를 발명하도록 내몬다. 상상에는 한계가 없다. 예술과 과학에서 인간의 가장 위대한 성취는 상상에 의존한다. 그러나 선을 위해 쓰일 수 있는 것은 악에도 쓰일 수 있다. 인간은 어쩔 수 없이 이성에 거부당한 환상에 매혹된다.
>
> (Storr, 1991: 137)

스토는 우리가 복잡한 세상에 살면서 단순함을 갈망하며, 그 단순화가 우리로 하여금 세상을 선과 악으로 나누게 한다고 지적한다. 프로이트의 에로스와 타나토스 역시 그러한 분별의 한 표현으로 볼 수 있다. 그는 세계가 양과 염소로 나뉠 때, 염소에게는 늘 끔찍한 일이 벌어짐을 경고한다. 힐먼(Hillman, 2004) 또한 셰익스피어의 『줄리어스 시저』를 인용하여 우리의 집단 심리 속에 그런 '끔찍한 결과'에 대한 모호한 환상이 있음을 일깨워 준다.

> 집에서는 골육상쟁이, 국가에서는 처절한 내란이
> 이탈리아 천지를 휩쓸리라
> 유혈과 파괴가 밥 먹듯 벌어지고
> 모질고 끔찍한 일들에도 너무 익숙해져서,
> 자기 애들이 전쟁의 손톱에 갈기갈기 찢기는 것을 보면서도
> 어미들은 웃음을 날릴 뿐,
> 동정심은 악행으로 질식당하리라,
> 복수를 하기 위해 방황하는 시저의 혼령은

지옥에서 갓 나온 복수의 여신 아테를 동반하여

이 국토에서 국왕의 목소리로 외치리라

'학살이다' 하고 명령하며 전쟁의 사냥개들을 풀어 놓으리라…

(Shakespeare, 『줄리어스 시저』, 3막 1장 중에서)

집단 분석과 반집단: 파괴와 창조의 변증법

제2차 세계대전의 그늘 속에서 집단 분석group analysis 심리치료가 형성될 당시, 그 초기의 개척자들(Bion, 1961; Foulkes, 1964; Yalom, 1995)은 집단적 트라우마 이후에 집단들이 갖는 치유적 양상에 집중하였다. 집단 심리치료에서 파괴성이 조명을 받고(Nitsun, 1996) 창조적 발달의 잠재력과 연결된 것은 비교적 최근의 일이다. 개인적 트라우마를 극복함에 있어 집단이 갖는 이점은 경험적 증거로 지지받지 못했다(Johnson et al., 1999; Vardi, 1999). 그 효과성을 입증하는 명확한 증거의 부족은 트라우마의 심각성(Nicholas & Forrester, 1999; Solomon, 1992)이나 집단의 동질성과 관련되어 왔다. 동질적인 집단은 효율적이고 수용적일 수 있으며(Barnes et al., 1999) 온정적이고 안전하게 인식되지만(Rozynko & Dondershine, 1991), 동질성과 응집력이 높은 집단일수록 개인적 표현의 여지가 줄어들고 부정, 억압, 외부 대상에 대한 투사의 압력이 높아진다(Weinberg et al., 2005). 소속 집단이 다른 집단에게 트라우마를 입었을 때 그로부터 회복되는 것은 매우 어렵다(Rouchy, 1995). 타자에게 입은 트라우마는 흔히 동료가 저지른 모욕적 행위나 따돌림과 관련되며, 그것이 개인과 집단의 정체성을 위협하기 때문이다(Rice & Benson, 2005). 그러나 개인은 그렇지 못하다 해도 집단은 스스로 다시금 힘을 부여할 수 있다. 프로이트(1985)는 개인의 역사에서 '중복 결정된over-determined'[1] 상징적 사건을 주목했다. 볼칸(Volkan, 1997, 1999)은 집단에서 그에 상당하는 것을 '선택된 트라우마chosen trauma'라고 명명한다. '선택된 트라우마'를 통해 집단에 정체성과 의미를 부여하는 경험을 나타낸 다는 것이다. '선택된 트라우마'의 핵심 역동은 모욕과 수치심의 경험이며, 그것은 무력한 분노와 복수에 대한 욕망으로 이어져 타자에 모욕을 가함으로써 또다시 수치심 – 분노의 순환을 이끌어 낸다. 무력감, 거절 혹은 부적절함이 주는 수치심에 대한 방어로서 분노와 공격성을 맞세우는 것이다. 그러한 트라우마가 여러 세대에 걸쳐 미치는 영향에 대해서는 많은 이들이 주목해 왔다(Benson, 1995; Goertz, 1998; Volkan et al., 2002). 라이스와 벤슨(Rice & Benson, 2005)은 집단이 트라우마를 경험할 때 적절한 슬픔과 애도가 결정적이며, 그를 통해 파괴성이 집단 외부의 '타자들'에게 투사되는 것을 완화할 수 있음을 관찰했다.

닛선(Nitsun, 1996)은 그러나 수치, 굴욕, 거절, 분노, 공격성과 같은 치료적 집단 내의 '파괴적' 감정이 단순히 없어지거나 '정화'되기를 바라서는 안 된다고 말한다. 그는 그 어두운 힘이 집단 자체에 대한 표상 내에서 '반집단anti-group'[2]을 형성한다고 강하게 주장한다. 반집단은 변증법적 과정을 통해 집단이 인간성의 어두운 측면을 '타자들'이나 '주변인들'에게 너무 쉽게 투사하는 대신 그에 대한 창조적 해법을 찾아 다룰 수 있도록 이끌어 준다. 집단 치료사에게(닛선에 의하면), '찬(贊)집단'과 '반집단'의 변증법을 드러내고 조율하는 것은 미학적 과제와 유사하다.

나는 어두운 측면과 대면하지 않는 예술은 의미가 없다고 믿는다. 마찬가지로 그와 같은 인식이 없는 집단 경험은 불완전하며 피상적이기

---

1) 하나의 꿈이 몇 가지 잠재의식을 표현하는 과정-역주.
2) 반집단 현상은 집단에 대한 부정적이고 파괴적인 길항 현상으로 정의된다. 임상 환경에서 집단 과정과 치료 과업을 방해하여 집단을 붕괴시키는 현상이다(임상집단정신치료 강의: 집단정신치료의 바이블, 이후경 외 공저)-역주.

쉽다. 예술 과정에서와 동일하게, 나는 건설적이고 파괴적인 잠재력을
함께 끌어안는 것이 집단 치료사의 주된 과제라 믿는다.… 때때로 그 둘
사이의 긴장이 지탱할 수 없을 만큼 증폭되기도 하지만, 그 뒤에는 대개
화해와 종합이 따르며, 그로부터 새로운 형식이 생겨난다. 나는 집단도
그와 다르지 않다고 생각한다. 매 순간 대화는 스스로를 구성하고 수정
하며, 그 안에서 창조적이고 파괴적인 형식이 나란히 발생한다. 그리고
그 끝에서 이해와 통찰과 변화가 성취된다. 과정에의 개방성은 분석가가
집단에 부여하는 창조적 선물인 동시에 집단이 분석가에게 주는 선물이
기도 하다.

(Nitsun, 1996: 99)

관점의 확장: 요약

파괴성의 현상을 종합적으로 살펴보면서, 우리는 그것을 창조성과 삶을
향한 본능에 대립하는 부정적 현상으로 보는 단순한 관점을 넘어서고자 했
다. 초기 정신분석과 거기서 발전한 흐름은 파괴성의 에너지가 심리 내에서
작동하고 행동으로 표현되는 방식을 조명한다. 그리고 애착 이론은 파괴적
경향을 단지 생래적인 '부정적' 욕동이 아니라 관계적 측면에서 이해한다.
나아가 융의 그림자와 집단 무의식이라는 관점은 파괴성이 개인과 사회적
상호작용의 측면에서 인간 조건의 일부임을 말해 준다. 또한 융은 파괴성을
두려워하여 마음속 어두운 은거지에 묻어 두고 그 덩치를 키우는 대신 개인
적이고 집단적인 정신의 파괴적 측면을 진정으로 받아들이기를(Johnson,
1991) 권면한다. 그는 파괴성을 유해하고 부정적이며 순전히 파괴적인 것으
로 경험하기보다, 그것을 우리 자신의 일부로 통합할 가능성을 제시한다. 그
밖에 최근의 집단분석 이론과 실제도 파괴성을 이해하는 데 도움을 준다.

그것은 집단 내의 파괴적 잠재력을 변증법적 힘으로, 다시 말해 그것 없이는 창조성과 성숙과 인간의 발달이 가능하지 않은 하나의 대극으로 인식하고 수용하며, 그럼으로써 종국에는 변형할 수 있다고 말한다. 이 같은 이해를 바탕으로 우리는 예술과 문화와 파괴성의 관계에 시선을 돌려, 참여자와 치료사와 예술 매체 사이에 존재하는 삼각형의 세 번째 지점을 조명할 수 있을 것이다.

> 지금까지 인간의 그림자가 악의 근원이라고 믿어 왔다면, 이제는 무의식적 인간 곧 그림자가 부도덕한 경향들로만 이뤄진 것이 아니라 정상적 본능, 적절한 반응, 현실적 통찰, 창조적 충동과 같은 좋은 특성을 동시에 보여 준다는 사실이 면밀한 연구를 통해 확증을 얻고 있다.
>
> (Jung CW9 1975 ii : 문단 422, 423)

파괴성의 미학

고층 아파트와 냉각탑 폭파에 관심이 있거나 대량학살을 그린 블록버스터 영화를 보려고 줄을 선 적이 있거나 좀 더 사실적이고 폭력적인 비디오 게임을 해 본 사람이라면 누구나 파괴성의 미학이 있음을 안다. 쌍둥이 빌딩으로 돌진해 들어간 비행기를 각각 '전 우주를 통틀어 가장 위대한 예술 작품' 그리고 '시각적으로 너무나 근사한'이라고 묘사한 스톡하우젠Stockhaugen(기자회견, 함부르크, 2001년 9월 16일)과 대미언 허스트Damian Hirst(BBC 뉴스 온라인, 2001년 9월 11일)가 그에 대한 보다 논쟁적인 예라 할 수 있을 것이다. 파괴와 공포와 잔혹한 사실주의에 대한 매혹은, 얄롬(1980: 6)이 지적한 대로, 파괴가 주변에서 맹위를 떨치는 동안에도 어떻게든 살아남을 수 있음을 확신시킴으로써, 우리 존재의 위험한 본성을 중재할 수 있게 해 준다고 가정할 수 있다. 물론 그런 관찰은 인간에 의한 파괴뿐 아니라 자연의 파괴적 잠재력에 대한 매혹과도 관련된다. 세계 어느 지역에서 일어나는 것이든 상관없이 쓰나미, 지진, 화산 폭발은 여전히 전세계적인 규모의 관객을 사로잡아 경제적으로 어려운 시기에도 상당한 규모의 자선금을 끌어낸다. 그것은 아마도 우리는 건재하나 전율은 소멸되었다는 만족감 덕분일 것이다. 그것은 또한 피해를 당한 이웃들이 다시 일어서기를 바라는 마음과 그들에 대한 연대를 증명할 수 있는 기회이자 '만약 신의 은총이 없었더라면…'이라는 마음의 표현이기도 하다.

집단적 경험이 예술적 표현을 통해 중개되고 그 산물이 다시 우리의 집단적 경험의 일부가 되는 인간 경험과 예술적 재현의 상호 관계는 분명히 창조적인 과정이다(McGrath, 1996). 예술적 표현은 우리를 둘러싼 그리고 우리 안에 있는 파괴적 잠재력을 묘사하고 극화한다(Nitsun, 1996). 어떤 형식을 취하든, 예술가에 있어 창조의 행위란 쓸모없게 된 것 혹은 '퇴물'이 된 것을 먼저 파괴하지 않고서는 가능하지 않다. 특정한 예술 작품뿐 아니라 새로운 예술 운동에 기존의 것을 넘어서는 뭔가가 있다고 믿는다면, 그리고 그것이 빈 캔버스, 빈 공간, 움직이는 몸 혹은 도구로서 몸의 충동에서 나왔음을 믿는다면, 진정한 의미에서 예술적 창조성은, 리어 왕의 확신(Shakespeare, 『리어 왕』, 1막 1장)[3]에도 불구하고, '무에서 유의 출현'을 가능케 함을 볼 수 있다. 그러나 그것을 뒤집어 말하면, 새로운 창조적 가능성이 일어나기 전에 '유'가 반드시 '무'가 되어야 함을 알 수 있다. 그러므로 윌리엄스(Williams, 1971)가 주장하듯이, 모든 시대는 지배적인 것과 새로운 것 그리고 남아 있는 문화 세력 사이의 권력 다툼을 목도한다. 예술적이고 문화적인 낡은 시도를 파괴하고 새로운 움직임으로 시대정신을 포획함으로써, 우리가 보는 **대상**뿐 아니라 그것을 보는 **방식**에 근원적인 영향을 미친다

---

3) 아무 말이 없으면 아무 소득도 없지-역주.

(Berger, 2008).

형식의 이러한 순환(파괴/해체와 재생/재건)은 우리를 삶의 본능 대 죽음 본능이라는 양극의 대립을 떠나 창조성과 파괴성의 변증법적 종합을 말하는 닛선에게 다가가게 한다. 그러므로 파괴성의 경험은, 그것이 욕망이나 두려움 중 어디에서 비롯되든, 예술제작 과정에서 구체화될 뿐 아니라 예술적 이미지 안에 담기고 드러날 수 있다. 예술 형식 전반이 그렇다면, 일군의 예술 매체를 다루는 특정한 예술 형식인 연극 역시 동일할 것이다. 연극은 역동적 갈등을 상연하는 것으로서, 소극부터 비극에 이르기까지 파괴적 힘과 창조적 가능성의 상호작용을 극적 행동의 핵심으로 한다. 이것은 고대 그리스와 셰익스피어의 고전 비극뿐 아니라 에드워드 본드Edward Bond, 하워드 바커Howard Barker, 사라 케인Sarah Kane과 같은 동시대 연극 작가들에게도 동일하게 나타난다. 자신의 '범죄'를 끔찍하게 깨닫는 오이디푸스로부터 비참하게 두 눈을 잃는 글로스터, 또 본드의 〈구원받은Saved〉에서 돌을 던져 유모차에 있는 아기를 죽이는 장면까지, 극작가의 시선(그리고 그것을 확장한 관객의 시선)은 인간 존재의 내면과 외부를 둘러싼 파괴성을 보지 않을 도리가 없다. 이와 유사하게, 그리스 희극에서 코메디아 델 아르테를 거쳐 에익본Ayckbourn과 포Dario Fo까지, 그 희극적 행동을 추동하는 힘은 바로 세계에 질서를 부여하고자 하는 최선의 노력을 집어삼킬 듯 임박한 혼돈의 위협이다. 조지 버나드 쇼George Bernard Show가 말했듯 "갈등이 모든 드라마의 본질"이라면, 예술 형식으로서의 드라마, 세계를 이해하는 매체로서의 드라마는, 우리가 파괴성과 창조성의 갈등과 그 변증법적 종합을 보다 잘 탐험하고 담아내며 성취할 수 있게 해 줄 것이다.

예술치료의 도입과 파괴성

지금까지 주로 말에 의존하는 개인별 혹은 집단 심리치료 과정을 살펴보았다면, 이제부터는 드라마와 예술제작 과정과 파괴성의 관계를 앞서 논한 여러 이론을 바탕으로 고찰하고자 한다. 심리치료 전반에 대한 이해와 함께 예술치료가 특히 현장에 가져온 것은 바로 예술제작 과정이다. 예술치료사는 예술제작 과정을 통해 위니컷이 말한 '전이적 공간transitional space'(1991)을 특정한 예술 매체의 형식으로 실현한다.

참여자-치료사-매체, 이 세 가지는 창조성으로 가는 길을 활짝 열어 젖힌다. 거기서 강조점은 세 가지의 기회, 자극 혹은 도전에 반응하는 참여자에게 둘 수 있다. 그 세 가지는 표현 형식 혹은 내용과의 관계, 공간과 치료사와의 잠재적 관계가 제공하는 창조적이고 치료적인 기회를 말한다(Jones, 2005). 이 세 영역은 모두 창조성의 변증법적 표현으로서 파괴적 충동과 경험을 '재구성reframing'(Watzlawick et al., 1974) 혹은 '재해석reconstruing'(Kelly, 1955)할 수 있는 가능성을 내포한다.

그에 반해 말로 하는 심리치료는 감정에 압도되거나 지나치게 위축되거나 고통에 신체적으로 반응하는 것과 같이 틀을 벗어난 경험과 행동을 서술narration하는 데 의존한다. 흔히 '행위화'로 해석되며 치료적 관계에 대한 위협으로 비쳐질 수 있다. 분석은 직접적인 행동이나 '실연enactment'보다는 '지연된 행동suspended action'(Foulkes, 1964)을 실천한다. 독터(1988)는 연극치료와 집단분석이 각자의 개입 방식에 따라 다양한 수준의 사고를 목표로 한다고 가정했다. 스탬프(Stamp, 2008)는 법의학 환경 사법기관의 연극치료를 슈퍼비전하면서 예술을 통해 접근되는 일차 과정 사고와 이차 과정 사고를 구분한다. 연극치료와 집단분석은 모두 이차 과정 사고와의 소통을 위해 말을 사용하지만, 연극치료는 다른 한편으로 일차 과정 사고와의 소통으로서 상징과 행동을 사용하기도 한다. 비온(Bion, 1967)은 일차와 이차 과정 사고를 별개의 발달 과정으로 구분한다. 사고는 전개념preconceptions에서 개념작용conceptions을 거쳐 개념concept에 도달한다. 후자에는 이름이 붙여지고 그럼으로써 거기에 특정한 관념이 부착된다. 비온은 나아가 사고의 발달을 좌절을 견디는 능력과 연결한다. 그것은 사고의 발달에서 프로이트의 현실 원리가 중요한 역할을 하는 것과 유사하다(Fenichel, 1946 재인용). 행동에 대한 기대는 적절한 사고를 불러내고 의식을 강화한다. 이차 과정 사고에서, 현실 원리는 행동을 사고로 바꾸어 말로 표현할 것을 요구한다(Bion, 1967). 좌절을 견디지 못하면 사고가 제대로 발달하기 어렵다. 생각 자체가 제거해야 할 나쁜 대상이 되는 것이다. 일차 과정 사고에는 방출에 대한 갈망이 있으나 행동을 예기하는 장치가 없다. 그것은 상징으로 재현되는 마법적이고 고태적인 사고 형태인 것이다(Fenichel, 1946 재인용).

분석적 의미에서 행위화는 예술치료와 분석적 개입에서 모두 일어날 수 있다. 참여자는 뒤늦은 만족감이나 최소한의 긴장 이완을 얻을 목적으로 특정한 행동을 반복하거나 과거와 유사한 경험을 거듭 체험하고자 한다(Fenichel, 1946). 하지만 참여자들은 그렇게 하면서도 그것을 과거의 근원적 경험이나 그 반복적 특징과 연결 짓지 못한다. 치료사는 흔히 그것을 성찰과 사고에 대한 저항으로 간주한다(Dokter, 1994).

예술치료 전반과 특히 연극치료는 행위와 말을 동시에 격려—"경험의 동일한 시공간적 틀 안에서 배우이면서 동시에 비평가/연출자가 되는 것"(Holloway, 1996: 138)—함으로써 파괴적 행동을 창조적 과정 안에 담아 성찰할 수 있게 해 준다.

창의성과 파괴성:
연극치료사의 작업설명 담화 분석

Phil Jones

개 요

이장에서는 창의성과 파괴성 간의 긴장을 연극치료사들이 어떻게 인식하는지 알아보기 위해 연극치료의 실제에 대한 연구를 문헌 중심으로 살펴보고자 한다. 또한 연극치료사들이 가지는 신념과 경험을 통해 창의성과 그 대립되는 것들이 어떤 주제와 이슈로 나타나는지 알아보고자 한다. 그리고 이러한 생각에 대한 문화적 맥락을 살펴봄으로써 그 개념들이 연극치료사들의 임상 보고서에서 사용되는 담화에 어떻게 반영되는지 밝히고자 한다. 담화 분석을 통해 참여자를 치료하기 위한 만남이 창의성과 그 대립 개념들의 관점으로 구조화되는 방법에 대해 살펴볼 수 있을 것이다. 요컨대 연극치료사가 연극치료 작업을 설명하면서 인식하고 가치를 부여하는 창의성과 그 대립 상황 간의 관계를 명확하게 밝히고자 하는 것이다.

서론

연극치료에서는 연극치료가 창조적 · 예술적 과정의 치유적인 잠재력 활용에 있어 창의성이 가지고 있는 장점을 이용한다는 주장이 자주 언급된다. 어떤 문헌에서는 참여자들을 창의성 및 파괴성과 관련하여 일종의 긴장으로 설명하기도 한다. 임상 작업에 대한 보고서에는 창의성이 부족하거나 치료 과정에서 창의성을 사용하는 것에 대해 저항감을 드러내던 참여자들이 처음에는 긴장을 보이지만 치료가 점차 진행됨에 따라 그에 몰입하고 창조적으로 변모한다고 기록되어 있다. 이처럼 대립되는 상황은 연극치료 임상 보고서에서 철회, 스트레스, 거부, 파괴성을 아우르는 것으로 표현되기도 한다(Jennings, 1997; Johnson, 1999; Jones, 2005, 2007; Langley, 2006). 치료사들은 몰입된 창의성의 상태, 그리고 거부, 파괴성 혹은 창의성의 부재 상태 사이에서 나타나는 긴장을 자주 언급하고 있는데, 너무 흔하게 나타나기 때문에 이를 당연한 것으로 여기기도 한다.

담화 분석과 전문적 작업

담화 분석은 표현된 언어를 분석함으로써 텍스트 내부의 '의미를 구성하는 것'이다(Woods, 2006: xi). 우즈Woods는 전문가들이 작성하는 방법을 조사함에 있어 담화 분석 용법에 대해 논의하면서 "모든 전문 분야에는 특유의 말하는 방식과 쓰는 방식, 고유의 언어 스타일이 있으며, 또한 담화 구성의 고유한 관습을 가지고 있다."고 설명한다(Woods, 2006: xvi). 전문가들이 사용하는 담화에는 태도, 관계 맺기, 위치 등이 반영된다. 윌릭(Willig, 1999: 2)은 이에 덧붙여 "무언가를 설명하는 데에는 언제나 한 가지 이상의 방법이 있고, 경험과 지각을 한데 묶는 단어들을 사용하는 방법에 대한 선택은 사건과 현실에 대한 특유의 견해를 반영"한다고 주장한다. 바커와 갈라신스키(Barker & Galasinski, 2001: 65)는 "담화란 언어 사용자가 선택할 수 있게 하는 방법 체계"라고 말함으로써 비슷한 주장을 되풀이한다. 그들은 "구어적이든 문어적이든 간에 특정 텍스트에 쓰인 담화의 세밀한 분석"에 기초한 접근에 대해 언급한다(Barker & Galasinski, 2001: 62). 이 장에서는 연극치료사들의 연극치료에 대한 '담화'를 알아보고자 한다. 즉, 몇몇 연극치료사들을 선별하고 그들이 설명하고 반응하고 생각하는 방식을 통하여 참여자들이 어떻게 연극치료를 사용하는지 밝히고자 하는 것이다. 이 장에서는 치료사들의 담화에서 창의성 및 그와 대립되는 특성들이 어떻게 드러나고 있는지에 초점을 맞추어 진행할 것이다. 참고문헌은 다양한 범위의 참여자 집단과 맥락이 포함될 수 있도록 기존의 연극치료 연구들을 검토하여 선택하였다.

문헌 검토: 파괴성과 창의성

부정적인 파괴성과 긍정적인 창의성

정신분석, 학습이론, 신경과학, 예술과 같은 다양한 분야의 연구에서 파괴성을 바라보는 방식에는 크게 두 가지가 있다. 첫 번째 방식은 파괴성을 완전히 부정적인 현상으로 보는 경향이 있고, 두 번째 방식은 파괴성을 보다 복잡하고 모호한 것으로 인식한다. 여기에서는 연극치료에서 사용하는 파괴성의 문화적 담화를 이해하기 위하여 두 가지 관점을 함께 검토하기로 한다.

첫 번째 관점에서 파괴성은 대부분 혹은 전적으로 부정적인 의미만으로 한정하여 문제 상황, 만남이나 경험을 반영한다. 인간이 가진 파괴성에 대한 이러한 분석은 정신분석, 대상관계 혹은 '성격 조직'(Klein, 1946; Kernberg, 1976)에 관한 정신분석적 제안, 인지적 신경과학(Ward, 2006), 정치학과 사회학(Guillén, 2001) 등 여러 분야에서 나타나고 있다. 이 학문들은 파괴성을 본능적 욕동의 부정적인 측면이 나타난 현상과 관련한 것으로(Livingston, 1967), 영적 싸움에서 악과 결탁한 것으로(Ellens, 2004), 학습과정에서의 문제점으로(Ellis, 2001), 그리고 폭력적이고 비도덕적인 정치적 사건에 반영된 것(Fromm, 1973) 등으로 다양하게 본다. 다음은 부정적 관점의 예를 분석한 것으로, 이 과정을 통해 연극치료 공간에서 나타나는 현상을 이론적 · 실제적으로 이해할 수 있는 **문화적 구조**를 제안한다.

다음의 예에서 프롬Fromm은 파괴성에 대해 특별한 의미를 강하게 부여하고 있다.

> 자연발생적으로 보이는 파괴성 형태를 가장 풍부하면서도 끔찍하게 기록한 것은 문명화된 역사 속에서 나타난다. 전쟁의 역사는 무자비하고 무차별적인 살인과 고문에 대한 기록이다.… 관습도 순수한 도덕적 요소도 금지할 수 없었던 파괴성…
>
> (Fromm, 1973: 361)

여기에서 프롬은 역사적 분석을 위해 사디즘과 대상관계에 대한 정신분석학적 관점, 사회심리학, 그리고 집단행동에 대한 이해 간의 상호 학제적 연계를 보여 주고 있다. 커밍스와 메가(Cummings & Mega, 2003)는 저서 『신경정신학과 행동신경과학』에서 자기파괴성을 폭력, 행동, 약물과 연관시킨다.

> 앞서 설명한 증상에서는 모두 타인에 대한 폭력과 함께 자기파괴적 행동이 나타날 수 있다. 그러나 몇몇 정신질환에서는 자해에 의한 상처

가 극심하거나 심지어 지배적인 행동장애로 나타나기도 한다. 자폐증을 가진 아이들에게서… 자해는 머리를 때리는 행동으로 나타날 수 있다. 이와 비슷하게 투렛 증후군 환자들에게서는 억제할 수 없는 충동에 따른 자해가 나타날 수 있다.… 폭력을 평가함에 있어 가장 중요한 원칙은 그것이 한 가지 상황에 의하여 일어나는 경우는 거의 없다는 것이다. 오히려 폭력적 행동은 신경적 · 중독적 · 성격적 · 사회적 · 상황적 요소 등이 한꺼번에 부정적으로 결합하여 나타난 결과인 것이다.

(Cummings & Mega, 2003: 366-367)

신경과학의 담화에서는 파괴성과 폭력을 연결된 것으로 본다. 파괴성과 폭력은 '성공적 치료에의 희망'이나 치료사가 환자의 신경학적 내력을 조사해서 파괴적 현상의 출현을 진단하는 것과 같은 긍정적 · 치유적 행동과 대립되는 개념인 것이다(Cummings & Mega, 2003: 367). 파괴성의 치료를 위해서는 "출생 시의 트라우마, 머리 손상, 조직 질환, 약물 혹은 알코올 섭취" 등과 같이 "모든 가능한 요소를 샅샅이 분석할" 필요가 있다(Cummings & Mega, 2003: 367). 커밍스와 메가에 따르면 파괴성에 대응하는 방법의 일부로 파괴적 · 폭력적 현상을 저지하고 완화하는 것으로 알려진 약물의 목록이 있다(Cummings & Mega, 2003: 367-368). 여기에서 파괴성은 명백하게 전적으로 부정적인 것이고, 신경정신병학에서 치료적이고 긍정적인 것으로 설명한 방식과는 완전히 대립되는 것으로 인식된다.

이처럼 다른 분야에서의 예를 볼 때 파괴성과 관련된 담화는 파괴성이 명백하게 전적으로 부정적이고, 개인이나 집단의 폭력, 스트레스 및 질병과 연관된 것으로 본다. 다른 영역에서의 담화는 파괴성에 대항하거나 제거하기 위한 개입 형태를 취하는 행동을 포함한다.

사회적으로 구성된 복합적인 파괴성과 창의성

필자는 파괴성과 창의성을 보는 일반적인 방법과는 다르게 파괴성이 절대적 혹은 특별한 의미를 갖는 개념이 아니라는 관점에서 접근하는 것이 유용하다고 본다. 파괴성을 만들어진 어떤 것, 다양하면서도 종종 갈등을 일으키는 의미와 중요성을 지닌 것으로 본다면, 연극치료사와 참여자가 함께한 치료 경험을 되돌아보는 특정 방식을 추출해 낼 수 있을 것이다. 파괴성은 상호작용하는 여러 관점과 힘을 통해서 만들어진 것이다.

이에 따라 파괴성은 예를 들어, 문화적 · 사회적 · 정치적 이해 방식을 종합하여 구성된 것 혹은 경험된 것이 된다. 그러나 만일 파괴성이 보다 더 복잡한 의미와 긴장을 가진 것이라면, 그것은 예술창작 과정 중에 양면적 긴장상태에 있는 것이나 일련의 창의성과 매우 유사한 것으로 인식될 수 있다. 그것은 창의적 순환의 일부로, 새로운 조합이나 표현 방식을 창조함으로써 개혁 또는 도전의 생각이나 형태를 파괴하는 것이다. 제라드(Gerard, 1952: 51)가 상상력의 생물학적 기반에 대해 쓴 글에서 말하듯이, "한 세대 전만 해도 소음으로 평가되던 것이 오늘날에는 조화로운 것으로 느껴질 수 있다." 이런 방식으로 같은 문화 속에서 혹은 다른 문화 간에 존재하는 차이점으로 인해 다른 창조적 작업 방식을 파괴적인 것으로 인식할 수도 있다. 그리고 '파괴적'이거나 '창의적'인 행동이 연관된 문맥 또한 우리가 그것을 보거나 접하는 방식에 영향을 미칠 것이다. 예를 들어, 창고를 폭파시키는 행동은 스튜디오나 극장에서라면 창의적인 것으로 볼 수 있지만, 거리에서 같은 행동을 한다면 파괴적이고 불법적인 것이 된다.

이러한 관점에서 볼 때 파괴성은 당신이 누구의 견해를 관찰하는지, 누가 지배적인 화자인지 혹은 의미 창출자인지에 따라 어떤 상황에서건 한 가지 이상의 의미나 중요성을 가질 수 있다. 그르니에Grenier는 그의 저서 『빅뱅: 20세기 예술에서의 창조와 파괴』(2005)에서 현대 예술의 주요 역할이 파괴성 그리고 창의성과 관련되어 있다고 말한다.

> 아네트 메신저Annette Messanger와 같은 현대 예술가들이 점점 더 공포
> 시대의 어두운 문제 – 예술적 본능 – 를 마주하려고 하는 것처럼…. 예
> 술의 다양한 움직임은 창조와 파괴에 대한 본질적인 이해로 돌아가고,
> 어두운 문제에 대한 실현은 오늘날의 주제가 된다.
>
> (Grenier, 2005)

일례로 코넬리아 파커Cornelia Parker의 『차갑고 어두운 물질』(1991)은 이런 관점으로 볼 수 있을 것이다. 군인들이 정원 창고를 날려 버리기 위해 폭탄을 사용했는데, 이 사건은 나중에 재구성되어서 영국 테이트 현대 미술관에서 다음과 같은 설명과 함께 대형 전시의 일부로 설치되었다.

> 창고는 순수 영국적인 관습에서 볼 때 도피처, 안전한 공간, 비밀과
> 환상의 공간으로 기능한다. 파커는 창고를 날려버림으로써 그런 공간을
> 앗아가고, 창고가 의미하는 모든 것에 대하여 의문을 던진다. 창고의 내
> 용물이 공개되고 그 과정에서 훼손되기도 하지만 그러나 어쨌든 더 설
> 득력을 갖게 된다. 우리는 우리 자신의 정신 활동을 위해 거대한 새로운
> 공간을 창출해 내는 '폭발적인 광경'을 본 것이다(Watkins, 이콘 갤러리
> 회장, 버밍햄, 1999).

> 내게 주어진 도전 중 쉬운 것은 창고를 해체할 수 있도록 폭탄을 준비
> 하는 것이었고, 창고 안의 내용물을 가능한 한 파괴하지 않고 비틀리고
> 왜곡되게 하는 것은 매우 어려웠다. 몇 달 뒤 치젠헤일 갤러리에 간 나는
> 완성작을 보고 멍해졌다. 단 한 개의 전구가, 내 마음 속에서 폭발의 핵
> 을 표현하는 전구가 잔해에 비쳐서 티 없이 하얀 벽과 천장, 바닥에 극적

인 그림자를 드리우고 있었다. 정말 강력한 이미지였다. 현대 예술에 대해 생각해 본 적도 없던 나조차도, 만일 이 설치물을 현대 예술의 하나로 본다면, 바로 내가 그 예술가임을 알 수 있었다[Hewitt(군인학교 교관), 1999].

이 글은 파괴성이 다양한 의미를 지니는 방법들을 보여 준다. 여기에서 파괴성과 창의성의 복잡성과 모호성이 나타난다. 창고를 폭파시키는 것은 비예술적 공간에서는 불법이지만, 예술적인 공간에서는 창의적인 일이다. 큐레이터, 군인, 예술가 등과 같이 다양한 관점에서 나오는 담화의 예들은 복잡성 인식의 중요성을 보여 준다. 이러한 방식의 탐구는 '파괴적' 현상이 우리가 경험하는 현상으로부터 의미를 창출하는 다양한 담화 혹은 이해 방식의 하나로 이해될 수 있다는 점에서 의미가 있다. 여기에서 파괴성은 단일한 부정적 방식으로 인식되지 않고, 복잡하고 다른 중요성을 갖는 것으로 이해된다. 이 담화들을 분석함으로써 우리는 사람들이 무엇을 경험하는지 보다 가까이에서 관찰할 수 있다. 또한 우리는 너무나 익숙해서 당연하게 여기는 것들을 주시하는 현상이나 방식들을 멀리 떨어져서 신선하게 바라볼 수도 있다. 즉, 어떤 현상에 대해 전문적 혹은 학문적으로 접근하는 방식 안에 다양한 담화가 존재하는 방법들을 확인함으로써 어떤 일이 일어나는지, 그리고 그 담화를 관찰함으로써 우리가 무엇을 얻을지 알게 되는 것이다.

또한 창의성도 언제나 긍정적인 것으로 여겨질 수는 없다는 것을 보여 준다. 창의성도 파괴성과 마찬가지로 만들어진 것, 맥락에 의존하는 것으로 인식하는 것은 중요하다. 소인카(Soyinka, 1996: 341)는 나이지리아 연극에 대해 말하면서 연극이 사회에 긍정적 힘으로 내재된다기보다는 억압과 파괴성에 연결될 수 있다고 설명한다. 그는 문화가 "침략 세력에 의해서 항상 공격의 주된 대상이 되며, 문화의 파괴 혹은 성공적인 소모는 포괄적인 범위에서 인종적/국가적 의지의 보호 안에 있을 수 있다."고 주장한다. 연극은 상호작용하고 맥락 속에서 창조되며, 억압자 혹은 억압대상자에 의해 문화를 발전시키거나 파괴하는 데 사용될 수 있다. 소인카는 유럽의 기독교인들이 '원주민'들의 살아 있는 문화를 여러 방식으로 어떻게 파괴했는지 주목한다. "과도한 기독교적 문화 제국주의로 인해 아프리카 악기와 멜로디가 금지되었고, 영국 성공회교도의 고요한 축일인 일요일에는 북을 연주하는 일이 금지되었다."(Soyinka, 1996: 349) 그리고 그들의 패권에 대항하기 위한 연극을 하지 못하도록 교회와 학교 문을 닫았다(Soyinka, 1996: 350). 소인카는 억압받은 사람들의 연극, 노래, 의식 등이 나이지리아 극작가 두로 라디포Duro Ladipo와 같은 새로운 형식의 출현으로 이어져서 진화하고 발전하는 것을 추적하였고, 이를 계획된 파괴에 대한 반응으로 정의한다. 그는 연극을 식민지적 파괴성과 관련된 복잡한 세력의 일부라고 보는 한편, 억압에 대한 생존과 도전으로 보기도 한다. "이런 분명한 창의적인 생각들은 역사적 격변기의 산물인 것이다."(Soyinka, 1996: 354) 그는 파괴성과 창의성의 복합적인 본성을 밝히고, 그 의미와 타당성이 그것들이 구성하는 문맥에 의해 구축된다고 말한다. 즉, 연극은 파괴적인 것과 억압적인 것 둘 다, 그리고 문화 혹은 사회의 '저항 및 생존'과 동맹을 맺을 수 있다는 것이다.

이처럼 파괴성과 창의성을 보는 방식은 그것을 전적으로 긍정적이거나 부정적인 것으로 보지 않고 전체 문맥과 같이 여러 요소들로 결정되는 복합적인 것으로 본다. 즉, 사회적으로 만들어진 것이라는 말이다. 일례로, 이러한 접근은 파괴성에 대해 하나의 의미만 부여하는 것이 아니라, 의미를 특정 상황으로 생각하는 것, 그리고 의미를 각기 다른 학문이나 세력권 간에 긴장과 기회를 반영하는 것으로 본다는 점에서 가치가 있음을 보여 준다. 또한 이것은 연극치료와 파괴성 간의 관계를 살펴보는 데에도 유용하다. 다음 장에서는 이 접근법을 사용하여 연극치료 내에서 파괴성과 창의성이 어떻게 만들어지는지 그 근거를 살펴보고자 한다. 연극치료사들은 그들의 파괴성과 창의성에 관한 작업에 어떤 가치를 가져오는가? 그들은 파괴성과 창의성에 어떤 가치를 부여하는가?

파괴성과 창의성을 대하는 연극치료사들의 방식

이제 앞선 문헌 검토에서 밝힌 주제와 갈등을 학회지 또는 연극치료 저서에 대한 분석으로 발전시키고자 한다. 담화 분석의 초점은 연극치료사들이 연극치료에서의 변화와 장점을 이해하는 데 있어서 창의성 및 그 '반대되는 것'의 역할을 어떻게 인식하는지 밝히기 위한 것이다. 이 분석은 다양한 연극치료 접근법에 대한 연구를 검토한 결과에 기반을 둔다(Andersen-Warren & Grainger, 2000; Cattanach, 1999; Emunah, 1994; Holloway, 1996; Hougham, 2006; Jennings, 1997; Johnson, 1999; Jones, 2005, 2007; Karkou & Sanderson, 2006; Langley, 2006; Milioni, 2001; Pitruzzella, 2004; Radmall, 2001/2002). 그들은 연극치료에서의 변화를 설명하고 이해하는 데 사용되는 여러 관점들을 제시한다(Jones, 2005; Karkou & Sanderson, 2006). 여기 언급된 연구들이 이 장이 길지 않다는 점을 감안하여 모든 경향을 포괄할 수는 없지만, 적어도 세 가지의 다양한 접근법, 즉 체현-투사-역할 개념을 사용한 발달적 접근, 신화적 방법, 그리고 역할에 대해 설명할 수 있을 것이다.

연극치료사들은 일반적으로 창의성을 참여자들이 치료받게 되는 어려움이나 부정적 경험의 반대쪽에 있는 것으로 생각한다. 그래서 어떤 상황이 참여자에게 '어려움'을 주거나 문제를 초래한다면, 연극을 이와 반대되는 방향으로 설정한다.

예를 들어, 발달적 관점에서 볼 때 창의성은 참여자가 문제에 직면하거나 어려움을 겪는 결과를 초래하는 발달 과정에 대해 균형을 맞춰주거나 대항할 수 있도록 돕는 힘이다(Cattanach, 1999; Emunah, 1994). 따라서 예를 들어, 참여자가 발달 과정을 거칠 때 혹은 발달 단계를 넘을 때 적절한 지지를 받지 못했기 때문에 장애가 나타난 것으로 본다. 이러한 장애는 참여자들이 보통의 발달 단계를 거쳐 나타나는 기준과는 차이점을 보이기 때문인 것이다. 예를 들어, 학습장애를 가진 참여자들에게 발달을 가능하게 하는 방법은 없을지도 모른다. 이처럼 지원이 이루어지지 않는다는 사실에서 비롯되는 부정적 효과로 인해 그들의 삶에 파괴적 영향이 갈 수도 있다. 이에 따라 연극의 창의성과 언어 그리고 연극치료에서 참여자 중심의 공간과 관계를 통해서 균형을 잡아 줄 수 있을 것으로 생각된다. 그러므로 연극치료는 사회가 적절한 과정, 언어, 권한을 제공하지 못해서 장애로 만드는 부정적인 영향을 끼치는 것과 대립되는 위치에 서게 된다. 이와 유사하게 편견으로 인해 참여자들이 사회적으로 소외된 경우 연극과 치료의 조합을 통해 이를 완화할 수 있다.

정신역동적 관점에서 볼 때 파괴성은 주로 무의식적인 분노나 그에 따른 우울증과 같은 결과와 관련된 것이거나 아니면 이를 반영하는 것이다(Clarkson & Nuttall, 2002). 연극치료에서의 의식과 무의식, 언어 과정, 관계 사이의 역동적인 연관성은 패턴이나 관계 구축, 창의성의 과정 안에서 종종 나타나며, 그와 같은 파괴성의 난제를 풀기 위한 해결책을 시작하고, 풀어 가고, 해결하는 공간 안에서도 드러난다(Jones, 2005: 181; Langley, 2006). 여기에서 파괴성은 초기에 부정적으로 맺은 관계 경험 및 무의식적으로 자신의 것으로 받아들이게 된 자기의 일부와 관련된 것으로 보인다. 연극치료는 긍정적인 결과와 연계하여, 참여자를 자기파괴성 혹은 파괴적 태도로부터 분리시키게 되는 것이다.

연극치료 공간, 관계, 과정은 역할 작업의 관점에서 볼 때 표현과 재학습의 일부로 여겨지므로, 부정적이거나 파괴적인 역할을 다루어서 재작업하거나 해결하도록 한다. 여기에서 연극치료는 학습 그리고 파괴적 패턴과의 대립과, 그리고 창의성은 인지, 사고, 학습 과정과 연계된다.

다음은 연극치료사들이 파괴성과 창의성을 어떻게 이해하는지에 대한 세 가지 구체적인 담화 분석으로, 이를 통해 연극치료사들이 그들의 작업을 어떻게 그리고 왜 효과적인 것으로 구조화하는지 알 수 있다. 각각의 내용은 앞서 언급한 다른 관계들을 근거로 한다.

담화 분석 1: 체현-투사-역할(EPR)

다음 내용은 공격 성향의 범법자로 고위험군 보호 병동에 입원 중인 환자의 임상 기록이다(Jennings et al., 1997: 84). 그는 편집성 조현병 진단을 받았으며, 자신의 어머니를 살해한 후 병원에 입원하게 되었다. 아래는 연극치료의 효과성에 대한 결론 부분을 발췌한 것이다.

환자 B는 체현-투사-역할의 단계를 통한 연극치료 과정을 명확히 보여 준다. 그는 신체적으로 힘이 넘쳐나서 정교한 동작을 취하지 못하는 것 때문에 힘들어했지만, 그러면서도 점차적으로 더 많은 모험을 하게 되었다. 그는 핑키 이야기에서 말했듯이 분명히 환상에서 깨어났다. 그는 핑키가 되어 자신이 젊었을 때 그랬던 것처럼 여행을 떠났다. 하지만 그의 여행은 좌절과 파멸로 막을 내렸다. 그는 아이기우스와 오베론이라는 인물을 통해서 자신의 폭력적인 분노를 말할 수 있었는데, 무엇보다도 자신의 분노한 아버지가 되어 아버지의 기대대로 아들이 살기를 바라는 입장이 되어 볼 수 있었던 것 같았다. 환자 B에게는 나뭇잎이라는 반복되는 주제가 있는데, 그것은 그의 가면과 나무에 계속 붙었다 떨어졌다 하는 형상으로 나타났다. 나뭇잎은 그가 공격할 때에는 악마적인 의미를 지니고 있었지만, 극화된 이야기와 그림 속에 나타나는 나뭇잎의 의미는 어느 정도 정상적인 것으로 보였다.… 임상적 견해로 볼 때, 환자는 연극치료를 통해서 스스로 아버지의 위치에서, 즉 아이기우스와 오베론과 같은 아버지가 되어 봄으로써 자신의 아버지의 분노를 내적으로 받아들일 수 있게 된 것이다. 또한 그는 자신의 분노를 탐험하고 받아들일 수 있었다. 그것은 이전에는 언제나 힘든 일이었다. 이러한 과정을 통해서 그는 아버지가 다른 여자와 결혼했다는 사실을 받아들일 수 있는 내적 힘을 찾을 수 있게 되었다.

(Jennings et al., 1997: 109)

창의성, 치료, 파괴성 간의 관계는 연극치료사들이 참여자에게 제공한 연극치료의 경험을 설명할 때 드러난다. 연극치료사들이 환자의 변화 인식을 서술하는 담화에는 두 가지 관점이 있다. 첫째 관점은 망상에서 깨어남, 어려움의 소멸, 폭력적 분노, 범법 행위, 악마성과 관련된다. 또 다른 관점은 발달 과정과 관련되며, 이전에는 표현하지 않았던 것을 역할을 만들고 연기하는 가운데 표현하고, 살인 행위와 관련된 참여자의 부정적 감정에 대해 말하고, 자신의 감정을 표현하고 받아들이는 데 느끼는 '어려움'을 바로잡는 것이다. 이러한 설명에 있어 때로는 극과 극의 대립이 형성되기도 한다. 한쪽에는 파괴적·살인적 분노, 표현되지 않은 감정이 있고, 다른 쪽에는 창의성, 표현, 탐구, 수용이 있다. 예를 들어, 참여자의 좌절과 폭력적 분노는 길을 잃고 헤매면서 혼란과 파멸로 끝나는 여정의 형태로 나타난다. 반면에 연극치료에서의 창의적 작업은 이러한 부정적 '여정'과는 상반된다. 연극치료에서 참여자는 창의적 행위를 통해 힘을 '찾고', 긍정적 탐구를 통해 '자기 자신의 분노'와 마주하게 되는 것이다.

여기에서 우리는 앞서 설명한 바와 같은 일종의 상반된 구성물을 볼 수 있다. 파괴성은 한편으로는 창의성과 구별되며 대립적인 것으로 여겨질 수 있다. 그러나 파괴성과 창의성은 **함께** 존재할 수 없는 **별개의** 상태인 것으로 보이지는 않는다. 우리는 연극치료사들의 담화 분석을 통해 창의적·치료적 행동이 파괴성과 **연계될** 수 있는 것으로, 즉 파괴성과 마주하고 표현할 수 있는 언어를 찾는 것임을 알게 된다. 치료사들은 연극치료를 통해 참여자가 표현할 수 없었던 과거의 파괴적인 경험을 표현할 수 있다고 생각한다. 과거의 파괴적 경험은 체현-투사-역할이라는 연극치료 과정의 현실로 들어온다. 이를 통해 **파괴적 과거**는 치료 공간이라는 **창의적 현재**와 연결된다. 즉, 이전에는 보이지 않고 볼 수도 없었던 것들을 탐험할 수 있게 되는 것이다. 환자 B는 예전에는 '자신의 분노를 표현 또는 수용할' 수 없었거나 혹은 달리 표현하자면 분노를 탐구하고 '소유'할 수 없었다. 분노를 표현, 수용, 탐구, 소유하는 행위는 긍정적이고 치료적인 행위다. 요약하자면, 파괴성과 창의성은 대립되는 것처럼 보이지만 연극치료 과정과 공간을 통해서 서로 연계되고 관계를 맺게 된다. 이러한 방법으로 창의성과 치료의 조합은 파괴성을 변화시킬 수 있다. 이는 파괴성을 **재현**하고 **수용**하고 **탐구**하고 **해결**할 수 있도록 하는 창의적이고 치료적인 공간과 연계된다.

담화 분석 2: 신화, 상징과 자기조절 심리

라하드(Lahad, 1992), 실버만(Silverman, 2004), 와츠(Watts, 1992)와 같은 연극치료사들은 연극치료와 그 효과성을 논할 때 신화와 이야기의 개념을 활용한다. 예를 들어, 와츠는 연극치료에서의 은유와 신화를 설명하면서 연극치료가 '의미 감각'을 만들어 내는 과정이라고 말한다.

> …연극을 통해, 우리는 특히 은유로 작업함으로써 불완전했던 것을 재발견하고 재창조할 수 있는 수단을 제공하고… 이전에는 소통될 수 없었던 것을 이해할 수 있는 방식으로 소통할 수 있도록 한다.
>
> (Watts, 1992: 49)

롤린슨(Rawlinson, 1996)은 우울증과 불안 증세를 가진 환자 재닛과 했던 치료 작업을 설명하는데, 그 방식은 연극치료사들이 이와 같은 작업과 연계하여 파괴성과 창의성을 주로 사용하는 담화와 유사하다.

> 재닛은 계속 모래상자 작업을 하였다. 그것은 상상력을 자극하고 꿈의 재료 조각을 만들면서 그녀의 정신 속에 있는 무의식과 의식 사이의 간극을 메우도록 하였다.… 재닛은 창의적으로 움직이는 가운데 자신의 분노와 좌절을 표현하는 또 다른 방법을 발견하게 되었다.… 그녀는 잃어버린 여성성의 본질에 대해서 기뻐하기도 하였고 슬퍼하기도 하였다.
>
> (Rawlinson, 1996: 164)

그녀의 논리적 근거는 연극치료사와 참여자가 이미지를 '존중'해야 한다는 것으로, 이것을 예술의 역할과 연결시킨다. 그것은 어떤 근원으로부터 '흘러나오는' 중재적인 이미지다(Rawlinson, 1996: 178). 그것은 또한 참여자가 살면서 겪은 파괴적인 요소와 경험과는 반대된다. 호우햄(Hougham, 2006)은 신화를 소재로 한 연극치료 작업이 참여자에게 어떻게 효과적인지 설명하면서 신화 간의 연관성을 강조한다. 그는 신화란 "무의식을 위한 '이야기 형태'를 제공"하는 "영원한 진실"을 담은 그릇이라고 말한다(Hougham, 2006: 5-6). 연극치료의 목적은 "원형적 이미지와 주제를 가지고 작업하는 기회를 통해서 환자 심리의 자기조절을 활성화시키는" 것이다(Hougham, 2006: 5-6). 두 번째 접근법에서의 담화는 첫 번째 접근에 비해 대립과 모순이 적다. '파괴성'은 문제와 도전의 형태를 띠며, 창의적인 '배경'과 기회를 제공하는 행위에 대항해 균형을 맞춘다. 재닛과 같은 환자의 개별성은 '원형적' '인간 조건' 혹은 '영원' 등으로 다양하게 표현되는 수준의 인식이나 존재와는 대조적인 것으로 설정된다(Hougham, 2006: 5-6). 롤린슨(1996)은 이러한 부류의 연극치료 담화에서 종종 사용되는 이미지에 주목한다. 즉, 치료에서의 예술은 원형과 개인 사이에 긍정적인 '다리 구축'

을 보다 용이하게 해 준다. 그렇기 때문에 개별적 문제와 '도전'이 창의성과 '마음'의 어떤 면과 만나게 되면 변화하게 되는 것이다. 이러한 측면은 종종 '무의식'으로 표현되는 것과 연관되며 신화나 상징적 이미지를 포함하기도 한다. 보편성은 창의성 안에서 나타나며, 개인적인 문제로부터 벗어나 더 광범위한 관점으로 이동하는 것은 치료 과정에서 본질적인 것으로 서술된다. 호우햄(2006)의 설명에서 우리는 개별적 경험을 뛰어넘는 광범위하고 증폭된 '매트릭스' '집단적 배경' '개인적'인 것으로부터 '상징적'인 것으로의 이동, '평범'하고 '익숙'한 것으로부터 멀어진 공간 혹은 '세계'와의 만남에 대한 개념을 확인할 수 있다. 여기에서 창의적인 행동은 참여자로 하여금 '문제' 혹은 '도전'이라는 하나의 틀로부터 광범위한 공간이나 구조로 넘어갈 수 있게 해 준다. 창의적인 예술의 이미지는 운송수단 혹은 가교로서 사용된다. 즉, 연극과 움직임은 '자연스러운' 매개체이고, 놀이, 연극, 즉흥연기와 제의적 극 행위는 뻔한 것으로부터 벗어나 새로운 '세상'으로 갈 수 있게 해 주는 '가교'로, '상징'의 매개체인 것이다(Hougham, 2006). 창의적인 과정을 통한 보편성, 원형, 집단 간의 상호작용은 하나의 의미를 '다양한 의미'로, '뻔하고 익숙한 것'을 '타자'의 세계 및 원형이 갖는 '본래의 특성'으로, 문제를 신화, 이야기, 동화 같은 '집단적인 배경'으로 변형시킨다.

따라서 연극과 움직임에서의 창의성은 상징적·원형적 경험이 갖는 변형적 잠재력에 접근할 수 있게 해 주는 가교를 형성한다. 그 핵심은 참여자로 하여금 치료의 원인이 된 문제적 혹은 부정적 경험에 상반되면서도 유익한 '자기조절 심리'에 접근할 수 있도록 해 주는 것이다. 처음에는 창의성 그리고 참여자 혹은 그의 삶 속에 있는 문제적인 것이나 파괴성 간에 상반되는 것처럼 보이는 상황이 치료의 구조에서는 건강함 혹은 해결을 가져올 수 있다는 것을 새삼 확인하게 된다. 그러나 처음 사례에서 본 것처럼, 파괴성과 창의성의 관계는 이보다 훨씬 더 복잡하다. 참여자의 삶 속에서 나타나는 파괴적 요소는 창의성을 통해 변화 또는 '변형'되지만, 이 담화에서 가장 중요한 관계는 접근을 통해서 나타난다. 마치 이전에는 접근할 수 없었던 참여자의 '마음'에 예술을 통해 접근할 수 있게 되는 것처럼 말이다. 접근 불가능한 영역은 보편적·원형적·집단적 혹은 공동의 것으로 전형화되고, 연극과 움직임을 통해 상징적 표현의 형태를 띠게 된다. 창의적 과정을 통해 이러한 접근을 만들어 내고 나면, 연결이 이루어져서 문제와 어려움을 해결할 수 있는 잠재력을 가지게 된다. 따라서 이 담화에서 연극치료사는 특정적·개별적 영역이 상징적·집단적·원형적 영역으로 이어지거나 접근될 수 있기 때문에 파괴성과 창의성의 관계가 치료적인 잠재력을 가지고 있다고 본다.

담화 분석 3: 역할

다음은 역할 기반 연극치료와 관련되는 것으로, 역할 기법이 효과적인 이유에 대해 두 가지로 설명한다.

> 원형적·연극적·사회적·유전적 결정 요소에도 불구하고, 인간은 여전히 부분적으로나마 자신의 정체성을 만들어 낸다. 앞서 언급된 사례에서 조지와 매키는 예정된 본질의 수동적 취득자라기보다는 오히려 다양한 역할의 능동적 연기자로 묘사되었다. 창의적인 연기자의 감각은 극적 놀이에 내포되어 있다. 각각의 개인은 역할이 대부분 이미 결정되어 있다고 하더라도, 주어진 상황에 가장 잘 맞고 본인에게 가장 의미 있는 역할을 선택해야 한다. 스스로 선택해서 연기하는 역할은 생존이건, 감정 표현이건, 욕구 충족이건 간에 반드시 목적이 있어야 한다. 역할 취득과 역할 연기의 행동은 자기 정체성의 일부를 구축한다는 점에서 창의적이다.… 어른들은 쇼윈도 반대편에 살고 있지만 때로는 (아이들처럼) 그 마법 창문 너머의 모험이 어떨지 상상하는 것과 같이 맡은 역할로 인

해 갈등을 겪는다.

(Landy, 2008: 10-11)

'샘'(Landy, 1997)의 임상 사례는 이러한 구조를 가진 연극치료의 한 예를 보여 준다. 참여자는 다음과 같이 소개된다. 그의 역할에는 '내적 · 외적 힘에 의해 심하게 고문당하고 상처받은' 주인공이 포함되어 있었다. 치료사는 샘의 역할 '체계'의 측면을 탐구해 보자고 제안한다. 예를 들면, "겉보기와는 다른 살인적 · 착취적인 아버지, 아이들과 헤어진 여자들, 유혹하는 여자들과 공격자들, 용기, 공포, 문을 닫고 경계 설정하기" 등이다(Landy, 1997: 130-131). 이 접근에 따른 결과 분석에 의하면 연극치료의 효과는 다음과 같다.

> 나는 치료의 마지막 단계에서 샘이 자신이 갖고 있는 많은 혼란을 통합하고 적절한 역할 체계를 재구성할 수 있게 되었다는 것을 알았다. 그는 다시 음악을 연주하고 작곡하기 시작했고, 이를 통해 책임감과 자신감을 지닌 예술가의 역할을 되찾았다. 그는 자신의 장애를 편견 없이 건강하게 존중하면서 예술가로서 자신의 능력에 다가갔으며, 조울증 상태에 빠질 수 있다는 것도 받아들일 수 있게 되었다. 샘은 예술가 역할을 전적으로 회복함으로써 "창의적인 원칙을 주장하고, 새로운 형태를 만들고 낡은 것을 변화시킬" 수 있었다(Landy, 1993: 241). 그는 그 원칙을 통해 미적 · 도덕적 · 정신적 위기에서 회복할 수 있게 되었다.

(Landy, 1997: 139)

담화 분석의 세 번째 사례에서, 역할은 창의성의 특별한 면을 활성화할 수 있는 구조를 창출해 내는 핵심 요소다. 두 번째 사례에서는 원형에 대한 창의적인 접근이 변화의 중심에 있는 것으로 보았지만, 여기에서는 그 관계를 다르게 본다. 창의성은 오히려 원형과는 반대 위치에 놓여 있다. 왜냐하면 원형은 부정적인 방해 세력과 연계된 결정적인 요소로 인식되며, 참여자들은 자기 정체성의 능동적 조작자가 아니라 '수동적 취득자'가 되기 때문이다. 여기에서 파괴성은 방해와 제약 행위와 연결된 것으로 이해된다. 개별적인 역할 취득이나 역할 연기라는 극적 형태에 있는 창의성은 창의적 삶의 더 광범위한 구조와 연결된다. 창의적 삶, 건강함, 그리고 참여자에게 있어 그들 자신의 개별적인 역할과 정체성을 적극적으로 만들기 위해서는 선택이 가장 중요하다.

이 담화는 파괴성을 따로 떼어 놓고, 그것을 한정적이고 강요된 역할 및 창의성과 연결시킨다. 여기에서 창의성은 자신의 고유한 '목적'이 있는 역할을 능동적으로 창조하는 '제작자' 이미지인 '연기자'로서의 참여자와 연계되어 있다. 이것은 생존, 표현, 욕구 충족과도 긍정적으로 연결된다. 고문, 상처, 살인적 착취라는 파괴적 역할 이미지는 참여자가 적극적으로 의미를 창출하고 역할을 맡으면서 창의적으로 참여하고 성장하는 것과는 정반대로 표현된다. 이 담화에서는 수동적 취득자와 창의적 · 능동적 배우이자 제작자인 참여자를 대비시키는데, 수동적 취득자에게는 왜곡되고 파편화된 역할이 강제적으로 주어지지만, 그는 그 역할을 맡아도 역할에 통합되거나 레퍼토리에 맞게 적극적 · 창의적인 반응을 하지 못한다. 여기에서 파괴성과의 관계는 역할과 창의성을 웰빙의 핵심에 있는 것으로 보는 것이다. 연극치료의 역할은 참여자가 왜곡되고 맞지 않는 것으로 경험하는 역할과의 파괴적 관계가 아니라, 참여자로 하여금 표현하고 탐구하고 창의적으로 즉흥연기를 하고 역할을 확장시켜서 마침내는 창의적이고 유연하고 '딱 맞는' 역할을 가질 수 있도록 하는 것이다.

여기에서 창의성은 첫 번째 사례에서처럼 파괴적 경험을 표현하고 수용하고 변형시킬 수 있는 발달 과정으로서의 파괴성에 반대되는 개념이 아니다. 또한 변형시킬 수 있는 원형적 영역에 상징적인 가교를 놓아주는 것도 아니다. 여기에서 말하는 파괴성과 창의성 간의 관계는 역할을 개인의 삶에서 파괴적 · 창의적 힘을 이해할 수 있는 수단으로 보는 것이다. 연극은 참여자로 하여금 보다 유능한 연기자가 될 수 있도록 한다는 점에서 치료적인 힘을 갖는다. 그들이 역할과의 관계를 협상할 수 있는 방법은 그들의 삶에서 파괴적 · 창의적 힘을 마주할 수 있는 방식인 것이다. 치료는 참여자로 하여금 그들이 만나는 파괴적 · 창의적 압력을 중재하여 현재 맡고 있는 역할을 다루는 방법을 변화시킬 수 있도록 하는 것에 초점을 맞춘다.

결 론

〈표 2-1〉은 연극치료 담화를 분석해서 파괴성과 창의성이 그 효과성의 관점에서 볼 때 어떤 관계를 갖는지 보여 준다.

더 상세한 검토를 통해 볼 때 각각의 담화가 이 장 처음 부분 문헌 검토에서 정립한 문화적 관점과는 전혀 연관이 없다는 것을 알 수 있다. 문화적 관점에서는 파괴성이 단일한 부정적인 의미를 갖는다고 보기 때문이다. 치료사들은 파괴성과 치료를 상반되는 것으로 생각하는 문화적 입장에는 동의하지 않는다. 그들은 파괴성이 복합적이고 다양한 요소로 구성된 것이라고 본다. 창의성은 '파괴성'의 반대가 아니라, 만남, 재조직, 그리고 상반된 두 영역 사이에 소통을 가능하게 해 주는 방법이다.

본 연구의 의의는 연극치료 영역에서 파괴성, 창의성이 어떻게 인식되는지를 보여 주고, 담화 분석을 통해 치료사들이 작업에서 어떻게 참여자들에게 치료적 효과를 주려고 하는지에 대해 비판적인 인식을 일깨워 줄 수 있다는 데 있다. 이 연구는 이러한 반응의 구체적 성격을 확인하였고, 파괴성과 창의성의 영역에서 연극치료사가 어떻게 참여자에게 도움을 줄 수 있는지에 대해 명확히 서술하였다. 연극치료사의 담화를 살펴봄으로써 파괴성이 구성되는 각기 다른 방식, 그리고 파괴성과 연관된 연극치료에서 창의성이 인식되는 가치를 알 수 있었다. 이 장에서는 연극치료사가 그들의 작업 안에서 어떻게 창의성의 결핍, 부재, 반대를 인식하는지 알아보았다. 그리고 이러한 방식으로 연극치료사들은 창의성과 그것이 참여자에게 미치는 영향을 어떻게 인식하고 있는지 분석하였다. 그 결과, 연극치료사들이 연극치료가 갖는 변화와 장점을 이해함에 있어서 창의성과 파괴성의 역할을 어떻게 인식하는지 알 수 있었다.

〈표 2-1〉 연극치료 담화: 파괴성과 창의성

담화 사례	파괴성과 창의성의 담화
1. EPR	• 이전에는 표현할 수 없던 것을 체현, 투사 작업, 역할 창조적 치료 작업을 통해 표현하는 발달 과정. 역할 작업을 통해 살인 범죄와 관련된 부정적 감정을 말하도록 하고 '어려움'을 바로잡도록 한다. • 파괴적 과거는 치료 공간이라는 창의적 현재와 연결된다. • 연극치료 과정과 공간을 통해 파괴성과 창의성의 관계가 나타날 수 있고, 창의성으로 하여금 파괴성을 변화시킬 수 있게 한다. • 창의적인 치료 공간을 통해 파괴성을 표현·수용하고 탐구·해결하게 된다.
2. 신화와 상징	• 연극치료는 참여자가 가지고 있는 부정적 혹은 파괴적 경험에 참여할 수 있도록 중재적 이미지와 과정을 제공한다. 이것은 참여자의 심리 내부에 있기는 하지만, 그에게 도움이 되는 방향으로 접근 가능한 것은 아니다. • 상징적·집단적 물질과 참여자의 개별적 경험 간에 관계가 생겨나서 자기를 인식하는 파괴적 혹은 부정적 인생 경험, 패턴 혹은 방법에 창의적, 변형적 가능성을 제공한다. • 연극치료 공간과 관계를 통해 원형적·집단적 물질과 '자기조절' 심리 간에 '가교'를 만들어 접근하고 연결하도록 한다.
3. 역할	• 역할은 개인의 삶에서 파괴적·창의적 힘을 이해할 수 있는 수단이다. • 연극은 참여자가 더 유능한 배우가 될 수 있도록 한다는 점에서 치료 수단이 될 수 있다. • 참여자가 직면하는 파괴적·창의적인 압박과 연관하여 어떻게 자신이 맡은 역할을 다루는지 치료로 변화시킬 수 있는 방법에 초점을 둔다.

03

작업 기반 증거: 연극치료와 파괴성

Ditty Dokter

개 요

이장은 예술치료에서 증거 기반 작업evidenced-based practice과 작업 기반 증거practice-based evidence를 둘러싼 논쟁을 소개한다. 즉, 전문 단체가 위탁한 연극치료 증거의 체계적 검토를 위한 첫 단계를 정리하고, 파괴성에 대해 작업한 연극치료사들의 성과를 분석한다. 여기에서는 특정 참여자 집단과 치료 환경뿐만 아니라 자해, 타해를 포함한 임상 설명과 연관되는 것들을 다룬다. 필요한 경우, 사용된 특정 연극치료의 개입에 대해 주목할 것이다. 길버디와 소우든(Gilbody & Sowden, 2000)은 여러 학문 영역을 근거로 그들의 증거 기준을 정의하고 무엇이 '좋은' 혹은 '불충분한' 증거가 되는지 그리고 그들의 학문 연구 분석표에 어느 단계가 적합한지 결정한다. 결론 부분에서는 현재 사용되는 최상의 증거에 대해 검토할 것이다. 이 책의 마지막 장에서 우리는 증거를 재검토하고, 이 분야에서 연극치료의 증거 기반을 발전시키기 위한 연구를 추가적으로 다룰 것이다.

예술치료의 증거: 역사적 구성

영국 보건부는 1995년 유효성 조치Effectiveness Initiative를 도입하였고, 그
목적은 다음과 같다.

> 모든 건강관리 요원은 유효한 증거로 제시되는 임상 서비스의 비율을
> 증대시키기 위해 서로 협업하고 환자들과 협력하여 작업할 것.
>
> (Davidoff et al., 1995)

증거 기반 작업은 모든 개입이 엄격한 연구에 기반하여 효과적이어야 하
고, 일련의 활동은 가장 효율적이고 경제적인 방법으로 서비스가 제공된다
는 것을 보장한다는 점을 특징으로 한다(Gilroy, 2006). 그 작업의 패러다임
은 임의통제실험randomised control trial: RCT이 다른 어떤 것보다도 증거로서
우위를 점하는 상황을 만들었다는 점에서 논쟁의 여지가 있다. 증거에 대한
보건당국의 순위는 다음과 같다.

A. 임의통제실험
B. 다른 확고한 혹은 관찰에 의한 연구
C. 보다 한정적이지만, 전문가 의견과 신뢰할 만한 권위자의 지지에 기반
    한 증거

패리와 리처드슨(Parry & Richardson, 1996)은 증거 기반 작업이 심리치
료에서 어떻게 발전할 수 있는지를 검토한다. 그들은 로스 등(Roth et al.,
2004)과 함께한 작업에서 증거 기반 작업 연구가 어떻게 임상 작업에서 발
전되어야 하는지를 보여 주지만, 질적 연구를 포함하지는 않고 있다. 예술치

료사들(Gilroy & Lee, 1995; Gilroy, 2006; Jones, 2005)은 이 점을 비판하면서
도 다음과 같은 부분에 대해서는 수긍한다.

> 예술치료사들은 증거 기반 작업을 사용하는 것 외에 다른 선택이 없
> 다. 하지만… 증거 기반 작업을 영국 공공부문 시장에 자리매김하기 위
> 한 원칙과 정책에 대해서 온전히 숙지한 상태여야 한다.
>
> (Gilroy, 2006: 25)

예술치료는 증거 기반 작업에 필요한 결정적인 대규모의 결과 연구는
아직 갖추지 못하고 있다. 다양한 연구자들(예: Gilroy & Lee, 1995; Payne,
1993; Wheeler, 1995; Aldridge, 1996a; Smeijsters, 1997)이 예술치료사에게
잠정적으로 유용한 연구방법론에 대하여 썼는데, 대부분 예술치료 과정을
묘사하고 분석하고자 하는 목표로 쓴 질적 연구에 관해 다루고 있다. 양적
연구를 한 예술치료사들도 일부 있는데, 그들은 대부분 음악치료사다. 그
들은 『랜싯The Lancet』(Hoskyns, 1982)과 『재활 연구Journal of Rehabilitation』(Bol-
ton & Adams, 1983) 등의 학회지에 실험 연구로 인정되는 통제실험과 상
호 관계 연구를 발표하였다. 다른 연구자들(Meekums & Payne, 1993; Aigen,
1995)은 주관성, 참여적·포괄적 지식, 행동 지식을 참고하는 새로운 패러다
임의 연구를 주장하였다(Reason, 1988). 길로이와 리(Gilroy & Lee, 1995)는
예술치료사들이 자신의 작업이 효과적임을 입증할 수 있는지에 대한 결과
연구의 필요성을 강조하였다.

새로운 패러다임은 참여자와 실제 임상 환경이 분리된 전통 실험 연구를
비판하였다(Meekums & Payne, 1993). 단일사례조사연구(Smeijsters, 1993,
1997; Aldridge, 1993, 1996b)가 임상 환경과 실제 작업에 보다 근접한 가
능성 있는 대안으로서 제공되었다. 일부 단일사례조사연구들은 보다 폭넓
은 유효성을 입증하기 위하여 양적·질적 연구방법론의 통합을 주장하였다

(Lewith & Aldridge, 1993; Smeijsters, 1997; Langenberg & Frommer 1994; Aldridge, 2005).

예술치료 연구에 대한 비판적 평가에서는 의학적 증거 분류체계의 증거 기반 작업 표준(Jones, 2007; McLeod, 2001)이 대부분의 예술치료 연구를 배제할 수도 있다는 것을 인정해야 한다. 실제로, 로스와 포나기(Roth & Fonagy, 2005)는 이를 포함시키지 않았으며, 패리와 리처드슨(Parry & Richardson, 1996)은 그런 연구가 있다는 것에 대해서만 짧게 언급하였다. 몇몇 예술치료사들은 예술치료에 대한 증거 기반 작업과 연관된 관심사항들에 대하여 논의하였다(Gilroy, 1996; Jones, 2005; Edwards, 1999; Grainger, 1999; Wigram et al., 2002). 길로이는 증거 기반 작업의 증거 분류체계 대안을 제안하였다. 그녀는 연구는 증거 기반 작업에 포함되기 위한 표준으로서 관련성을 지녀야 하며, 효과 지향적이고 방법론적으로 엄격해야 할 필요가 있다고 말했다.

최근 조현병을 위한 지침과 같이 영국국립보건임상연구원the National Institute for Health and Clinical Excellence: NICE에서 발표한 지침들은 예술치료 증거를 승인하고는 있지만 주로 '보조적' 개입의 영역에서 인정하고 있다(NICE, 2008). 경계성 인격장애에 관한 지침에서도 개인의 창조성에 대한 관심에 목표를 둔 혼합치료의 사용에 대해 설명할 때, 이에 관해 일부 언급하고 있다. 자해에 관한 지침은 치료방법보다는 관리에 보다 초점을 맞추고 있으므로 예술치료를 언급하지 않고 있다.

예술치료에서 증거 기반 작업? 혹은 작업 기반 증거?

위그램 등(Wigram et al., 2002: 261)은 어떤 음악치료 증거가 증거 기반 작업의 분류체계 구조에 유용한지 밝혀냈지만, 이 단계 중 대다수가 증거로 사용 가능하지 않다는 것을 인정하였다. 대부분의 증거는 다음의 세 가지 범주—사례 연구, 질적 연구, 전문가 견해—에서 사용 가능하다.

앞서 언급하였듯이 길로이(2006)는 증거의 다른 분류체계를 주장하였다.

- 최소한 하나의 임의통제실험, 또는 최소 하나의 통제된 그리고/혹은 준실험 연구로부터의 증거
- 사례 연구, 현상학적, 민족지적, 인류학적, 예술 기반 혹은 협동 연구 등과 같은 다른 연구에 의한 증거
- 학문적으로 엄정한 다른 문헌에 의한 증거
- 전문가 위원회 보고서나 의견, 또는 인정할 만한 임상 경험에 의한 증거 혹은 두 가지 모두로부터의 증거
- 지역적 합의 또는 사용자 대표에 의한 증거

(Brooker et al., 2005)

길로이는 임상 관리가 주요 관건이라고 주장한다. 이는 증거 기반 작업 안에서 벌어지는 증거발생활동에 대한 부차적인 단계로, 치료사들은 연구 및 증거의 다른 형태에서 얻을 수 있는 주된 증거가 유익한 작업임을 입증할 수 있다. 증거 기반 학문영역의 규범을 따르는 경우 이 작업과의 연관성을 보여 줄 수 있는데, 그 이유는 다음과 같다.

- 표준 작업을 위한 임상 지침을 적용하였다.
- 지침이 연구와 서비스 평가에 의해 제공된다는 것을 확인하였다.
- 어떤 서비스가 적합한지 참여자 집단을 세분화하였다.
- 혁신적인 치료 결과를 관찰하였다.
- 표준 작업의 주요 요소들을 검사하였다.

(Parry, 1996)

길로이(2005)는 체계적인 검토를 통해 예술치료의 증거 기반을 통합할
필요성에 대해 강조한다. 체계적인 검토의 목표는 예술치료의 최상의 증거(이
에 대한 연구, 논리적으로 정확한 논문, 전문 활동가와 사용자 견해)가 전문적으로
고안된 명확한 규준과 증거 단계에 따라 각기 다른 참여자 집단에 적용되는
다른 접근 방식들에 대해 어떻게 말하는지 명확하게 밝혀내고자 하는 것이다.

영국연극치료사협회의 체계적 검토

영국연극치료사협회British Association of Dramatherapists: BADth는 길로이의 단
기 전략을 설명하기 위한 연구 프로젝트를 위탁하였다. 이 전략의 목적은
문헌에 제시되고 치료 작업에서 구체화되는 것과 같이 예술치료의 연구, 지
식과 경험을 명확하게 통합하는 지역적 · 국가적 진행 과정들을 발전시키고
자 하는 것이다(2005). 이를 위해 영국연극치료사협회의 프로젝트는 지역집
단을 설립하여 최근 활동의 결과 측정을 비교하고, 유용한 문헌에 대해 비
평 검토할 평가자 집단을 구성하였다. 체계적 검토를 완수하기 위한 단계는
다음과 같다.

1. 데이터베이스 주제를 정한다.
2. 그 주제에 대해 영국연극치료사협회가 지명한 전문가 패널을 구성
   한다.
3. 전문가 패널, 평가자 집단, 지역집단과 관련 석사논문 검색자료의
   대조를 통해 문헌(영국에서 출간되거나 영어로 된 문헌)을 검색한다.
4. 평가자 집단은 표준화된 점검표(2005년 길로이가 만든)를 사용하
   여 문헌을 비평 검토한다.
5. 체계적으로 검토한 증거를 데이터베이스로 편집한다.

(Dokter & Winn, 2009)

우리는 우울증과 외상후 스트레스 장애 및 그 외의 장애를 가진 참여자 범주를 구분하기 위해 패리(1996)의 심리치료와 상담의 치료방법에 대해 살펴보았다. 그리고 그 범주를 연극치료사들의 고용 패턴과 비교, 대조하였다 (Dokter & Hughes, 2007). 가급적 연극치료 고용 영역을 거의 다 다루기 위해서 전 연령대에 걸쳐 학습장애, 교육 대상 아이들과 청소년, 그리고 65세 이상의 별도의 정신질환을 앓고 있는 참여자를 포함시켰다. 이에 따른 주제는 다음과 같다.

- 정신병: 성인
- 성격장애(경계성 인격장애 포함): 청소년과 성인
- 중독: 청소년과 성인, 마약, 알코올, 식이장애 포함
- 외상후 스트레스 장애: 전 연령
- 정서장애: 전 연령
- 자폐 스펙트럼 장애/아스퍼거 증후군과 학습장애: 전 연령
- 65세 이상 참여자의 기능성 장애와 기질성 장애

연극치료와 파괴성: 증거 기반 양상

이 주제와 관련하여 파괴성을 이해하는 것은 특히 정신병, 성격장애, 중독과 외상후 스트레스 장애 증거에 적합하다. 이에 관한 설명은 법의학에서 착수한 연구와 상당 부분 겹치며, 그것에 대한 새로운 증거는 이 책에 포함되어 있다. 연극치료와 파괴성에 관련된 지금까지의 논문에서는 증거가 빈약하거나 거의 없으므로, 이 책에서는 그 증거 기반에 도움을 제공하고자 한다. 5장에서는 정서장애를 주제로 어린이와 청소년의 교육에 기반한 작업, 학교를 다니지 않는 아이들과 '정서적 · 행동적 장애를 겪는' 것으로 분

류된 사람들에 관한 연구를 설명한다. 그리고 6장은 학습장애 참여자의 자해와 관련하여 새로운 증거를 제시한다. 치매 참여자의 파괴성에 대해서는 체계적인 검토 시점에서 거의 자료가 없기 때문에 다음 연구에서 다루기로 한다.

증거 개요

평가자 집단은 파괴성과 정신병에 대한 증거평가에서 러디와 덴트-브라운(Ruddy & Dent-Brown, 2007)의 논문과 조현병에 대한 요티스(Yotis, 2006)의 논문, 환청에 관한 카슨(Casson, 2004)의 논문, 사고장애에 관한 그레인저(Grainger, 1990, 1992)의 논문에 최고점을 주었다(10점 만점에 8~10점). 법의학 영역에서 정신병 참여자와 작업한 연극치료사들은 스탬프(Stamp, 1998), 제닝스 등(Jennings et al., 1997), 그리고 스메이스터스와 반 클리븐(Smeijsters & van Cleven, 2006)의 논문들이 매우 유용하다고 밝혔다. 좀 오래된 연구인 존슨(Johnson, 1980), 닛선 등(Nitsun et al., 1974)의 논문 또한 증거에 있어 지금까지도 유효한 것으로 판명되었다.

제닝스 등, 스탬프, 스메이스터스와 반 클리븐 등의 연구는 그들이 복합 진단 집단들과 작업하기 때문에 성격장애에 대한 증거에서 중복되는 부분이 있다. 성격장애 검토에서는 버그만(Bergman, 2001), 브렘(Brem, 2002), 덴트-브라운과 왕(Dent-Brown & Wang, 2004), 던컨 등(Duncan et al., 2006), 모펫과 브루토(Moffet & Bruto, 1990) 등의 논문이 추가적 증거로서 훌륭하다고 평가되었다. 모펫과 브루토의 논문은 성격장애가 있는 약물남용자들과의 치료적 공연의 평가에서 약물남용과 겹치는 부분이 있다. 중독 분야에서 약물남용에 관해서는 모펫과 브루토의 논문이, 식이장애에 관해서는 독터(1996)의 것만이 우수한 증거로 평가되었다.

외상후 스트레스 장애는 주로 학대받은 어린이와 청소년들과의 작업에 적용되며(Bannister, 2003; Herman, 1997; James et al., 2005), 이 외에 주의력 결핍 과잉행동장애(Chasen, 2005), 폭력적 공격의 영향(Lahad, 1996; Long & Weber, 2005; Haen, 2005) 그리고 신경외상 회복(McKenna & Haste, 1999; Haste & McKenna, 2010) 등에 적용된다.

정신병

정신병에 대한 검토 집단의 평가를 보면, 최근 루디와 덴트-브라운 (2007), 요티스(2006)가 쓴 연극치료와 조현병 관련 논문이 있다. 루디와 덴트-브라운의 논문은 임의통제실험 증거만 인정될 경우 증거 기반 작업에 어려움이 있음을 보여 준다. 평가자들은 그 논문이 조현병 및 유사 질병에 관한 작업과 연관되므로, 연극치료, 심리극, 사회극 분야에서 현존하는 임의통제실험 연구에 대한 메타분석에 기반한다고 설명한다. 평가 방법론은 임의통제실험에 의해 수집되지 않은 모든 데이터를 배제한다. 검토된 183개의 연구 논문 가운데 다섯 편만이 이 기준에 부합되며, 연극치료와 사회극이 각각 한 편씩, 그리고 심리극 두 편이 이에 해당한다. 연구자들은 유용한 증거가 부족하고 다섯 편의 논문에서도 차이점이 드러난 만큼, 연극치료가 유용하다는 사실이 불분명하므로 지속적으로 평가해야 한다고 결론짓는다. 그들의 연구는 미래의 임의통제실험을 위한 계획을 제시한다. 평가자들은 그 연구가 실제 적용에 있어 한계가 있다고 생각하였다. 검토한 다섯 편의 논문은 각각 사용한 방법론을 명확히 밝히고 있지만 구체적인 개입에 대한 논의는 드러나지 않는다.

요티스(2006)는 창의적 정신치료 접근법이 참여자의 사고장애와 정서 불안으로 인한 혼란을 더욱 가중시킬 수 있다고 말한다. 마찬가지로 정신치료적으로 의미 있는 삶의 경험으로서 조현병 상태를 조절하는 것을 주장하는 연구도 있다(Silver & Larsen, 2003). 흥미롭게도 연극치료에서도 이와 유사한 연구가 진행되고 있다. 즉, 존슨(1982a)은 참여자의 경계를 정하기 위하여 역할 연기를 실제로 사용하고 연구하였으며(Johnson & Quinlan, 1985), 소외와 물러나기의 2차 증상을 설명하기 위해 극적 퍼포먼스를 연구하였다(Johnson, 1980). 또한 언어적 표현과 대화 기술의 향상을 입증한 다른 연구들도 있다(Spencer et al., 1983). 이러한 연구들은 2차 증상의 치료에 예술치료를 사용할 것을 주장한다는 점에서 영국국립보건임상연구원(NICE, 2008)의 조현병 지침서에 채택되었다. 그레인저(Grainger, 1990, 1992)와 카슨(Casson, 2004)은 사고장애와 환청과 같은 1차 증상에 대하여 설명한다. 그레인저의 연구(1990)는 현실에 대한 인지 구축을 향상시키기 위해 연극치료를 사용할 것을 강조하고, 요티스는 박사 논문에서 조현병 참여자의 상호관계성과 언어 능력을 향상시키기 위해 극적 퍼포먼스를 사용하는 것에 주목한다(Yotis, 2002). 카슨의 연구(2004)는 환청이라는 1차 증상과 그것을 조현병 상태에 대한 의미 있는 경험의 일부로 구축하는 것에 중점을 둔다.

요티스(2006)의 논문은 양적, 질적 그리고 연극 기반 방법론의 혼합인 반면, 루디와 덴트－브라운의 논문은 임의통제실험 방법론을 서술하고 있으며, 둘 다 이 분야의 연극치료 연구 발전에 매우 유용하다. 카슨, 그레인저의 연구와 마찬가지로 요티스의 연구는 전문가들로부터 참여자에 대한 적용적 측면의 유용성에 있어서 높은 점수를 받았다. 루디와 덴트－브라운의 메타 분석은 의학적 모델 증거 기반 패러다임에 더 적합하였다. 요티스는 방법론에 있어서 창조적 예술 양태의 중요성을 강조하므로 정신치료 패러다임에 더 적합하였다. 놀랍게도 이러한 참여자 집단을 대상으로 한 연극치료 연구는 임상 실습에 있어서 모두 집단치료를 기반으로 하였다.

법의학 환경

　영국연극치료사협회의 체계적 검토를 위한 사전 증거 검토에서 요티스, 루디와 덴트-브라운이 정신병 영역에 있어 유용한 자료를 제공한 것과 같이, 예술치료 법의학 작업에 대한 네덜란드의 평가 검토는 영국의 평가자들에게 유용한 사전 증거를 제공하였다.

네덜란드의 창의적 치료 상황

　스메이스터스와 반 클리븐(2006)은 법의학 환경에서 파괴적 공격자들과 했던 작업에 대한 논문을 발표하였다. 그 연구는 모든 예술치료를 포함하지만 체계적 검토는 특히 연극치료의 결과를 중점적으로 살펴보았다. 평가자들은 다음과 같이 기록하였다. "보다 인지적인, 지금-여기의 치료목표에 대한 강조는 치료사에게 더욱 자신감을 주며 자신이 개입하는 이로운 측면에 집중할 수 있도록 한다. 이 논문은 앞으로의 연구와 측정 결과를 위한 기본 틀을 확립하는 데 유용하고, 이 분야에서 일하는 치료사들에게 도움을 줄 것이 분명하다. 결과는 참여자로부터 직접적으로 수집된 것이 아니라 치료사 자신의 기록으로 제시되고 있지만, 법의학 환경에서 여러 예술치료 접근법에 대한 많은 정보를 제공한다." 스메이스터스와 반 클리븐의 질적 연구는 네덜란드와 독일의 법의학 기관 열두 곳에서 실행한 31개의 예술치료 작업을 포함하고 있다. 그들은 준-구조화된 설문지와 표준 집단을 사용하여 대면 인터뷰를 진행하였다. 징후, 목표, 개입, 효과, 합리성에 관한 암묵적 지식은 법의학 환경에서 정신병, 중독, 성격장애 참여자들의 파괴적 공격에 대해 합의된 치료 기법 안에 비교, 통합되었다. 네덜란드에서는 관례적으로 모든 예술치료사들이 하나의 국가 단체에 통합되어 있다. 예술치료는 동일한 방법론적 구조 안에서 연구되고 발전되었으며 서로 비교되었다. 그들은 법의학 환경에서 여러 전문 분야에 걸친 팀을 구성하는데, 대략 10%의 예술치료사들이 여기에서 일하고 있다. 예술치료사들은 치료 프로그램 내에서 특정 목표에 초점을 둔다. 지난 10년간 네덜란드의 예술치료사들은 통찰지향 치료에서 성격에 주로 초점을 맞추어 느끼고 생각하고 행동하는 방식을 변화시키고자 하였다. 예술치료는 소위 참여자의 문제 영역에서 감정, 인지, 행동을 바꾸기 위하여 좀 더 재교육적인 것이 되었다. DSM-IV(2000)의 진단 범주에는 이처럼 진단 및 범죄와 관련된 문제 영역에 초점을 맞춘 치료가 보완되었다. 여러 연구자들이 언급한 문제 영역은 다음과 같다. 즉, 충동조절 결핍, 공격, 낮은 사회적 기능, 그리고 긴장, 공격, 충동성, 힘, 조절, 경계/구조/표현의 결핍, 부적절한 인지 등과 같은 구조화의 결핍이 그것이다. 요인 분석 연구는 이러한 사람들의 문제 영역으로 사회적 인지, 주장, 비언어적 행동의 요인들을 제시한다(Woods et al., 2001). 법의학 정신치료에서 예술치료에 대한 중요한 근거는 행동 지향성이다. 기초 이론은 스턴Stern의 발달심리학에 따른다(Stern, 1985, 1995). 스메이스터스는 마음의 활력 효과를 예술형식에 있는 역동적 표현과 연결시켰다(Smeijsters, 2003). 참여자들은 예술형식에서 활력 효과를 경험함으로써 경험의 비분석적인 층을 전적으로 활성화하고 자신의 인지 구조에 대한 인식을 발전시킬 수 있다(Johnson et al., 1999; Timmer, 2004).

영국/미국의 법의학적 상황

네덜란드 평가 증거는 영국의 상황에 유용하고 적용 가능한 것으로 확인되었다. 한 가지 다른 점은 네덜란드 연극치료는 주로 인지행동치료CBT 맥락의 주요 치료로 사용된 반면(Smeijsters & van Cleven, 2006), 영국 연극치료는 비인지행동치료의 맥락에서 사용되었다는 것이다. 인지행동치료에서 연극치료사들의 참여는 보다 발전하는 영역이지만, 앞으로 후속 연구를 통해 더욱 유용해질 것이다. 미국의 데이비드 존슨(1982b)이 창안한 발달 변형은 치료 작업 모델로서 유럽의 연극치료에 서서히 도입되고 있는데, 그것은 영국의 상황과는 다른 발전 영역에 속한다.

　　랜더스(Landers, 2002)는 참여자가 보다 다양한 역할 패턴을 획득하도록 하기 위해 피해자와 가해자 역할을 둘 다 해 보는 것에 초점을 두는 반면, 스메이스터스와 반 클리븐(2006)은 참여자로 하여금 공격할 수 있도록 하는 것을 포함하여 다른 삶의 단계들을 연기하게 함으로써 지금-여기와 과거 이야기를 연관지을 수 있도록 한다. 톰슨(Thompson, 1999a)은 인지행동 지향적 근거―실제 삶에서 적절한 역할의 리허설―에서 보다 환원주의적이다. 스메이스터스와 반 클리븐은 게슈탈트, 자기심리학과 발달심리학, 교류분석에서 차용한 근거를 사용한다. 랜더스의 미국 사례 연구(2002)는 영국의 상황으로 이해하기 쉽지 않다. 평가자는 다음과 같이 말한다. "이 글의 목적은 폭력적인 남자들에 대해 연극치료의 특정 모델인 발달 변형을 사용하기 위한 이론적 근거를 제시하고자 하는 것이다. 그것은 피해자-가해자 순환을 가부장제 사회 내에 위치시키고, 개인적·사회적 어려움을 설명하고자 한다. 이 글은 임상 진단 쟁점을 다루지는 않는데 이것을 증거로 사용하는 것이 문제시될 수 있기 때문이다. 이론을 뒷받침하기 위해 사례들을 다루고 있으며, 후속 연구의 필요성을 강조한다. 그 자체로는 연극치료사들이 자신의 실제 작업을 알려 준다는 점에서 흥미롭지만 연극치료사가 아닌 사람들에게는 증거로서 불충분할 수 있다."

　　샐리 스탬프(Sally Stamp, 1998)의 연구는 이와 유사한 영역을 강조한다. 그녀의 집단 연극치료 환경은 엄중한 경비의 남자 교도소, 청소년 보호소, 정신질환 남녀 범죄자를 위한 지방 보호소 등을 포함한다. 그녀의 연극치료 방법론은 역할연기, 즉흥연기, 이야기 구축story-building, 조각상, 장면연기, 모레노Moreno의 사회 원자 등을 포함한다. 그녀는 연극교육과 연극치료 간의 공통점과 차이점을 연구한다. 평가자들은 그녀의 글이 특정 참여자 집단과 작업한 연구자의 경험에 바탕을 두기 때문에 체험적 행동 연구의 요소를 지니고 있다고 평가하였다. 연극치료의 효과성에 대한 근거는 극적 구조의 거리 두기가 사고 능력을 발전시킬 수 있다는 가능성에 있다. 그녀는 또한 연극치료에서 허구적 소재와 자전적 소재 간의 연관성을 제시한다.

제닝스 등(1997)의 연구는 문제 영역으로 자기이미지를 개선하는 것에 초점을 둔다. 치료는 브로드머 중범죄 병원에서 3주마다 한 번씩 3시간 동안 진행되는 6개월의 프로그램으로 구성되었다. 연극치료 방법론은 6명의 참여자와 1명의 책임자를 포함한 집단치료로서, 체현 - 투사 - 역할 발달 작업(Jennings et al., 1997)이다. 이 연구의 목적은 연극치료 워크숍에 참여함으로써 자기이미지를 개선할 수 있다는 예비적 가설을 입증하는 것이다. 참여자들은 가면을 활용하여 『한여름 밤의 꿈』 공연을 하는 자기 인식 증진 과정에 동참하였다. 사전 - 사후 검사로는 하워드 신체장애검사Haward body barrier test: HBBT, 주러드Jourard와 세커드Secord가 개발한 신체 만족도 도구body cathexis scale, 참여자 자신에 대한 사고방식의 변화를 측정하는 정보상자repertory grids를 사용하였고, 연구를 통해 자기이미지 개선에 긍정적인 결과를 얻었다. 참여한 임상가들은 연극치료가 특히 거리 두기 기법을 통해 다른 방법으로는 도달할 수 없는 측면에 접근하는 유용한 도구라는 사실을 확인하였다. 몇몇 결과들은 계속 달라지는 환경 때문에 결론에 도달하지 못했다. 참여자들의 이사 또는 퇴원 등의 이유로 다른 잠재적 영향을 지켜보기에 어려움이 있었다. 흥미롭게도 방법론과 목표에 있어서 이 연구는 스메이스터스와 반 클리븐이 보고한 것과 같이 이 집단에 대한 많은 다른 연극치료 개입과 차별화된다. 연극치료의 방향성과 개입, 이론적 영향과 환경에 있어서 영국과 네덜란드의 차이점이 영향을 미쳤을 수도 있다. 스메이스터스와 반 클리븐은 또한 자기이미지보다는 파괴적 공격에서의 변화에 대한 연구에 초점을 둔다. 그들의 연구 근거는 연극치료가 거리 두기를 촉진한다는 것으로, 이로 인해 공격하기 전이나 공격하는 동안 그 사실을 인지할 수 있게 된다. 따라서 참여자들은 외적/내적 자극, 지위와 (자기)존중에 대한 인지와 내적 갈등에 대해 통찰할 수 있게 된다. 여기서 예로 든 모든 예술치료사들은 공격 조절의 결핍을 치료받아야 하는 징후로 보았다.

중복정신질환, 진단 및 다른 양상

영국 연극치료사들의 체계적 검토에 의해 우수한 증거로 평가받은 것으로는 스메이스터스와 반 클리븐의 연구지침 외에 다음 4개의 연구를 들 수 있다. 약물남용과 중복된 성격장애에 관한 모펫과 브루토의 연구(1990), 경계성 성격장애에 대한 브렘(Brem, 2002)의 사례 연구, 경계성 인격장애 진단 도구로서 스토리텔링에 대한 덴트-브라운과 왕의 연구(Dent-Brown & Wang, 2004) 그리고 법정신의학에 있어서 집단 개입에 대한 체계적 검토를 다룬 던컨 등(Duncan et al., 2006)이 그것이다. 브렘은 개인 사례 연구를 주도면밀하게 다루었는데 검토자들은 이에 대해 높이 평가하였다. 그들은 이연구에 대해 경계성 정신질환 자해 환자가 스스로 원하고 또 치료사도 이를 수용하여 잠시 치료를 중단한 동안 보여 준 버림받음이라는 감정을 중점적으로 다룬 매우 유용한 대상관계 기반 증거라고 평가하였다. 브렘은 치료 중단기간 동안의 자해 행동과 사고 사이의 상관관계를 보여 준다. 그녀는 이 좌절을 다루기 위한 연극치료 개입 전략에 대해 설명한다. 평가자들은 덴트-브라운과 왕(2004), 그리고 브렘의 논문이 비교연구가 부족하고 표본의 크기가 한정적이라고 비판하였다. 그들은 연극치료 기법이 체계적 진단 체계의 일부로 매우 부족한 만큼, 덴트-브라운과 왕이 사용한 6조각 이야기 기법을 유용한 진단 도구라고 평가하였다. 스메이스터스와 반 클리븐은 진단평가가 정신과 의사 몫임을 강조하지만, 영국에서는 다학제간 전문치료팀 진단평가가 정신의학에서 새로운 작업방식으로 점점 더 인정받고 있다.

던컨 등(2006)은 법의학 환경에서 집단 개입이 확산되기 위한 흐름을 제시한다. 이것은 특별히 예술치료나 연극치료에 중점을 두지 않았음에도 불구하고, 평가자들은 유용한 기반 증거로 평가하였다. 그들의 체계적 검토 결과, 집단 개입이 특히 정신장애 범죄자들에게 효과적임이 밝혀졌다. 그 효과성은 문제 해결, 분노 조절, 자해의 세 영역에서 두드러졌다. 이에 대해서는 임상 작업을 단순하게 보고하는 차원에서부터 보다 확고한 방법론적 연구에 이르기까지 많은 연구가 이루어질 필요가 있다. 따라서 던컨 등의 연구 결과는 스메이스터스와 반 클리븐의 결과물을 더 광범위한 증거체계로서 지지한다. 하지만 그들은 집단 개입이 왜 더 효과적인지에 대해서는 근거를 제시하지 않는다. 모펫과 브루토는 몇 가지 증거를 제시하지만 아직 충분하지 않다.

모펫과 브루토(1990)는 치료적 공연 개입을 적용하는데, 그것은 비디오 영상을 제작하고 사용하게 함으로써 참여를 유도하고 지속적으로 참석하도록 하는 공동체 의식을 제공한다. 사용자들은 역할 사용을 통해 자신 안에 있는 '미성숙한 방어'와 연결될 수 있었다. 이 개입은 작업 과정 내에서의 공감기제와 중독성 인격 주기addictive personality cycle 내에서의 자아실현을 중점적으로 다루었다. 그들은 성격장애보다 약물남용에 주안점을 두었고, 따라서 이 참여자 집단에 대해 더 좋은 증거를 제공한다. 그들은 심리분석적 이해를 근거로 한 '약물남용자'의 방어 병인에 대하여 포괄적으로 설명한다. 그것은 연극치료에 국한되지 않았음에도 불구하고, 문맥상으로 치료적 공연 프로젝트를 설명함에 있어서 연관성을 가진다. 평가자들이 지적한 문제점은 다른 작업과 교차 참조함에 있어 학문적 엄격성이 결여되어 있다는 것이었다. 프로젝트 측면에서 볼 때 연구자의 기록과 의견에 의존하였는데, 다른 작업과의 비교참조를 통해 도움을 받을 수 있었을 것으로 사료된다.

또한 독터(1996)는 정신과에서 만성 거식증 환자와 폭식증 환자 등 혼합된 집단을 대상으로 6개월간 연극치료를 진행하였고, 이 섭식장애 사례 연구에서 심리분석 구조를 사용하였다. 이 집단은 다른 심리 집단치료 개입의 경우와 마찬가지로 높은 중도 포기율을 보였다. 연구자는 근본 원인과 대인관계 연관성에 초점을 둔 연극치료 접근법을 사용한 통합적 팀 프로그램의 일부로 치료가 진행되는 것이 효과적이라고 제안하였다. 이들에게는 제한적 방향성을 지닌 비해석적 방식을 제공하고, 오브제로 투사작업을 하고, 연속체와 같은 기법 사용과 적극적 성찰을 강조하는 것이 유익할 수 있다는 것이 연구의 주요 결과였다. 치료사의 역할은 사용 용도가 한정적인 그릇과 같은 것이었기 때문에 통제와 조종이라는 주제는 파괴적으로 재연되지 않았다. 평가자들은 창의적 개입에 관한 보다 세밀한 내용이 실제 작업의 잠재적 지침으로 유용하다고 느꼈으면서도, 환자를 위한 작업에서 자기 자신에 대한 강조와 치료사에 의한 제한적 방향성은 자기 통제의 회복에(음식을 제외한 영역에서) 중요하다고 강조하였고, 사용된 창의적 기법이 투사를 포함하는 것으로 보이며 성찰을 가능하게 한다고 요약하였다. 연구자와 평가자들은 이 사례 연구로부터 일반화의 한계 및 가능성을 입증하기 위해서는 연구가 더욱 필요하다는 것을 확인하였다.

외상후 스트레스 장애

증거 평가를 위한 마지막 주제는 다양한 병인 요소, 증후와 연령 집단에 걸쳐 있는 광범위한 범주로 악명 높은 외상후 스트레스 장애 영역이다. 심적 외상을 입은 아이들에 대한 배니스터(Bannister, 1995)의 연구와, 외상후 스트레스 장애를 가진 성인과 작업한 윈(Winn, 1994)의 연구는 둘 다 이 주제에 대한 훌륭한 기초 지식을 제공하는 것으로 높이 평가되었다. 아이들에 관한 개인 사례 증거로 높은 점수를 받은 논문은 대부분 웨버와 헨(Weber & Haen, 2005)이 편집한 미국의 자료들과 라하드(Lahad, 1996)가 작업한 이스라엘 연구에서 찾을 수 있다. 평가자들은 증거를 우수하다고 평가하였음에도 불구하고 연구에 적용된 문화적 배경과 개입이(체이슨[Chasen, 2005]의 발달 변형이 그랬듯이) 영국의 상황에는 일반화하기 어려울 수 있다고 말한다. 테러리스트의 공격과 그 후유증, 성폭행은 유감스럽게도 어느 나라에서나 존재하는 인간 경험이다. 국가 간의 교류와 비교 연구가 더해진다면 효과적인 개입이 입증될 수 있다. 상호 문화적 심리치료 연구는 여러 문화와 국가 사이에 놓인 상황에 적합하게 적용할 수 있는 통로를 제공한다.

결 론

도입 부분에서 언급하였듯이 이 장은 결론적으로 최고 수준의 증거를 요약하고 파괴성과 관련한 연극치료 영역의 부족함을 밝혀낸다.

이 장은 증거의 특정 유형에만 특권을 부여하는 제한적 정의에 의해서는 치료사가 참여자에 대한 유용한 연구를 사용할 수 없다는 것을 보여 준다. 실제 작업에 기반한 증거로 보다 광범위하게 개입하게 되면, 연극치료사들은 작업의 적합성에 관한 증거를 평가할 수 있는 좋은 기회를 증명할 수 있게 된다.

평가자들은 정신병에 대한 집단 개입의 증거가 환자로 하여금 개인적 경계를 확립하도록 도와주며 고립과 거부와 같은 2차 증후를 완화시키는 데 매우 좋다고 평가한다. 증거는 또한 사고장애와 환청과 같은 1차 증후를 완화시키고/의미를 부여한다는 것을 밝혀냈다. 그리고 집단 개입은 무엇보다 파괴적 공격성을 감소시키고 빈약한 역할 레퍼토리를 확장하도록 한다는 점에서 성격장애 환자에게 가장 효과적이라는 것이 드러났다. 이러한 상황에서 연극치료를 사용하는 것에 대한 근거는 극적 구조라는 거리 두기 가능성이 사고 능력을 발전시킨다는 것이다. 진단 도구로서의 연극치료 진단평가, 그리고 자기이미지 향상을 위한 워크숍 형태의 개입이 매우 유용하다는

것을 보여 주는 개별적인 프로젝트들도 있다. 그러나 전반적으로 문제 해결,
분노 조절과 자해를 대상으로 하는 개입이 가장 효과적인 것으로 증명되었다.

2부

임상 실습

Dramatherapy and Destructiveness
Creating the Evidence Base, Playing with Thanatos

04

조슈아와 가상폭력에 대한 표현:
초등학교 환경에서의 연극치료

Emma Ramsden

개 요

이 장은 단일사례연구접근법을 채택하여, 조슈아라 불리는 11세 남자아이가, 동일한 정서적·사회적 행동결핍들을 가진 남자아이들을 대상으로 하는 연극치료 집단에서, 세대에서 세대로 전수되는 경험 패턴들을 의식적이면서 동시에 무의식적으로 재행위화한 것들을 탐구하고 있다. 즉, 이 장은 경험 패턴의 재연이 어떻게 조슈아라는 아이에게 지지와 치유가 되는가의 검증이다. 그래서 이 장은 독자들로 하여금, 부모와의 다채로운 인터뷰들을 통하여, 세대를 관통하여 재연되고 있는 트라우마(정신의학적 충격 경험)의 잠재가능성에 대한 통찰력을 획득할 수 있게 해 줌으로써, 조슈아의 미래 건강 및 안녕well-being과 관련된 불안 및 염려가 어떤 것들인지 확인케 해 주고 있다.

서 론

　조슈아는 평범한 11세 소년이 스스로 선택한 가명으로, 그 아이는 자기 자신을 "친절한 사람, 비록 화는 내지만 그 순간만 그럴 뿐인 사람"이라고 말한다. 조슈아는 공공기관이 운영하는 시설에서 심리학적/교육학적 아동 보호(감독)의 배경을 이루는 심리교육돌봄시스템인 보호지원support lenses의 수혜 대상이다. 그 지원 가운데 하나로 지난 5년 동안 개인 및 집단 차원의 연극치료 회기들이 진행되었다.

　14개월 전 조슈아는 아동 · 청소년정신건강서비스센터child and adolescent mental health services: CAMHS가 시행했던 평가에서 주의력결핍 과잉행동장애 attention deficit hyperactivity disorder: ADHD 진단을 받았다. 그 결과, 메틸페니데이트methylphenidate(ADHD 치료를 위한 중추신경자극제)를 복용하는데, 그 약물 처치의 목표는 정신활동 개선이었다.

　ADHD라는 진단은 주의산만, 과잉행동, 그리고 충동성 범주들에서 반복 · 지속적인 특징들이 우세한 결과로 내려지는데, 이 특징들은 "…(병리적) 장애를 야기하고…"(DSM-IV-TR, 2000: 66) 아이의 "…집중을 유지하거나 해야 할 일에 자연스럽게 몰두할"(Chasen, 2005: 154) 수 있는 능력을 차단한다. 조슈아는 평가하는 동안 위에 열거한 대부분의 반복적 특징들을 보여주었는데, 그것은 그의 어머니가 집에서 경험한 것과 담당직원들이 학교에서 지켜본 내용과 일치하였다[예를 들면, '과잉행동(b)은 자주 교실에서 자리를 비우거나 혹은 학생으로서 부적절한 다른 상황에서도 자리를 비웠으며…'(DSM-IV-TR, 2000: 66) 등이었다]. 조슈아가 다니는 학교에서 목회활동과 심리학적 아동보호교육활동을 강력하게 지지하고 실제로 도입한 개혁자인 부교장조차도, 조슈아를 "자기와 어떤 인간관계도 갖고 있지 않은 어른들에 의해 자극받을 때면, 반항적이고 시비조로 나오는 아이…"라고 평했다.

이 장에서는 보호 지원 중 몇 가지—즉, 치료, 가족, 학교 및 외부 조력자 등—를 탐색함으로써 조슈아의 상황을 분석한다. 그리고 조슈아와 그의 부모, 주요 학교교직원, 그리고 청소년 범죄예방위원회Youth offending Service[1]에서 파견된 청소년재범방지 선도조건부 훈방제도 관리자와의 사후 아동 보호 교육활동 관련 인터뷰 및 작업일지 임상 관찰기록을 근거로 한 증거를 활용하고자 한다.

이 장은 연극치료 집단에서 조슈아의 참여활동을 종합적으로 논의하는 데 초점을 맞추고 있다. 이 작업에는 경험을 전환하고 행복을 증진시켜가는 하나의 방법으로서 놀이, 삶-연극 연계시키기life-drama connection, 현장을 함께 한 목격자로서 증언과 역할 연기 등 이 네 가지 핵심 과정들(Jones, 1996)이 상호 맞물려 짜여 있다. 조슈아의 정체성 발달 과정에 고려된 핵심 요인들은, 아버지의 범죄기록, 제대로 교육받지 못한 데서 오는 그의 부모의 결핍과 연계된 가족 전체의 주제들은 물론, 그가 받은 ADHD 약물 처치의 영향 등이다. 조슈아의 파괴성에 대한 반영도는 연극치료 집단 활동에서 나타난 임상학적 사례 연구를 통해 파악할 수 있다.

여기에서 언급하는 위탁 초등학교는 도심지역에 있고, 가장 최근의 교육청the Office for Standards in Education: Ofsted 보고서에 의하면 사회적 박탈감과 학습결핍이 많은 아이들이 있는 학교로 확인되었다. 이곳은 지방교육청과 국가 표준에 의거한 통합적 실천정책을 운영하고 있다. 개괄적으로 말하면, 이 정책은 "모든 아이의 결핍이 충분히 만족되리라는 것을 확실히 보증하면서…"(Department for Children School and Families, 2003), 정책은 건강과

<hr/>

1) 영국에서는 경미한 범죄를 저지른 소년범의 경우, 사법처리 대신 지역 청소년범죄예방팀(Youth Offending Team: YOT)을 통해 다이버전제도(소년범의 재범을 방지하기 위해 영국정부가 실시하는 선도조건부 훈방제도) 프로그램에 참여시킨다. YOT는 경찰관, 보호관찰관, 사회복지사, 청소년 보건 및 교육 관계자로 구성되며, 분노절제, 피해자이해 등의 상담과 직업교육, 학업교육까지 실시한다(http://news.chosun.com/site/data/html_dir/2010/11/05/2010110501170.html)-역주.

행복, 교육접근성도 향상시킨다. 이 학교는 추가적 도움이 필요한 아이들을 위하여 다양한 교육적 · 인성적 중재 프로그램을 제공하고 있다. 여기에는 전일제 학습 멘토 업무도 포함되는데, 이는 교육과정 기반 지지뿐만 아니라 정서적 건강은 물론, 행동관리와 양육집단들을 제공해 준다. 2009년에 도입된 매주 1일의 미술치료와 함께, 연극치료는 2001년부터 현재까지 1주일에 2일 제공되고 있다. 미술치료사 부서는 지역 기반의 교육신탁기금에서 자금을 지원받는 반면, 연극치료부서는 학교예산에서 직접지원을 받는다.

연극치료 집단: 위탁, 동의 그리고 회기구조

이 집단은 학교 안과 밖에서 계속 문제를 일으키는 9~11세까지 5명의 아이들에 대해 어른들의 관심을 불러일으키기 위해 구성되었다. 그 아이들은 운동장에서는 싸움하기, 또래와 교직원들과의 말다툼에서 부정적이고 공격적인 언어 사용하기, 그리고 교실에서 수업거부 또는 앉아 있기 거부 등과 같은 행동들을 보였다. 그들은 또한 가정에서도 형제자매나 어른들과 언쟁과 싸움을 그치지 않았고, 분노 감정을 억제하지 못하고 자제력 상실로 무단가출을 일삼았다. 그들은 이전에도 절도, 도둑질 및 경찰과의 접촉 등으로 실제 사건을 일으키기도 하였다. 이 아이들은 대부분 그 지역공동체 내에서 골치 아픈 문제를 일으켜 각종 법집행기관에 드나드는 선배들과 접촉하고 있었다.

아이들은 모두 부모의 동의로 20분간 창의력 평가를 받게 되었는데, 사실 그들은 이 집단참여에 동의하지 않을 수도 있었다. 그러나 그들은 모두 기꺼이 참석하였고 이 모임을 좋아하였다. 이 집단은 50분씩 총 35주의 회기로, 9월부터 다음 해 7월까지 근 1년에 걸쳐 진행되었다. 출석률은 높았는데, 5명 가운데 4명의 학생은 끝까지 참여했다. 1명은 학기 중간에 정서 및 행동상의 문제로 특수학교로 전학을 가게 되어, 지리적인 이유로 더 이상 참석할 수 없었다.

담당 연극치료사는 매 회기마다 시작과 마무리 의식을 진행하였는데, 그것은 하나의 집단으로 모두 함께 간다는 것을 강조하기 위해서였다. 따라서 참여자 모두 지난주 또는 어느 날의 이야기를 하는 것으로 작업을 시작하였다. 작업을 마칠 때에는 그 회기 동안 맡았던 역할, 체험한 감정들에 대해 의견을 말하였고, 다른 아이들의 이야기를 진심으로 들어 줄 뿐 아니라 방금 목격한 증인으로서 말하기도 하였다. 이러한 시작과 마무리 구조의 목적은, 참여자들로 하여금 한편으로는 '경험에 이름 붙이기' '적극적으로 다른 사람의 이야기를 듣고 공감하기' 등의 능력을 키우면서 각 회기를 명료하고 안전하게 시작하고 끝낼 수 있도록 하기 위한 것이다. 이것은 또한 각 아이들이 그들의 선택 혹은 역할들을 연계할 수 있도록 해 준다. 그래서 랜디는 다음과 같이 말한다.

> ⋯ 개개인은 반드시 ⋯ 주어진 상황에 가장 적절한 역할, 그 자신에게 가장 의미 있는 역할을 선택해야만 한다. 선택되어 연기하게 되는 역할은, 목적이 살아남는 것이든, 감정을 표현하는 것이든, 욕구를 충족시키는 것이든 그 목적에 맞게 행해져야 한다. 또한 모든 역할을 취득하고 연기하는 행위는, 사람이 스스로 자아의 일부를 만드는 과정이라는 점에서 창조적인 것이다.
>
> (Landy, 1995: 26)

참여자들은 시작과 마무리의 구조 안에서 그들 상호 간 및 연극치료사와 놀이 대상을 존중하고 배려하는 한, 마음껏 그들의 경험과 감정을 연기하고 탐사하고 시도해 볼 수 있었다. 전반적으로 이러한 존중은 유지되었다. 하지만 몇몇 목표들은 연기 중의 열정과 에너지로 인하여 회복이 어려울 정도로 손상되었다. 다음 임상 사례에서는 '놀이' '삶-연극 연계시키기' '증언' '역할 연기'(Jones, 2007)의 핵심 과정이 진행되는 작업 안에서 놀이의 순간에 대해 알아보고자 하며, 이를 통해 놀이의 개념을 이론적 맥락 속에 정립할 것이다.

놀이, 연극치료, 임상 사례

정체성은 놀이를 통해서 발달된다. 그래서 아이들은 어릴 때부터 각자의 삶 속에서 그들에게 유용한 여러 양태의 역할들—어린이들의 일상세계에 함께 뿌리박고 살아가는 아이들과 어른들—을 적극적으로 연기한다(Landy, 1995). 의사소통, 자기표현, 학습, 탐색을 위해 자연스럽게 발생하는 매개체의 하나가 놀이라는 믿음(West, 1996)은 다음 호이징가Huizinga 학파의 지지 이론의 주제들 중 하나였다.

> [놀이]의 본질은… 자유롭다는 데 있으며, 실제로 자유 그 자체다. 놀이는 '실제' 삶에서 빠져나와 온전히 그 자체로 독자적 성향을 띤 또 하나의 일시적 활동영역 속으로 들어가는 출발점이다. 아이들이라면 누구나 자신이 '단지 가장하고' 있는 중이라는 것을 잘 알고 있다.
>
> (Huizinga, 1955:8).

이러한 환경에서는 자연발생적 놀이가 실제 목격될 뿐 아니라 실행될 수 있을 만큼 매혹적인 어떤 주변 환경이 조성되기 마련이다. 이 자연발생적 놀이의 목적은 상호 관계적 활동들을 발달시키고, 의사소통문제로 고통을 겪는 아동에 대해 보다 심층적 이해를 용이하게 하는 데 있다. 폭력적이고 파괴적인 주제들이 이 연극치료 집단에서 재연되는 내내, 그 어떤 실제

싸움도, 주어진 그 어떤 놀이의 경계선 침범도 없었다. 그래서 아버지의 범법행위와 자신이 가족구성원의 하나로서 겪은 경험들과 관련하여 조슈아가 재연한 것은, 그가 인지하고 있던 실제 삶의 사건들 중에서 무엇이었던 간에, 그것이 가짜에 불과하다는 것을 아는 한 하나의 안전장치로 존재하였다. 그래서 놀이와 마찬가지로 연극치료는 그것을 실행하는 방식에 있어서는 옳거나 그름이 없다. 따라서 연극치료가 근거를 두고 활용하는 것은 폭넓고 다양한 창조적이고 치료적인 원리들이다.

> … 의도적이고 지시적인 연극의 활용이라고 할지라도 창조적 변화에 효과를 주려는 명시적 목적을 […가지게 된다]. 그래서 연극치료의 장점 가운데 하나는, 모든 심리치료사에게 공통된 비밀유지 서약과 치료 범위의 제한을 논외로 한다면, 연극치료를 실천하는 방법에는 옳고 그름이 없다는 것이다.
>
> (Langley, 2006: 2).

이러한 개념들은 이 연극치료 집단의 소년들에게도 중요했는데, 왜냐하면 그 아이들은 모두 너무나도 빈번한 주목대상이었고, 아이들과 어른 모두로부터 타인에게 상처나 주는 기피대상으로 취급받곤 하였기 때문이다. 그래서인지 그 아이들은 전체적으로 낮은 자존감, 부족한 집중력 그리고 이미 깊이 침투된 '어리석다'는 자기인식을 보였는데, 이 만연된 자기비하 인식은 자신을 내세우지 않는 유머를 통해서 자주 드러났다. 한(Haen, 2005: 398)은 뉴욕 9·11 테러사건에 영향받았던 아동들에 대한 치료 집단을 언급하며, 집단 치료는 "트라우마를 받은 사람들을 타자들과 연결시켜 주고, 함께 수치심과 고립감과 두려움을 줄이는 경험을 하는 장소"를 참여자들에게 제공하는 것이라고 정의하고 있다.

다음에 제시된 임상 사례는 약 6개월에서 11개월 동안 진행된 한 시기에 초점을 맞춘다. 그 사례 안에서 조슈아와 참여자들은 은행 강도라는 친숙한 주제를 재연한다. 이 사례에서 우리는 연극치료의 놀이공간에서 창조적이고 재미있는 방식으로 적극적으로 역할을 연기하는 가운데, 조슈아와 다른 아이들은 '해를 끼치지 않으면서' 파괴적이어도 된다는 것을 확인한다.

은행 강도라는 놀이는 그 참여자들이 재연해 낼 가장 인기 있는 주제였다. 역할놀이 속에서, 참여자들은 모조 지폐, 모조 총과 모조 수갑을 활용했다. 그들은 언제나 예외 없이 연극치료사에게 은행장 아니면 '사전에 강도 당하도록 약속된' 사람을 연기하라고 요구하였다. 아이들은 구할 수 있는 한 많은 놀이용 총으로 무장했는데, 그 결과 최소 2개씩은 지녔다. 몇몇 아이들이 고무총탄을 발사하면 다른 아이들은 총탄소음을 흉내 냈다. 조슈아는 주로 은행 강도 대장 역으로 선정되곤 했다. 항상 그렇지는 않았지만 이 집단의 아이들 사이에는 항상 에너지와 웃음소리와 수다가 넘쳤다. 그 소년들이 돈을 훔치는 전략을 토론하고 의견을 통일하면, 의사소통도 잘 되고 몇 가지 협동작업 기술까지도 놀이에서 발휘되곤 했다. '은행장'은 수갑이 채워지고, 때때로 분노와 경멸에 찬 욕설을 들으며 장난펀치를 맞기도 했다. 돈은 장난식의 물리적 폭력행사로 탈취당하거나 건네졌다. '은행 강도들'은 '쏜살같이 도망쳐서' 집단으로 함께 붙어 있으면서 훔친 돈을 나눠 가지거나, 아니면 의견이 맞지 않아 2개의 하위집단으로 나뉘어 그들끼리 총싸움을 하고 승리한 쪽이 모든 돈을 가지기도 하였다. 때때로 '은행관리자'는 해를 입지 않고 구제받지만 그렇지 않을 때에는 장난감 총에 맞곤 했다. 이따금 은행장 역할의 치료사는 그 역할을 면제받는 대신 '악당la baddie' 역할을 맡도록 요청받기도 했다. 조슈아는 '악당'이 '모두 쏴 죽여 돈을 몽땅 갖길 원하는 익명의 사람'이라고 묘사했다.

이와 같은 일련의 장면과 변주는 그 치료 집단의 활동기간 동안 매주마다 재창조되곤 했다. 그러나 몇 달 전 있었던 조슈아의 은행 강도질은 그 이전에 그가 했던 역할 취득과 재연의 관점에서 보면 매우 이질적이었다. 이 회기에서 '은행장'은 다른 '강도들'이 앉아 있었던 빈백의자bean-bag chair(폴리스틸렌제 구슬이 든 비닐 혹은 모조가죽 주머니 의자)에 수갑을 찬 채로 앉아 있었다. 반면, 조슈아는 은행장의 정면에 자리 잡고서, 은행장에게 유달리 몸을 바싹 근접시키고 총이 거의 그녀의 피부에 닿을 정도로 이마 중앙부위를 겨누고 있었다.

　　그런 다음, 조슈아는 '은행장'의 눈을 똑바로 노려보며, 총을 그녀의 얼굴에 들이댄 채 분노에 차서 "돈 몽땅 내놔."라고 외쳤다. 이것은 익숙한 지시어였지만, 그러나 이때 조슈아의 꿰뚫어보는 듯한 눈 마주침eye contact, 그리고 흔들림 없는 응시는 다른 때와 전혀 다른 모습이었다. 그는 심지어 눈조차 깜빡이지 않았다. 두 눈을 크게 뜬 채로 동공도 확장되어 있었다. 그의 얼굴에는 핏기마저 사라졌고, 그가 미동도 없이 처음과 같은 자리에서 총을 계속 들이대고 있을 때, 사방은 쥐죽은 듯 조용했다. 지나치게 몰입한 나머지 마치 지금 이 순간에 존재하지 않는 것 같았다. 물론 조슈아의 뒤나 옆에 있던 다른 참여자들 또한 '은행장'을 향해 총을 겨누고 있었지만, 상당한 거리를 두고 서 있었다. 그들은 그런 상태로 소리 내어 웃으며 장난스러운 행동까지 뒤섞어 서로 대화를 나누고 있었다. 한마디로 그들은 재미삼아 하고 있었다. 그러나 조슈아는 여전히 은행장에게 집요하게 집착한 채, '그녀'를 희생자 역할에 가두려고 했다. 그는 미소 짓지도 웃지도 않았고, 그 연기는 과도하게 심각해 보였다. 그는 집단의 다른 아이들과의 상호 관계로부터 자신을 분리한 채, 스스로 목표로 선택한 금전쟁취에 기필코 성공하겠다고 이미 결심한 것 같았다. 연극치료사는 은행장 역할로 "여기 다 가져가요. 제발 날 쏘지 말아요. 나는 집에 부양해야 할 가족들이 있어요."라고 분명히 밝히면서, 돈을 건네주었다. 조슈아는 돈을 빼앗아 신속하게 그 방의 다른 곳으로 옮겨 가서, 거기서 돈을 세고는 그것을 숨겼다. 그는 그곳에 다른 아이들을 부르지 않는데, 다른 아이들은 이미 누가 두 번째로 돈을 받을 것인가에 대한 충돌로 인해 서로 장난감 총싸움을 시작해 버린 뒤였기 때문이다.

몇 분 후, 참여자들 중 하나가 소프트볼 게임 참여 문제를 언급함으로써 이 놀이는 금방 다른 것으로 변질되었다. 다른 아이들은, 조슈아만 그냥 둔 채, 재빨리 소프트볼 게임으로 옮겨 갔고, 조슈아는 여전히 방 한쪽에서 그가 하던 은행강도 놀이에 집중하고 있었다. 잠시 후, 다른 아이들 중 하나가 자신들의 공놀이에 조슈아도 참여하라고 하였다. 그러자 그는 숨겨 둔 장소에서 돈을 꺼내서 자신의 양쪽 바지주머니 안에 넣었다. 그런 다음에야 그는 다른 아이들과 합류했다. 이 회기의 끝에 이르러서, 조슈아는 시키지도 않았는데도, 연극용으로 사용했던 지폐를, 애초에 그 돈이 있었던 병 안에 도로 넣었다. 소년들은 그라운딩grounding과 마무리 나눔을 위해서 놀이방 편안한 자리 위에 다시 모였다(그라운딩에서는, 놀이적이고 창의적이고 투사적인 과정들을 제외하고도, 집단의 내적 관계들이 재설정된다; Jones, 1996: 27). 이 회기에는 발전적인 성찰에 부합되는 긍정적인 단어들—즉, '환상적인' '훌륭한' '재미있는' 등을 포함하여—이 많이 나왔다. 특히, 역할 취득과 관련하여 부정적인 의견들은 거의 나오지 않았다.

이 연극치료 집단에서 조슈아가 은행강도 역할극 가운데 절반 넘게 장악할 수 있었던 것은 순전히 그의 리더십 덕분이었다. 실제로 조슈아가 자기 역할에서 느낀 일체감은, 시간이 흐를수록 점점 그런 유형의 역할극에 관심을 잃고 다른 놀이로 넘어갔던 다른 참여자들의 역할공감도보다 더 심층적으로 이루어졌던 것으로 보였다. 조슈아에게 이 역할놀이를 통한 재연은 그의 가족서사(家族敍事)에 고착된 단편적인 이야기 및 주제들과 관련된 다음과 같은 몇 가지 경험, 두려움과 우려를 소통할 수 있도록 해 주었다. 그의 아버지의 범죄 행위는 다음에 간략하게 언급되어 있다. 헤이든(Hayden, 2007: 1)은 어려움에 처한 아동들에 대한 그녀의 저서에서 "…몇몇 부모들 역시 '어려움을 겪고 있으며', 그리고 어쩌면 그들의 아이들이 보여 주는 어려움에 영향을 줄 수도 있다."고 말한 바 있다. 따라서 필자는 조슈아의 연기를 그의 이력과 연관 지어서 좀 더 자세하게 전후 관계를 밝혀 보려 한다.

가족 배경과 세대 간 주제들

조슈아는 가족의 장남이다. 그 밑으로 여동생 2명과 남동생 3명이 있다. 현재 그의 부모는 20대 후반이다. 그들은 10대 초반부터 동거해 오다가, 5년 전에야 결혼했다. 부모 둘 다 학습결핍과 행동결핍을 가진 어린이들을 돕기 위한 특별자치구 외곽의 중학교에 다녔다. 둘 다 어린 시절 과잉행동 장애였고, 난독증과 같은 교육적 지원이 필요한 상태에 있었다. 조슈아 어머니의 독해능력은 그녀의 아이들과 함께 책을 읽은 결과 때문인지 시간이 흐르면서 개선된 반면, 그녀의 아버지는 현재도 여전히 거의 문맹 상태로 남아 있다.

조슈아의 아버지는 자신의 친아버지에 대해 잘 몰랐는데, 친아버지는 불법 약물에 중독되어 있고 결과적으로 약물과용이 직접원인이 되어 세상을 떠났다. 그의 이복형들은 둘 다 실형을 살고 있다. 조슈아의 아버지는 이복형들이 끼친 영향에 대해 "그것이 바로 나의 배움터였어요… 내가 조금 더 나이 들면서, 몇몇 친구들과 어울려 돌아다니곤 하는 사이, 어느덧 우리는 갱단에 끼어들게 되면서 이런저런 쓰레기 같은 일을 하곤 했지요…."라고 설명하고 있다. 실제로 조슈아의 아버지는 7세 때부터 현재의 상습적 범죄 경력을 쌓기 시작했다. 좀도둑질은 자택침입강도로 발전했고 첫 번째 실형은 청소년범죄자수용시설Young offenders institute: YOI에서 마쳤다. 14세부터 지속적으로 흡입한 불법 약물들로 인해 심각한 흥분성 음료 및 알코올중독 상태까지 가게 되었다. 그의 말에 따르면, 그는 옥중에서 최근 몇 년에 걸쳐 약물 프로그램을 받았는데, 그 교육은 흥분성 음료를 끊는 것에는 일부 효과적이었다고 했다. 조슈아의 아버지는 상습 빈집털이범으로, 지난 10년 이상을 투옥과 출감이라는 패턴을 반복하였다. 비록 2007년과 2009년 후반기 사이에는 출감하여 불법 약물 복용은 하지 않았지만, 불법 약물 금단현상

결과의 하나로서 자해를 하는 반복적인 우울증적 시기들을 견뎌 내었다. 그러나 이런 감정들은 대부분 심각한 알코올 섭취를 통해 진정되었다.

조슈아의 어머니는, 자신의 남편이 "지금은 과거보다 훨씬 더 직접적으로 자식과 교류하는 아버지 유형이에요.… 그 이전에는 매우 거리감을 두는 유형이었지만."이라고 평하면서, 조슈아와 그의 아버지 사이에 형성되어 있는 끈끈한 애정의 결속성과 유대감을 설명하곤 한다. 아이들과 그렇게 거리를 두었던 점에 대해서 조슈아의 아버지는, "그 당시 나는 거의 아무것도 하려고 하지 않았어요.… 청소도 하지 않고, 아주 가끔 하면 잘하긴 했지만, 난 항상 정신이 나가 있었어요. 언제나 숙취 후유증을 포함하여 약의 부작용에 시달리고 있었으니까요. 나는 새벽 2, 3, 4시쯤 집에 들어오는 것이 습관이 되어 있었고 오후 5시까지는 잠자곤 했지요. 누구든 나를 깨우면, 나는 짜증을 내곤 했어요."라고 회상하였다. 조슈아의 아버지는 조슈아가 태어난 첫해 감옥으로 되돌아가기 전에는 곁에 있었다. 이 첫해가 지나면서 조슈아는 이미, 그의 아버지의 범죄 행위와 약물과용에 좌지우지되는 가정생활의 비일관성으로 인해 혼란이 가중되는 가정 패턴을 체험한 셈이었다. 인터뷰를 요청했을 때 조슈아의 아버지는, "나는 내 아이들 근처에서는 절대 약물 사용을 하지 않았어요. 왜냐하면 지금도 그것만은 결코 하지 않을 생각이거든요.…"라고 각별히 덧붙였다. 부모 모두 아이들이 갖가지 강도질의 자세한 내용과 훔친 물건들에 대해 알지 못하도록 보호해야 한다는 것을 잘 알고 있었지만, 그러나 그렇게 하지 못한 것은 어쩔 수 없었다고 말했다. 이것은 마치 볼비(Bowlby, 2009: 114)가, "아이들은 자주 그들의 부모가 목격하지 않았으면 하는 장면들을 보게 된다. 그래서 그들은 부모가 갖지 말았으면 하는 인상들을 받게 된다. 그래서 아이들은 부모가 내 자식은 결코 겪지 않았을 것이라고 믿고 싶은 것들을 경험한다."고 말한 것과 같다. 조슈아의 아버지 역시, 자신의 아들 조슈아가 옛날 자신이 가졌던 것과 똑같은 '두려움의 결핍lack of fear'—즉, 그 자신으로 하여금 위험을 무릅쓰고 거듭 범죄를 저지르게 한 바로 그 근본적 이유를 조슈아도 갖고 있다고 설명하고 있다.

머지 않아 조슈아와 형제자매(여동생 2명, 남동생 3명)도 그들의 가정에서 보고 들었던 모든 것의 의미를 각자의 방식으로 이해하게 될 것이다. 조슈아의 아버지는, "집에서 나는 분리된 별개의 존재였어요. 그러나 조슈아는 항상 나를 돈 많은 존재로 보곤 했어요."라고 말한다. 조슈아 아버지가 저지르는 범법 행위와 약물사용의 패턴이 미치는 결과의 하나겠지만, 갑작스러운 풍요와 저축 부족이 반복되는 가족의 생계주기는, 조슈아와 형제자매들의 행동에 어떤 식으로든 다양한 영향을 미쳤다는 것은 불가피한 일이다. 설사 그 아이들이 이 같은 가정 패턴이 문제를 일으키는 심리적 특징들의 표면 현상을 둘러싸고 있는 자세한 속내 이야기를 숨기려고 해도, 그것을 보고 들은 적이 있는 아이들을 보면 이해할 수 있다. 물론 그 아이들도 "이러한 광경들을 목격한 적이 있다는 것, 이러한 인상을 받은 적이 있다는 것, 혹은 이러한 경험들을 한 적이 있다는 것을 분명 느끼면서도 의식적으로는 차단"할 수 있기는 하지만(Bowlby, 2009: 114). 이 연극치료 집단에서 거의 매주 연극놀이를 했을 때, 조슈아는 자신의 가정에서 경험한 그 생활 패턴을 얼마간 반복 활용하곤 했다. 즉, 모조지폐를 일체 가지지 않고 하다가도, 그다음에는 전부 가지고 놀기도 하고, 회기를 끝내기 전 다시 한 번 모조지폐 없이 하는 식이었다.

아이들은 누구나 안전하고 튼튼한 지지 기반에서 자랄수록 얻는 혜택이 크기 마련이다(Bowlby, 2009). 조슈아의 부모 역시 의심할 여지없이 조슈아와 그의 형제자매 그리고 서로서로를 사랑했고, 그들이 할 수 있는 한 최고의 보살핌과 안정, 최선의 언동(言動)의 일관성을 제공해 주기 위해 노력하고 있다. 조슈아의 아버지 역시 어려운 상황에서 벗어나기를 원하고 있다고 말하면서도, 그가 자신의 가족을 보호하고 그의 가족이 필요한 것을 제공하기 위한 유일한 선택이 범죄라면, 그때는 여전히 다른 선택의 여지조차 없다고 분명히 밝힌다.

조슈아의 아버지가 연기한 부재함과 존재함being absent and present이라는 역할이, 가족의 삶에 유의미하게 영향을 끼쳐 온 것은 사실상 불가피한 일이다. 이것이 조슈아만의 행동과 세계의 여러 측면과 연관되어 있는 그만의 방식들에서 가장 깊이 있게 표현되고 있는 듯하다. 주목할 만한 것은 조슈아의 다섯 형제 가운데 네 명에 관련된 다양한 문제다. 여기에는 유사 자폐증, 주의력결핍 과잉행동장애ADHD, 난독증 그리고 신체적 장애 등이 포함된다. 인터뷰 중, 그의 아버지는 "…조슈아가 현재 살아가고 있는 방식을 가지게 된 이유는 나 때문이에요.… 그 아이는 나를 존경하거든요. 내가 지금보다 더 젊고 각종 차와 오토바이를 타고 다닐 때, 조슈아는 기어올라 창밖으로 나가곤 했어요.… 나와 함께 밖으로 나가기 위해서였죠. 왜냐하면 나는 밖에서 언제나 범법 행위만 저지르고 있었기 때문이었죠."라고 가슴이 뭉클할 정도로 설명해 주었다. 조슈아의 어머니는 3대에 걸친 좋지 않은 가정 패턴이 조슈아에게도 되풀이될 것에 대해 매우 염려하고 있다. 그녀는 아빠에 대한 조슈아의 생각을 다음과 같이 말한다. "조슈아는 '아빠는 일하지 않아도 많은 돈을 가지고 있고, 그래서 엄청 비싼 스테레오 세트는 물론, 이것저것 뭐든 다 갖고 있다.'라고 생각하고 있었어요. 조슈아는 '나도 그런 삶을 원해'라고 실제로 생각하고 있었고요. 제가 엄마로서 가장 두려운 것은 그 아이가 범죄를 저지르고 약물사용에 빠지는 것이에요." 상담교사들과 다른 학교상담직원들이 주목하는 파괴적 행동은 조슈아의 어머니가 그토록 우려한 조슈아의 행동과 아주 많이 유사하다. 실제로 조슈아는 힘겹게 교실에 앉아 있었지만, 사실은 교실을 '탈출'하여 학교건물 주변을 어슬렁거리며 돌아다니는 것을 더 좋아하였다. 이러한 충동적 행동은 ADHD 약물치료에 앞서 보였던 충동과 전혀 다르지 않았던 것으로 보아, 이 욕망은 아버지의 행동으로 인해 아들에게 후천적으로 각인된 충동일 수도 있음을 암시해 주고 있다.

이것과 관련하여 훨씬 현대적 의미를 가지는 연구가 신경생물학과 트라우마 영역에서 진행된 바 있다(Wilkinson, 2006). 이 연구는 어린이의 원 경험은 언어화 이전 대뇌변연계(大腦邊緣系)의 영역에서 처리되며, 그 후 언어적 번역을 모색한다고 암시하고 있다. 그러나 발달 중인 뇌는, 이 트라우마의 기억을 나중에 발달하는 대뇌 왼쪽 반구(언어 및 분석 능력)와 바로 이어지는 언어적 표현과 통합시킬 능력은 없지만, 그러한 트라우마의 기억을 무의식적이고 추상적인 대뇌 오른쪽 반구(언어화 이전 감성적이고 상상력 풍부한) 내에 가두어 둘 수는 있다. 그래서 무의식 속에 억압된 트라우마를 지닌 아이는 치료기간이 경과하면서 무수한 억압된 감정의 구체적 실현으로 트라우마를 표현하게 된다. 그렇다면 이 연극치료 집단에서, 가상의 폭력에 내재된 억압된 감정들의 구현이, 조슈아로 하여금, 대뇌 오른쪽 반구에 내재하지만 미통합된 트라우마에 적합한 행동표현을 어떻게 생각해 낼 수 있도록 했을까?

연극치료 작업에서 보여 준 조슈아의 행동과 표현에서 드러난 활발함, 그리고 이와는 정반대로 준비과정에서 진행한 질의 – 응답 녹음인터뷰에서 보여 준 무기력과의 비교는 주목할 만하다. 분명 조슈아에게 파괴성에 대해 어떻게 이해하는지 설명해 달라고 했을 때만 해도 그는 구어적 어휘의 부족함을 보였다. 그때 그가 묘사한 것은 '분노라는 단 하나의 단어'였다. 조슈아는 '친구들과 평소보다 더 많은 것을 할 수 있게 되므로 연극치료 쪽이 마음에 들었다.'고 상기했다. 이러한 종류의 파괴성은 '오락'이면서 '탈진'이었다. 이 집단에서 조슈아에게는 무슨 일이 일어나고 있는 중이었을까? 그것은 그의 정체성을 발달시키고 파괴성 대 행복이라는 감각을 개발시키는 데 어떤 역할을 했을까? 그것이 조슈아로 하여금 말로 하는 언어에 초점을 두지 않고도 그의 가족 환경적 맥락과 경험을 고려하는 새로운 사고 패턴을 실험적으로 시도할 수 있도록 하였을까?

조슈아의 발표 그리고 연극치료 집단의 종결

연극치료 집단의 시작 단계에서 출석 체크는 소년들이 자신에 대해 무언가를, 그리고 그들의 경험에 대해 소개하는 자리였다. 몇 달 뒤 조슈아가 술이나 약물에 취한 척 하면서 출석체크를 시작했다. 다른 아이들도 이것을 그들 각자의 출석체크 때 똑같이 따라 하곤 했는데 이러한 탐구행위들이 실제 일어나면 으레 누구나 익숙한 웃음소리가 따라붙곤 했다. 이와 거의 비슷한 시기에 조슈아는 ADHD 약물치료를 시작했다(증상에 대해 DSM-IV-TR, 2000 참조). 그는 약물치료—약을 먹는 행위에 대한 자신의 경험—결과의 하나로 자신의 신체에 변화들을 경험했다. 조슈아는 다른 참여자들과 분리되어 인터뷰할 때 약물치료가 놀이playing를 못하게 하기 때문에 맘에 들지 않는다고 말했다. 몇 달 뒤 그는 마음을 바꿨고 약 먹는 것이 "괜찮다OK"고 말했다. 이 '괜찮다'는 것은 체념이 수반된 것으로, 마치 그가 의료전문가들과 부모가 자신에게 주는 선택행위들의 제한조치의 의미를 이해한 것 같았다. 조슈아는 약물치료 시작 후 몇 주가 지나자, 자신이 약을 먹는 이유는 그 약이 자신을 좋아지게 해서가 아니라 스스로 건강이 좋아지기를 원했기 때문이라고 설명했다.

이 연극치료 집단 안에 존재하는 놀이 세계가 허용하는 범위에서, 조슈아는—약 또는 술에 취해 있는 척하기와 같은—상징적 놀이에 직접 참여함으로써 자신의 몇몇 생각과 경험을 재연할 수 있었다. 흥미로운 것은 그의 중독 상태에 대한 묘사가 기분촉진제보다는 기분억제제 묘사에 더 부합한다는 것이었다. 그의 아버지가 사용한 불법 약물은 기분촉진제(즉, 코카인, 스피드)였다. 반면, 조슈아의 ADHD 치료 약물은 통상 기분억제제의 범주에 속하는 것이었다. 조슈아는 이러한 상징적 놀이 속에서 자기 자신과 아버지의 존재를 약물을 통하여 표현하고 있는 것으로 보였다.

은행강도 역할극에서 조슈아는 범죄 놀이에 완벽히 집중한 채로 연극치료사가 연기한 은행장에게 일어날 일에 대해 단호한 태도를 취하곤 했다. 조슈아는 다른 아이들에게는 가짜 돈을 빼앗는 역할, 가짜 수갑으로 은행장 수갑 채우는 역할, 도망갈 출구 만들 것을 명령하는 역할 등과 같이 각자 맡은 역할을 하도록 명령하곤 했다. 이럴 때마다 조슈아는 가장 분명한 서사적 통찰력마저 가지고 있는 것처럼 보였다. 반면, 다른 아이들은 함께하면서 '나쁜 사람'을 연기하고, 이야기의 전개 과정에 관해 그들 각자가 생각하는 창의적 사고 속에 빠져들고 싶어 했다. 종종 나머지 소년들 중 하나가 은행장을 풀어 주기를 원하는 경우, 조슈아는 그를 쏴 버릴 정도로 격렬해지곤 했다. 그는 놀이를 언뜻 보기에는 '그들과 우리'라는 틀 안에서 탐색하고 있었는데, 그곳은 다른 편에 대한 어떠한 자비심도 간파되면 안 되는 공간이었다.

여기서 주목할 만한 것은, 집단의 다른 아이들로부터 조슈아가 처한 고립이었다. 바로 그 순간에 그는 남과 분리된 채였으며, 그 어떤 공포도 그의 목적 달성을 단념시킬 수 없을 것 같았다. 그는 아버지가 불법 약물에 대한 결핍을 만족시키기 위해, 범법 행위를 준비하면서 가정에 머무를 때 아버지 결심의 단호함을 어떻게 인식하고 상상했을까? 필자가 궁금히 여기는 것은, 아마도 그것이 아버지가 붙잡히지 않기 위하여, 일을 하는 중에는 결코 타협 따윈 안 한다고 알고 있는 조슈아의 이해력과 어떤 방식으로든 연관될 수 있지 않을까 하는 점이다. 조슈아가 의식적으로 혹은 무의식적으로 재연한 이해의 실제 순간이 무엇이든 간에, 아버지가 보여 준 경험과 개별 이야기에 기초한 그 연기는 가족의 과거를 직접적으로 노출하지 않으면서 행해졌다. 그는 아버지의 행동을 밀고함으로써 가족의 명예를 실추시키지도 않았고, 스스로를 고통 속에 빠뜨리지도 않았다. 이러한 극적 재연이 그에게는 안전하였다. 왜냐하면 이 안전함은 그 자신이 '폭력놀이play violence'를 할 수 있음을 보여 주는 방식으로 표현되었기 때문이다.

마음만 먹으면 자신이 전해 듣거나 혹은 집에서 범죄의 증거로 본 단편적인 이야기의 이미지들조차도 행위화할 수 있을 것으로 보였다. 요컨대 조슈아는 학교에서 어떤 사람이나 사건에 대해 마음만 먹으면 화를 낼 수도 있었겠지만, 오히려 자신이 느끼는 욕구불만을 역할 연기로 구현시키는 방향으로 이용하였다.

> 인간과 동물에 관한 수많은 연구로 인해 인간발달의 많은 부분이 … 원숭이도 자신이 하고 있는 일이 뭔지 안다는 식으로… 자기반영과정(mirroring process)을 통하여 이루어진다는 결론에 도달한다. 그러나 이와 관련하여 치료사와 분석가들에게 실제로 큰 영향을 준 것은, 그 자기반영과정이 전이/역전이 과정에 대한 타당한 신경과학적 근거를 제공할 뿐 아니라, 동시에 마음의 최초 발달 과정과 어떤 불가분적 관계가 있음을 입증한다는 사실이었다.
>
> (Wilkinson, 2006: 28).

실제로 조슈아로 하여금 끝까지 연기하도록 격려하고, 동시에 치료사가 그 행위를 참여자-목격자의 역할로 안전하게 지켜본 결과, 조슈아는 이제 자신의 내면에 간직되어 있는 언어능력 습득 이전 단계의 이야기들을 탐색할 수 있는 능력을 갖추게 되었다.

이번 회기 처음부터 끝까지 함께한 참여자인 4명의 소년들은 마지막 회기 때 이번 작업이 그리울 것 같다고 말했다. 그중에 3명은 중학교 입학을 앞두고 있었다. 이 작업의 종료는 집단의 마지막일 뿐만 아니라 그들의 초등학교 학업 과정의 끝이기도 했다. 상급 학생들에게 얻어맞아 곤죽이 된다는 등등의 신화와도 같은 도시중학교 괴담에 관한 공포들이 이 마지막 회기 내내 넘쳐났다. 그러나 유머와 떠들썩한 에너지는 여전히 안정적이고 안전한 자기보호기제로서 작용하고 있었다. 적어도 2명의 소년들에게는 그들이 경험한 보호교육활동에 대한 기록물과 연구보고서들로 꽤 많은 분량의 서류가 앞으로의 여정에 함께할 것이다. 세 번째 소년은 뜻밖에도 문제행동을 '치료'하기 위해 외국에 나가기로 하였다. 조슈아에게는 그의 보고서와 함께 몇 차례의 전환transition을 위한 회의가 열렸다. 그는 지역의 위험청소년센터에 보내져서 연극치료 전환 프로젝트에 참가하게 되었는데, 이는 중학교의 상주(常住) 치료사가 진행하게 된다.

과거로부터 미래지지 정보를 얻어 내기

조슈아와 다른 소년들은 현실의 학교 환경에서 그들이 과시적으로 보여 준 도발적이고 파괴적인 품행에 대한 도움을 얻기 위해 공식적으로 연극치료 집단에 위탁되었다. 부(副)학과장에 따르면, 그 아이들이 마음만 먹으면 능히 언제라도, 특히 일관성 없는 수업일 경우에는 어김없이 즉석에서, "…교사가 학급아이들과 구축한 관계를 단번에 뒤집어 파괴시킬 정도였다."고 한다. 사실 "정신적 트라우마 사건들이 정상적인 전개 과정들을 붕괴시키거나 지연시키거나 아니면 방해하기까지 한다.…"는 논의는 충분히 이루어졌다(Haen, 2005: 395). 이 아이들의 가족서사를 간단히 보기만 해도 그들은 제각기 어린 시절에 심각한 트라우마가 있으며, 그 일반적인 주제가 상실감으로 점철된 트라우마임을 알 수 있다. 즉, 한 소년의 아버지는 그가 어렸을 때 자살했다. 다른 아이는 약물중독 어머니로부터 심각한 방임과 신체적 학대를 당한 후에 보육원에 맡겨졌다. 또 다른 아이는 어머니가 가정폭력으로 얼룩진 가정환경에서 도피한 뒤, 쉼터hostel에서 생활하였다. 또 다른 아이의 경우는, 심각한 가난 속에서 어머니와 형제자매와 단칸 셋방에서 찢어지게 가난하게 살았던 것이 오히려 건강한 자기개발에 부정적으로 영향을 미치게 되었다. 조슈아는 아버지의 약물남용, 범죄 행위, 그리고 수차례에 걸친 수감기간들로 인한 불안정한 양육 등을 겪으며 트라우마를 경험했다. 이 연극치료 집단이 소년들의 과거 이력을 반영하고 문제행동이 어떤 것인지 제시함으로써 그들이 지닌 '트라우마'의 분명한 이유들에 대한 도움을 얻도록 위탁된 것은 아니었지만, 트라우마와 상실감에 연관된 감정과 경험들을 사실에 충실한 놀이 혹은 상징적 놀이 주제들을 통해 반복적으로 재연함으로써, 그러한 연관성들을 일종의 무의식 수준에서 도움이 되도록 교묘하게 활용할 수 있었다(Jones, 2005; Haen, 2005).

　　범죄 행위로 얼룩진 조슈아 가족의 이력 그리고 ADHD와 연관된 행동에 대해 알게 됨에 따라 우리는 조슈아가 파괴적인 결과를 동반하는 부정적이고 위험한 활동에 언제든지 말려들 위험에 처해 있다고 본다. 즉, 조슈아 아버지가 친부와 관계단절을 했다는 것은 가족서사에서 중요한 의미를 지닌다. 아버지의 범죄로 얼룩진 과거가 조슈아의 어린 시절 트라우마의 근원으로 거슬러 올라가 그 발생의 흔적을 파악할 수도 있기 때문이다. 이러한 어린 시절 트라우마의 근원 추적은 청소년범죄 분야에 있어 중요한 요인으로 여겨지고 있다(Hayden, 2007).

　　현재 조슈아의 중학교에서는 그의 문제를 다양한 관점으로 해결하기 위해 새로운 일련의 도움 지원들이 제공된다. 다른 한편으로 정부대리기구들로 구성된 다중체제도 계속 도움을 제공하고 있다. 초등에서 중등으로 넘어가는 과도기 회의에는 초등학교 시기의 연극치료사가 참석하도록 되어 있다. 그녀는 조슈아에게 초등학교부터 지속적으로 발전시켜 오던 대화를 장려하였는데, 그 덕분에 조슈아는 의미창조활동의 중심에 놓인다. 조슈아의 새 학교 총괄 매니저도 "조슈아가 16세에 성공적인 견습공이 될 때까지를 감안하여 지원이 지속된다면" 그의 진로는 희망적이라고 예측하고 있다. 그럼에도 불구하고 유감스럽게도 조슈아가 이 중학교에 들어와 적응하는 과정 중에 이미 직면하고 있는, 게다가 최근에 아버지가 재수감됨으로써 악화된 무수한 난관들로 인해, 믿기지 않을 정도로 어려움이 그 '희망적인 만약'

쪽에 가중되어 힘겨워지고 있는 실정이다.

　연극치료에서는 위험할 수도 있는 판타지도 실연과 체현 등과 같은 극적 과정이라는 안전장치 내부에서 능히 탐색되고 수용될 수 있다. 그래서 삶-연극 연계하기, 놀이, 참여자-목격자로서 증언하기, 감정이입하기 및 거리 두기와 같은 연극치료의 핵심 과정들(Jones, 1996)은, 아이들이 분노와 좌절과 공격성을 내포한 느낌을 안전하게 연기로 풀어 내고 상처 검진/진단을 통한 새로운 가능성을 탐구하고 표현해 낼 기회를 제공해 준다. 이러한 극적 탐험은 존스(2002: 73)가 다음과 같이 제시한 방향으로 건강한 변화의 개발과 내면화에 도움을 주는 요긴한 방법이 될 수도 있다. 즉, 존스는 "우리가 목적하는 바를 적절히 충족시켜 주는 자기self의 구축… 공격성도 그러한 자기의 일부일 수밖에 없으므로… 그것이 파괴적일 수도 있지만, 또한 단호함, 결단력, 건강한 경쟁심과 이타주의로 방향을 잡을 수도 있다."고 말한다. 치료환경의 안전장치—이 장치가 신뢰감을 불러일으키기만 한다면—내부에서는 '실제 세계'에서처럼 상호 반박하는 일들은 부재한다. 한(2005)은 말할 수 없는 것을 표현할 때의 어려움, 트라우마 반응으로서 언어능력의 손실, 그리고 트라우마를 극복하려고 할 때 은유적 예술치료 과정의 개입이 끼칠 수 있는 결정적 역할을 구분하고 있다. '가상의 문제what if'를 연극적으로 행위화하면, 기존의 친숙한 관계 패턴들과 일체화하면서 아이의 내면세계 속에 미묘한 차이일지라도 유의미한 변화 가능성들이 형성됨으로써 새로운 관계 패턴들을 생산해 낼 수도 있다.

　이런 의미에서 변화와 희망은 조슈아의 가족들에게도 여전히 현존한다. 조슈아의 어머니는 아동기와 젊은 시기에 사회구조적으로 잘못 진단되고 실패자로 낙인찍힌 자신의 경험을 바탕으로, 이 장에서 그녀 남편의 어린 시절을 언급하면서 자세히 다뤄진 명백한 실패들과 연관하여, 그녀가 할 수 있는 최선의 긍정적 가능성을 아이들에게 제공하겠다는 결심을 마음 깊이 하곤 하였다. 그러나 이 글에서 이미 명시하였듯이 이러한 결의를 위해 일하려면 그녀는 각종 건강행정부서 및 교육행정부서들로부터 앞으로 수년 동안 실질적으로 도움이 될 후원을 받아야 한다.

이 장에서 연극치료사의 작업은 가족역학적 접근법으로부터 계획되었다. 이 접근법은 교육 및 후생 관련 심리학적 분야에서 상승하는 일군의 임상 실습과 밀접하게 결합되어 있는데, 이 분야들의 임상 실습은 실제로는 UN 아동권리위원회(the United Nations Committee on the Rights of the Child; UN, 1989)에 의해 위촉되고 발전되었다. 뒤이은 ECM(모든 아이들은 중요하다) 정책[2](HMSO, 2003)은 아이들을 직접 상담을 기획함으로써 참여를 격려하였다(Hill, 2006). 이러한 정책들이 바로 경청기술을 개발하는 중요한 영역인데, 그 목적은 아이들이 각자 고유한 경험의 적극적 실천자active agents가 될 수 있는 역량을 갖게 하는 것이다(Tomlinson, 2008).

조슈아는 연극치료 작업 동안 어떤 변화들을 마음속으로 경험했는지 이야기할 때, 자신이 그 이전보다 참을성이 더 많아진 것을 느꼈다고 말했다. 실제로 시간이 지나면서 그의 ADHD와 연관된 부주의 관련 특징들의 강도가 더 낮아졌음을 확인하였다. 또한 학교에서도 극도의 과잉행동이 감소되었음이 드러났다—이런 사실들은 트라우마에 대한 비언어적 표현활동이 연극치료 과정에서 이미 이루어졌음을 암시한다. 실제로 조슈아는 그의 행위 갈등 및 곤경으로부터 해방되고자 하는 욕망, 그리고 범죄로부터 멀어

---

2) Every Child Matters(모든 아이들은 중요하다=ECM)는 2003년 시작된 잉글랜드와 웨일즈지역 영국정부 주도(initiative)의 계획 및 프로그램 명칭이다. 적어도 부분적으로는 2000년 일명 'Victoria Climbié'라는 동명의 9세 아동이 그녀의 보호자였던 숙모와 그의 남자친구에게 고문당하고 살해당한 사건 이후, 아동복지에 대한 문제의식이 촉발된 것에 영향을 받았다. ECM의 주목표는 5개 항목이며, 이 항목들을 달성하기 위한 관민일체의 계획과 개발 프로그램들로 이루어져 있다[Her Majesty's Stationery Office=보통 HMSO(영국공식문서보관소)로 축약되며, 지금은 the Stationery Office=TSO로 바뀜, 2003]. *Every Child Matters(ECM) is a UK government initiative… partly in response to the death of Victoria Climbié. It is one of the most important policy initiative and development programmes in relation to children and children's services of the last decade, and has been described as a "sea change" to the children and families agenda…(*)-역주.

지고자 하는 욕망을 일관되게 표현하였다. 치료의 결과로 간직하고 갈 만한 기억들이 있는지 생각해 보라고 하자, 조슈아는 포스터용 물감과 종이를 사용하여 만든 이미지가 의미심장했다고 조용히 말하면서, 특별히 그 그림을 '무당벌레'와 '나비'라고 이름 지었다. 조슈아는 그 그림이 벽에 걸리면 좋겠다고 요청하였고, 그래서 그것을 몇 달 동안 그곳에 걸려 있었다. 그는 그림이 있는 방에 올 때면 자주 그것을 눈여겨보곤 했다. 그는 자신이 그린 그림을 자랑으로 여겼는데, 필자가 경이롭게 생각했던 것은 그 그림을 보면서 자긍심은 물론이고 평온함도 경험하고 있다는 것이었다. 나비의 고대 그리스어는 프시케Psyche로, 그 의미는 육체의 반대 개념으로서 영혼soul또는 마음mind, 심리학적으로는 의식적·무의식적 정신생활을 뜻한다. 이후에도 조슈아에 대한 도움이 지속된다면 그의 마음은 평생 건강한 삶을 보장해 주는 방향으로 지속적으로 강화되고, 나아가 그의 비언어적 경험들도 지속적으로 표현될 수 있으리라고 생각한다.

주요 발견들

- 비언어적 놀이는 트라우마를 극복하는 과정에서 아이의 자기효능감을 북돋아 준다.
- (전체적이든 부분적이든) 역할놀이를 통해 실제 이야기를 의식적 자아의 노력으로 실연하고 재연하는 것은 연극치료 작업에서 어려움을 극복하려고 노력하는 핵심 과정이다.
- 집단 작업은 참여자에게 공유된 주제들을 연결하고 탐구하는 기회, 그리고 놀이성이 풍부한 표현을 통하여 표현이 까다로운 정서들을 극복해 내는 특별한 기회를 제공해 준다.
- 가족의 주제, 선택 및 패턴들은 두뇌발달, 애착과 역할모델링을 형성하

는 데 유의미한 영향을 미칠 수도 있다.

- 파괴적 경험들은 치료 과정에서 억제될 수도 있지만, 참여자에 의해 변형될 수도 있다.
- 체계적인 치료모델들은 복합적 가족 임상 사례에서 중요한 위치를 점하고 있다.

감사의 말

필자는 인터뷰하는 동안 마음을 열고 솔직하게 대해 준 조슈아와 부모님께 감사드린다. 또한 연극치료 집단에 참여한 소년들과 교사, 총괄 매니저, 청소년보호센터의 여러 팀장들에게 이 장을 준비하기 위해 청한 인터뷰에 기꺼이 동참해 준 것에 대해 감사드린다. 특히 인터뷰에서 그들이 지켜본 의미심장한 변화와 행복에 관련된 내용을 이야기해 준 모든 분들에게 감사드린다.

05

혼돈, 파괴 그리고 학대: 소외 청소년을 위한 학교 안 연극치료

Eleanor Zeal

개 요

이 장은 연극치료사가 소외 청소년을 지원하는 학교활동 작업에 대한 본질적 개념을 보여 주고자 한다. 이는 다양한 도전에 직면하여 어떻게 연극치료가 이용될 수 있는지를 드러낼 것이다. 또한 이 장은 집단과 개인 작업 장면을 묘사함으로써 개입에 기반을 두는 이론적 방향을 제시한다.

서 론

이 장에서 이야기하는 작업은 주state의 위탁기관과 비슷한 자선단체 학교에서 열리는 것이다. 이곳은 런던 전 지역에서 온 30~40명의 13~16세의 남녀 학생을 수용한다. 이 학생들의 문화적·인종적 배경은 다양하다. 많은 학생들이 수학 계산과 문학에 학습문제가 있어서 '특수교육 판정'을 받았다[교육 판정은 특수교육을 필요로 하는 아이들에게 추가 도움을 정하는 방식이다(SEN)]. 그들은 대부분 주의력결핍 과잉행동장애ADHD이거나, 정서행동장애EBD거나, 자해 행동SIB, 자폐, 대마 중독, 자해 성향이 있다. 이들 중 일부는 성적 학대를 받았다. 몇몇은 약물중독 또는 알코올중독, 혹은 정신적 건강 문제로 고통받는 부모의 영향을 받거나 무시당했다. 학생 중의 몇몇은 이미 소년원에서 복역한 경험이 있었다. 다른 아이들은 반 사회행동장애ASBOs, 보호관찰명령 그리고 경미한 수준의 범죄경력을 가지고 있었다. 대부분은 비슷한 지역 또는 인종으로 인해 동질감을 가지고 있었으며 충성을 요구하는 갱집단과 연관되어 있었다. 그들은 동질감, 목표 그리고 소속감을 가지고 싶었고, 새로운 기회가 주어지지 않았기 때문에 갱의 일원이 된 것이다. 이것은 빈민 지역에서 사는 젊은이들에게 대안 '가족'과 구조가 제공되는 매력적인 기회였다. 몇몇은 보호시설을 들락날락거렸다. 몇몇은 최근에 난민이 되었다. 대다수는 이전 학교에서 신체적인 학대, 왕따 그리고 위험한 행동으로 제명당했다.

학생이 대학에 진학할 충분한 삶의 기술, 또는 직업을 가질 수 있는 필수 자격을 제공하고자 하는 목적을 가지고 이 학교는 학생과 함께할 여러 인력들을 갖추었다. 학생들이 사는 자치구에서, 마지막으로 의지할 곳은 이 학교다. 정부의 최근 정책 때문에, 점점 더 주요 교육에 참여하기 불가능한 것으로 보이는 학생이 늘어나고 있다. 돌봄이 필요한 학생looked-after child: LAC은 가족으로부터 거절당하거나 버림받았고 또는 위탁 가정에서 요양소로 옮겨진 상태이기 때문에 치료 과정은 커다란 도전에 임하는 것과 마찬가지다. 그들의 삶에 영향을 미치는 의사 결정 과정에 많은 전문가들이 참여한다. 하지만 LAC는 어떤 성인과도 지속적이고 견고한 관계를 경험한 기억이 거의 없다.

연극치료사로서 나의 역할은 학생들이 필요로 하는 감정적인 욕구를 충족시켜 주고자 하는 학교의 목적을 돕는 것이다. 이러한 작업이 필요한 학생들이 학교에 오게 되었고, 연극치료가 과정의 일부로 제안된다. 집단 또는 개인 작업은 2년까지 가능하다. 학생들이 참여여부를 선택한 개인 회기와 집단 작업은 매주 한 회기씩 제공된다. 단독 치료사로서는 감당하기 어려울 정도로 수요가 많기 때문에 시간표를 짜는 것은 매우 힘들다.

이론적인 틀 작업 – 청소년기의 이해

십대는 아무리 평범해 보일지라도, 신체적인 성장, 호르몬의 증가, 전두엽 신경경로의 변모로 인해 변화가 일어나는 돌격전의 장이다. 그들은 대체로 기분파로, 말을 잘 안 하며, 적대적이고 도전적이라 예측할 수 없어 보인다. 블로스Blos는 성숙의 비연속적인 일곱 가지 영역 목록을 다음과 같이 열거한다.

1. 구체적인 것에서 추상적인 사고로
2. 판단력과 논리적인 생각의 발달
3. 성적 충동의 안정화와 공감과 이타심을 포함하는 사회적 기술
4. 비판과 스트레스를 다룰 수 있는 충분한 자기이미지의 확보
5. 개인적 정체성을 창조하는 내면과 외면의 다양한 역할의 통합
6. 변화하는 신체 이미지를 받아들여 외모에 덜 집착
7. 적은 외부 지원으로도 성장을 계속하고자 하는 강한 자기감

(Blos, 1962)

마리오 코사(Mario Cossa, 2006)는 청소년들과 사이코드라마 작업을 할 때 발달의 관점으로 관찰한다.

… 발달 단계는 누적된다. 초기 단계에서의 작업이 성공적으로 완료되지 않으면, 다음 단계의 도전은 완전히 충족될 수 없다. 그러나 비록 누적될지라도, 엄격하게 일직선은 아니다. 앞 단계와 뒤 단계가 바뀌거나 중복될 수 있다.

(Cossa, 2006: 36)

코사는 집단의 작업 과정은 유아기와 초기 아동기에서 보여 주는 개인적 발달과 유사하며 '교정 정서 경험'을 제공할 수 있다고 믿는다.

힐먼Hillman은 이렇게 말한다.

청년기는 존재가 중요해지고, 자기를 변화시키면서 성장하며, 실제 상황보다 이상적인 상태를 지향한다.… 청년기에는 전체 심리세계 속에서 영혼의 발현이 시작된다.

(Hillman, 1990: 189-90)

프랭클Frankl은 덧붙인다.

고려해 보아야 할 다른 중요한 질문은 이것이다. 어떤 종류의 세계가 청소년기의 정신을 깨어남에 이르게 하는가.… 새로운 정신문화를 받아들이는 것은 존재의 과정에 중요한 영향을 주며, 그 영향은 지속적인 결과로 나타난다.

(Frankl, 1998: 50)

위니컷(Winnicott, 1971)은 정신분석적 관점에서 어떻게 부모를 대체하는 무의식적 살인 환상이 성숙에 이르는 경험의 근거가 되는지, 그리고 어떻게 이 환상의 공격성이 부분적으로 공격적인 청소년을 만드는지를 설명한다.

그는 또한 수용의 필요성과 청소년의 미성숙, 그 자체의 활기와 새로움을 받아들이는 것을 강조한다.

> 미성숙은 청소년기의 건강에 필수적인 요소다. 미성숙을 위한 단 하나의 치유방법은 시간을 통과하는 것이다. 그리고 성장이 진행하는 동안, 책임감은 부모의 모습을 본보기로 삼아 형성된다.
>
> (Winnicott, 1971: 200)

나 자신의 경험으로 보면, 청소년은 갓 날아오르는 나비처럼 연약하지만 철거덕거리는 칼자루로 무장해 있고, 아픔에 잘 맞지 않는 갑옷을 입고 있다. 어린 시절에 손상되거나 제지당하거나, 사회경제적인 박탈이 있었다면, 이 연약한 나비들은 견디기 힘들게 취약해지고, 불안해하며 방어적이 된다. 이런 이유로 그들이 내보이는 분노, 파괴성, 폭력성은 문제가 많은 수준이 된다. 나는 투사적 동일시의 개념과 길리건Gilligan의 폭력의 '발생 이론'(Gilligan, 1996)이 나의 작업에 유용하다는 것을 알게 되었다.

> 투사와 투사적 동일시는 자기(self)의 양상을 배출하는 유형의 연속체의 두 기둥으로 볼 수 있다.
>
> (Ogden, 1979: 371)

이러한 청소년들은 대신에 다른 사람들을 화나게 하거나 절망하게 하는 데 매우 능하다. 전문가와 부모들은 종종 이렇게 말하곤 한다. "그는 내가 미쳐 날뛰기를 원하나 봐요." "그 앤 내가 고함을 지를 때까지 약을 올려요." "그는 끔찍해요. 나는 그를 때릴 수밖에 없었어요."

길리건은 이렇게 믿는다.

> 폭력은 유전적인 것이 아니라 전염병이다. 이 균은 심리학적인 것이
> 지 생물학적인 것이 아니다. 그것은 생물학적 요인 때문이 아니라 주로
> 사회적, 경제적 그리고 문화적 지표에 의해 확산된다.
>
> (Gilligan, 1996: 111)

그는 이렇게 주장한다.

> … 폭력의 여러 형태는 … 수치심에서 오는 것이다. 폭력의 목적은 강
> 도를 줄이고 그것을 대체하려는 것이다.… 그와 반대로, 자존심은 수치
> 심에 의해 압도되지 않도록 개인을 보호하는 것이다.
>
> (Gilligan, 1996: 111)

청소년들은 몇 번이고 되풀이해서 공격적으로 폭발하고 나서야 자신이, 존중받지 못했다고 말한다. 그는 '경멸'을 받았고, 그래서 아주 작아져 버린 것이다. 이는 자신이 손실되는 것을 방어하는 것이다. 그러한 공격적인 폭발은 다른 사람들에게 종종 의미 없는 것으로 매도되고 비교적 중요하지 않은 부적절한 반응으로 여겨진다. 공격자는 자기감이 심각하게 위태로운 상태라는 것을 주목해야 한다. 그러므로 그가 공격으로 경험하는 모든 것이 그의 정체성의 일부로 남아 심각한 위협이 된다. 치료사의 과제는 이러한 부분을 회복시키는 것이다. 다음에서는 이를 위하여 내가 어떻게 체현 – 투사 – 역할(Jennings, 1995), 창조 – 표현적 모델(Andersen-Warren & Grainger, 2000), 서사와 이야기 작업(Gersie & King, 1990) 그리고 발달 변형(Johnson, 2005)과 같은 연극치료의 여러 모델을 사용하였는지를 설명할 것이다.

노랑 집단

8명의 학생이 모인 이 노랑 집단The Yellow Group은 청소년 쉼터에 속해 있었으며, 수업과 달리 연극치료 회기에는 반드시 출석하지 않아도 되었다. 평균적으로, 절반 정도만 매주 연극치료에 출석하였다. 이 작업은 2년 동안 진행되었으며, 거의 70회기 정도 제공되었다. 나는 대개 학교의 다른 직원들로부터 도움을 받았다.

시작할 때 집단은 클로에, 존, 켄, 데이비드 그리고 오마르(모두 가명)로 구성되었다. 클로에는 최근에 급성 청소년 정신 병동에서 퇴원했다. 그녀는 거식증, 반복적인 자살 시도 그리고 자해 행동SIB으로 입원해 있었다. 존은 여러 차례 학교에서 정학을 당했다. 그는 덩치가 매우 커서 '행위화acting-out'로 다른 학생과 직원들, 책상과 의자 등에 위협을 가하는 체 했다. 켄 역시여러 번 정학을 당했는데, 부드러운 성격이면서도 편집증을 보이며 자주 폭행 사건을 일으키는 심한 대마초 흡연자였다. 존과 켄은 읽고 계산하는 능력에 심각한 문제를 가지고 있었다. 데이비드는 매우 밝은 성격이었으나 오마르는 거리의 범죄에 연관되어 있었다. 그는 형사법상 불법적 행위를 일삼는 소규모 갱 단원으로 법정에 갔었으며 보호관찰 대상이었다.

초반 회기

처음에는 개인 의자에 앉거나 최대한 서로 멀리 떨어져 누워 각자의 영역을 정확히 갖도록 하였다. 아무도 움직이지 않으려 했기 때문에 원을 만들라고 하기에는 적당한 때가 아니었다. 그들의 부정적인 기운에 대해 내가 느낀 무력감은 중요한 것이었다. 나는 그 느낌에 주목하되 압도되지는 않으려 노력했다. 방을 떠나고 싶은 충동, 거절감, 실패감은 치료사들이 작업에서 부딪히는 여러 투사 중의 하나다. 대신에 나는 그 느낌을 통해서 그들이 어떻게 삶에 대한 자신의 느낌을 통제하고 있는지 그리고 학교에서 쫓겨난 것이 그들 자신에 대한 느낌에 어떤 영향을 끼쳤는지 알아내려 하였다. 나는 인내심을 갖고 그들이 회기에서 하고자 하는 것에 대해 계속 이야기를 하였다. 나는 각각의 참여자가 그 순간에 어떻게 같은 메시지를 보내는가에 따라 회기를 처음과 끝으로 나누었다. 때로 나는 "닥쳐"라고 말하기도 했고, 최근에 닥친 고비에 대해 진지하게 이야기를 나누기도 하였다. 그리고 가끔 나는 그들이 보여 주는 태도가 좋지 않다고 강경하게 지적하였으며, 나 역시도 그렇다고 인정하기도 하였다. 나는 부드럽고 깊이 있는 자세, 잠시 동안의 눈 맞춤이 소통 초기 단계에서 중요한 의미가 될 수 있다는 것을 알아차렸다.

펜과 종이는 항상 준비되어 있다. 이것은 벽에 낙서하고 싶은 욕구를 부분적으로 다른 식으로 풀게 하는 것이며 또한 대화나 신체적인 표현이 거절당했을 때 비언어적 소통을 가능하게 한다. 제일 먼저 우리는 각자 사는 거리에 죽거나 살해 당한 가족, 친구, 갱 단원 등을 위한 애도의 표현으로 이름을 붙이기로 정했고, 이에 따라 '심연' '악몽' '미사' '문제덩어리' 등의 거리명이 나왔다.

이러한 정체성과 손실의 주제가 일찍 드러나면 집단은 그들의 경험을 나누기를 불안해한다. 다음 회기에서는 전 회기에서 했던 글쓰기를 확장시켜 커다란 종이에 적어 벽에 붙인다. 사는 곳에 관한 토론은 거기서 벗어났을 때의 안전하지 못했던 경험과 함께 학교에서 얼마나 멀리 떠나 본 적이 있는지, 또 어떤 곳에 갔었는지에 관해 이야기할 수 있게 한다. 우리는 런던 지도를 만들고 우리가 어디에 살았고 살고 있는지를 표시해 보았다.

남학생들에게는 성기를 그려 보게 할 필요가 있었는데 이는 청소년 시기의 호르몬 수준에 대한 토론을 할 수 있게 한다. 또한 청소년의 성적인 문화를 비난하지 않고 축복된 성스러운 이미지로 가져가고 있는 다른 문화권에 대해서도 이야기를 나눠 볼 수 있다. 신과 여신들의 다산 이미지뿐만 아니라 서언애반스 거인과 17피트나 되는 그의 발기된 성기 그림은 다음 작업에 매우 성공적인 영향을 끼쳤다. "청소년의 신체와 정신 속에서 성생활의 통합은 청소년기의 발전에 중요한 요소다."(Bloch, 1995: 141) 나는 이들이 이러한 성적인 잠재력을 표출하고 싶은 마음을 드러내고 나면 더 이상 노골적인 그림을 그리지 않는 것에 주목하였다. 그러나 이 집단은 성적인 언어를 노골적으로 사용하는 경향이 있었고, 성적으로 접근할 수 있는 여자에 대해 경멸하듯이 이야기하였다. 그것— '더러운 년'—은 그들의 성적 욕구와 함께 그에 대한 경멸을 드러내는 것이었다. 어릴 때부터 성적 학대를 받아 온 한 여학생은 쉽게 만족에 이르는 것처럼 보였다. 집단원들은 여자건 남자건 모두 그녀의 행동을 비난하였다. 반대의 성 역할로 역할 연기할 때에는 책임감, 경계, 성차별 그리고 착취에 관해 미미하지만 적대시하는 것이 드러났고 이는 성찰하는 기회를 제공하였다.

놀이를 하면 집중하는 시간은 몇 분 정도로 짧으면서도, 계속 토론할 수 있는 힘이 생기기도 했다. 어떤 회기에서는 '비누거품' 놀이를 하였다. 이것은 얼마큼의 공간이 그들 주위에 필요한지 그리고 그것이 침입당했을 때 어떤 일이 일어나는지 각자 느껴 보는 것이다. 이 작업 후에, 꼬마 갱스터였던 오마르는 자발적으로, 그가 거리에서 어떻게 걷는지 시연해 보였다. 그 걸음걸이가 그의 것인지, 아니면 다른 누구의 것인지 사실은 알 수 없었다. 다만 그는 그가 걷는 동안에 내부에서 어떤 느낌이 일어나는지—그가 무엇을 생각하는지, 무엇을 느끼는지—알아보도록 한 것이었다. 우리는 아무 위험도 없는 상상의 공간에서 여러 가지 실험을 해 보았다. 집단은 경찰이나 친구 또는 적을 만났을 때 어떤 일이 일어나는지 장면을 만들어 보여 주었다.

집중 훈련은, 집단 전체가 10까지 세는 동안 누구도 동시에 숫자를 말하면 안 되는 눈치 게임 또는 어떤 주제(예를 들어, 음식) 단어를 골라 다른 음식 단어들을 계속 나열하는 게임 등으로 진행하였다. 집단 대다수가 참여한 초반 회기에서 한두 명은 고의로 훼방을 놓거나 나가 버리거나 외설스러운 이야기를 늘어놓곤 하였다. 그러나 회기가 진행되면서 그들은 점점 더 열심히 참여했고 즐기는 것 같았다. 그리고 우리가 하는 이 활동을 매주 하도록 요청하였다(비록 어떤 날에는 아무것도 하지 않겠다고 하기도 했지만). 이 집단에서 매우 유용했던 활동은 '샐러드 게임'이었다. 그들은 서로서로 무엇이 같고 다른지 발견할 수 있었다. 이 게임은 집단이 다 같이 원을 만들어 앉은 다음 술래를 정해서 가운데 서게 한다. 술래가 "파란 옷 입은 사람!"이라고 하면 파란 옷을 입은 사람들이 모두 일어나서 자리를 바꾼다. 술래는 이 동안에 자기 자리를 찾아서 가야 한다. 자리를 찾지 못한 사람이 다시 술래가 된다. 이 집단은 방의 이곳저곳에서 이 게임을 하곤 하였다. 모두가 경찰서에 갔었거나, 부모님이 헤어졌거나, 이전 학교에서 문제가 있었거나 하는 경험들이 있는 것이 드러났고 이를 통해 미약하지만 집단의 결속력이 생겨나기 시작했다.

중반 회기

몇 달이 지난 후, 집단은 다른 집단과 '불가능한' 조합을 이루게 되었다. 다른 집단에서 온 학생은 조안과 에이미였다. 조안은 시끄럽게 자기자랑을 늘어놓는 흑인이었고 에이미는 천천히 그녀의 복잡한 역사가 드러나는 동안 무엇인가 하면서 앉아 있기를 좋아하는 조용한 '혼혈' 소녀였다. 학생들의 대부분은 흑인이거나 서부 인디언 혈통이었으며 일부는 정말 소름끼치는 폭력적 언어를 사용하며 같은 인종끼리 몰려 다녔다. 학교는 이런 행동에 대해 제재를 가하고 참여자가 동의한 연극치료에서도 언어 학대는 받아들여질 수 없다는 점을 고지하고 작업에 임하게 하였다. 하지만 이를 멈추게 하는 것은 카누트 왕이 바다를 통제하려 하는 것과 같은 것이었다. 결국 혈통과 흑인 자치구역과의 차이에 대한 느낌은 현실의 사건이나 가상의 장

면에서 탐구되었다. 때때로 그것은 6조각 이야기법(Lahad, 1992)으로 시작
되었고 때로는 '누가, 어디서, 언제, 무엇을, 어떻게'로 장면을 시작하는 접
근법을 사용하였다(Gersie & King, 1990).

조안은 콩고, 카메론, 남아프리카 공화국 그리고 앙골라 혈통이 섞여 있
었다. 그녀는 매우 아름다운 목소리를 가지고 있었고 친척들로부터 전수받
은 여러 리드미컬한 춤과 음악을 알고 있었다. 그녀는 굉장히 크고 자의식
이 강했으며 매우 예민했고 창조적인 언어능력을 가지고 있었다. 종종 충고
의 형태로 나오는 그녀의 신랄한 욕설은 몸싸움으로 이어졌다. 그것을 제
지하려는 나에게 그녀는 화를 내곤 했고, 나는 이렇게 말하였다. "너는 한심
한 네 눈박이 난쟁이four-eyed midget야. 난 맘껏 너를 부숴 버릴 거야." 우리는
서로 동등해졌고, 나는 조금 더 시간을 끌기 원했다. 그래서 기분전환용 기
술을 사용했다. 나는 다양한 천과 리본이 담긴 상자를 가지고 나와 그녀에
게 보도록 하였다. 잠시 후에, 전체 집단이 그것으로 치장을 하고, 두들기면
서 리듬을 만들고 춤을 추었다. 여전히 각자 춤추는 모습을 비난했지만, 자
연스러운 방식이었다. 함께하지 못하겠다고 했던 학생마저도 웃으면서 의자
를 흔들기까지 하였다. 라이터가 나오기까진 모든 것이 좋았다. 그들은 무언
가 반짝이는 것이 있으면 더 재미있을 것이라고 생각했던 것 같다. 이것은
자주 발생하는 일이었는데 그것은 대부분의 학생들이 흡연자였기 때문이다.
나는 안전한 공간을 유지할 필요가 있다는 것을 깨달았다. 나는 "제기랄, 그
만둬!"라고 말하였고 누구도 내가 라이터를 거둬 가는 것을 방해하지 않았다.

보통 이런 작업을 내가 일부러 진행했다면 실패했을 것이다. 충동은 그들
안에 있었다. 회기가 중반에 이르자, 서로를 지지함과 함께 친숙함이 형성되
었고 창조적인 연극을 할 수 있는 구조를 만드는 것이 가능해졌다. 그리고
그렇게 함으로써 눈에 띄게 자유로운 즐거움이 드러났다. 분위기가 변하자,
그들의 행동은 이해될 수 있는 것으로 보였고 나는 그들의 견고함, 따뜻함,
허용의 행동에 적절한 관심과 수용으로 반응하였다.

후반 회기

두 번째 해 절반이 지나고 작업이 후반에 이르렀을 때, 이들에게는 시험이 중요해졌고 모든 것은 뒤로 미루어졌다. 주류가 아닌 학생들이라도 '평범한' 청소년의 부담을 피해 갈 수는 없었다. 선생님들과 학생들의 스트레스는 증가하기 시작했고 '행위화' 또한 증가하였다. 스태프들은 각자 맡은 일에 초점을 두었고 팀으로 일하는 것은 줄어들었다. 치료 작업은 매우 필요한 시기에 취소되고 말았다.

노랑 집단(이들에게 연극치료는 의무가 아니었다)의 조안은 아버지를 잃었다. 클로에는 친모를 인터넷으로 찾았으나 그녀를 만남으로써 트라우마가 심해져 자살충동을 더 심하게 느껴 정신 병동으로 돌아가려고 하였다. 데이비드는 무장 강도 사건에 대한 재판을 기다리고 있었다. 오마르는 집에서 쫓겨났다. 에이미의 아버지는 다시 감옥에 들어갔다. 누구도 작업에 참여할 수 없었다. 그러자 어떤 스태프는 집단에서 2명은 아예 영구 제외를 시키자고까지 제안하였다.

시험을 둘러싼 불안은 학교에서 제공하는 안전함과 도움이 결국은 사라지는 것이라는 사실을 감지하게 하였다. 어떤 학생들은 학교를 나오지 않았고, 또 다른 학생들은 작업에 오지 않을 핑곗거리를 찾아내었다. 그들이 작업에 왔을 때는 대립적이고 파괴적인 행동, 참여하지 않으려 하는 초기 모습으로 퇴보하여 있었다. 자주 핸드폰을 보고, 자거나 다른 집단과 싸움을 벌였다. 나는 그들이 참여하거나 협력하고자 하지 않는 이유는 나가고 싶어서 그런 것이냐고 질문을 하였고 그때 돌아온 대답은 "짜증 나, 그냥 내버려 두라고."였다. 그러나 작업 공간에서 떠나지는 않았고, 나갈 기미도 보이지 않았다. 공간의 사용이 극적으로 변하기 시작했다. 우리는 꽤 크지 않은 원으로 가깝게 붙어 있었다. 연극치료 공간은 보호막이나 은신처인 것 같았다. 또 어떤 학생은 작업이 있는 날에만 학교에 왔다. 이렇게 우왕좌왕하는 가운데 나는 당황스러웠지만, 몇몇 친구들과 왜 그렇게 분노가 느껴지는지에 대해 또는 최근의 사건이나 생각들에 관해 이야기를 나누기도 하였다. 우리는 시험 뒤에 어떤 일이 일어날지 토론해 보았다. 우리는 이름을 부여받지 못한 어린 시절 그리고 가족들에 관해 이야기했다. 구슬, 펜과 종이, 담배 파이프 청소도구와 클레이를 주면, 학생들은 그것으로 무언가를 만들었다가 부수곤 하였다. 거기에는 뭔가 보이고 지속되는 것을 만들고자 하는 욕구가 있었다. 그것은 그들이 기억되기를 원한다는 의미였다. 그래서 그들이 지워지지 않도록 벽에 그래피티를 하거나 집단이 시작될 때 충동을 일으키는 것이었다. 어떤 회기에서는 집단이 구슬을 꿰어서 그들 삶 속에 있는 사람들의 지위나 양상을 재현하였다. 그들은 그들이 무엇을 하기 원하는지를 결정하였다. 나는 그것이 가능해지도록 노력했다. 어느 시점에 이르러, 나는 그들 안에서 일어난 어떤 변화를 공유하게 되었다. 욕설이 줄어들었고, 인종과 종교에 관대해졌으며, 공격성이 낮아지고, 공감과 신뢰가 커졌으며, 편안함을 느끼는 것처럼 보였고, 덜 방어적이 되었다.

　큰 상처를 입은 것처럼 느껴졌던 오마르는 이제 고개를 끄덕이며 앉아 있다. 그는 이제 '합법적'이다(오마르에게 합법적이라는 의미는 더 이상 폭력이나 약물을 사용하는 거리의 범죄에 끼어들지 않는 것이다. 비록 신용카드 사기나 장물에 손을 대긴 했지만). 그리고 그는 변화의 시기에 있는 것을 자랑스러워하였다. 이 작업이 어떤 의미가 있었냐고 물어보았을 때, 그는 "완전 짜증 났어요."라고 대답했지만 사랑스럽게 웃고 있었다. 켄은 이렇게도 말했다. "네, 그 작업은 제 분노에는 정말 도움이 되었지만 꼭 대두 스머프가 된 느낌이었어요." 에이미는 이 작업이 그들이 서로를 도울 수 있게 만들어 주었고, 그것은 마치 가족을 얻은 느낌과 같다고 이야기하였다. 나와 말싸움까지 했던 존도 변화된 태도를 보면, 나와 그리고 내가 하려 했던 작업을 성찰할 수 있었다. "나는 모두를 증오해요. 나는 당신도 경찰과 똑같을 거라고 생각했어요. 하지만 당신은 달랐어요." 어떤 말로도, 질문으로도 다 채워질 수 없지만 연극치료가 그들의 학교생활에서 정말로 중요한 시간이었다는 것만은 확실하다.

개인 작업

몇몇 학생들은 그들이 다루기 힘든 특별한 위기에 처했을 때 개인 연극치료를 받을 수 있었다. 그중의 일부는 2년 이상 정규 회기에 참여했다. 어떤 학생들은 개인 작업 과정 전에 친구와 함께 왔다. 나의 가장 큰 어려움은 이 모든 수요를 감당하는 것이었다.

개인 사례 연구

아담은 폭력 행동으로 정학을 당했고 숙려의 시간을 보내고 있었다. 그는 조용했고 내성적이었으며 또래들과의 관계에 어려움을 가지고 있었다. 그는 폭력적으로 돌변하는 경향이 있었다. 키가 180cm가 넘고 체격이 컸기 때문에 문제가 야기될 수밖에 없었다. 다른 학생들은 그를 괴롭혔는데 왜냐하면 그가 '세상 물정'에 어두웠기 때문이었다. 그는 약물, 범죄 갱단에 아무런 관심이 없었고 매일 똑같은 옷을 입었다. 그는 간단한 숫자 셈도 하지 못했고 글도 읽지 못하였다.

처음에 아담은 '무엇이든 털어놓으세요'에 찾아왔다. 첫 진단 평가 회기 후에 그는 정규 회기를 제안했다. 그가 오고 싶은 이유는 적어도 일주일에 한 번은 친구들과 떨어질 수 있어서라고 하였다. 그는 연극치료 공간을 안전한 도피처로 보았다. 처음 몇 주 동안 아담이 신체적인 활동을 원하지 않았기 때문에 다양한 투사물로 작업을 하였다. 그는 난장판 속에서 무언가를 만들어 내면서 아이처럼 자기를 의식하지 않게 되었고 청소년 특유의 어색

함을 버리기 시작했다. 우리의 관계가 충분히 안전해지자, 그는 나를 '난쟁이' '실패자'라며 놀리기 시작했다. 그는 종종 이런 구절을 반복했다 "극복하거나 이겨 내지 못하면, 당신은 죽게 될 거야."

그의 삶에 관해 이야기를 나눌 때, 그는 대개 아주 간단하게만 대답하였다. 지나온 삶 작업을 하면서(참여자가 태어났을 때부터 현재까지의 중요한 사건들을 선으로 재현해서 보여 주는), 그는 뼈가 부러져서 돌봄을 받아야 했던 정학 처분의 시기를 모두 표시했다. 그는 우울하다고 이야기하지 않았지만 모든 손 인형을 대부분 목매달아 '죽였다'. 그 뒤에 그의 집 상황은 더욱 악화되었다. 술을 많이 마시던 그의 엄마는 알코올중독자인 아담의 새아빠와 싸웠다. 아담은 칼로 가구를 잘라 그의 방에 바리케이트를 쳤다. 추가된 회기에서 그는 학교에 남고 싶다는 소망을 이야기하였다. 이 회기에서 그는 거대한 쿠션에 분노를 마음껏 안전하게 표현하였고, "희생자/희생양/무관심한"이라고 적혀 있는 판지를 마구 찢었다. 내가 그의 방에 있는 바리케이드를 표현해 달라고 하자 그는 내 주변에 쿠션을 말뚝 박듯이 둘러싸도 되겠냐고 하였다. 나는 좋다고 하였고 쿠션으로 둘러싸였을 때, 나는 그것이 안전한 느낌을 준다는 것을 알아차리게 되었다. 내가 그것이 행복이라고 말하자, 그는 쿠션을 가지고 자신을 완전히 둘러싼 보금자리를 만들고 그 안에서 잠이 들었다. 한 달 내내 그 쿠션 보금자리는 고정되어 있었고 그는 그 안에서 낮잠을 자기도 하였고 투사물로 만든 귀여운 인형을 가지고 들어가기도 하였다. 그리고 이야기를 읽어 달라고 하였다. 그는 또한 그 안에서 자신의 엄지손가락을 빨기 시작하였다.

나는 학교에 있는 동안 내 방에 와서 쿠션이나 담요에 의지하는 학생들에게는 치료에서의 일반적인 특징으로 퇴행이 필요하다는 것을 발견하였다. 때로 어떤 학생은 뭔가 안 좋은 날에 내가 다른 상담을 진행해야 하는 것을 알고는 "X의 핑크 담요 또는 Y의 파란 담요를 주세요."라고 하였다. 재미있게도 어떤 학생도 다른 학생의 이런 행동을 비웃지 않았다.

아담의 경우, 그러한 '퇴행하는' 습관이 몇 주간 계속되었고, 나는 우리가 이제 충분히 밀착되었다고 알아차렸다. 그리고 더 소통이 필요한 것인지의 여부를 알아내고자 하였다. 재미삼아, 나는 그 2개의 쿠션을 없애 버렸다. 그러자 바로 '데렉'이라는 귀신이 출현했다. 그것은 시트에 덮인 아담이 그의 둥지 꼭대기에 놓기를 좋아한 것이었다. 데렉은 난쟁이를 잡아먹기 원했고 럭비 태클을 시도하며 나를 따라다니기 시작했다. 난쟁이의 피를 요구하는 데렉과 함께 아주 작은 방의 벽에 매달려 있었고, 나는 아담이 신체적으로 가까이 접촉하고 싶어 하는 것과 치료사를 함입함으로써 내면화하고 싶어 하는 욕구를 수용하는 안전한 방식을 찾기 위해 노력했다. 나는 아담과의 작업이 데이비드 리드 존슨David Read Johnson의 **발달 변형**(2005)과 연관된다는 것을 생각해 냈다. 놀이 공간을 안전하게 만들고자 하는 욕구는 이 신체 놀이의 핵심이기 때문이다. 나는 나 자신으로 돌아와서 아담에게 우리, 즉 '데렉'과 '난쟁이' 사이에 만들어 놓았던 것 이상으로 규칙을 세울 필요가 있다고 말했다. 그리고 감사하게도 아담은 내 말에 동의했다. '데렉'은 나를 놓아주었고, 점심으로 난쟁이 팔 하나를 먹고는 만족했다. 아담은 분명히 애정에 굶주려 있었다. 놀이 공간에 대한 존슨의 명확한 정의(2015: 13)와 안전과 경계가 무엇인지에 대한 나 자신의 직관으로, 나는 아담을 충분히 안아 주었고 그가 원한 대로 불안감을 없애줄 수 있었다. 몇 달이 지난 후에, '데렉'과 몇 개의 단어들만 사용하는 다른 귀신들은, 그들의 두려움, 슬픔 그리고 희망에 지시를 내렸다. 이것은 아담이 또래 관계를 좀 더 성공적으로 유지할 수 있게 되고 왕따 당하는 것이 멈춘 동안 일어난 일이다. 난쟁이는 아담의 마지막 회기까지 매주 '먹혔다'. '데렉'은 이제 난쟁이의 힘이 그의 안에 있고 떠날 수 있다고 말하였다. 그는 그다음에 장난감 병정을 천장에 붙이고 나를 데려가 보여 주며 내가 그를 기억할 수 있도록 하였다.

이와 함께, 대개 이전의 회기에서 만든 둥지에서 우리는 수 제닝스Sue Jennings의 체현, 투사, 역할 이론으로 아담이 자신의 침략자에 맞설 수 있는 목소리를 탐구하게 하였다.

　　극적 투사는 탐구의 수단으로 극적 과정을 가능하게 한다. 극적 표현
　은 참여자의 재료로 새로운 재현을 창조한다. 투사는 참여자가 내적으로
　붙잡혀 있는 상황과 그러한 상황 또는 재료의 외적 표현 사이에서 발생
　하는 극적 대화를 가능하게 한다.

(Jones, 2007: 87)

　　아담은 결과적으로 그가 말로 응답할 수 있는 것을 찾았고 신체적 폭력
을 사용하기 전에 그것을 들을 수 있게 되었다. 작업을 마치면서 아담은 연
극치료의 경험을 돌아보며 그것이 "화나는 것 같은 느낌을 다룰 수 있게" 하
는 방식을 알려 주었다고 말했다. 그리고 스스로 좀 더 자신감을 느낄 수 있
게 되었다고 했다. 그러나 그는 더 이상의 바보 같은 질문에는 대답하지 않
겠다고 하였다.

토론과 평가

　　이 참여자 집단은 앞서 말했듯이 매우 혼란 속에 있으며 분열되어 있었
다. 행동의 변화가 치료사와 스태프 팀의 다양한 헌신의 결과로 일어났다는
것을 주목해야 한다. 평가 작업에서, 나는 극적 참여에서 존스가 차용한 서
튼 스미스 레이저Sutton-Smith-Lazier 척도(1981)를 수정하여 사용하였다. 내가
수정한 것은 극적 용도 이상의 공간 사용을 포함하고 있었다. 그들이 앉고,
눕고, 자고, 소통하고 또는 받은 훈련을 밖에서 어떻게 사용하는지까지 말이
다. 때로 이것은 회기의 많은 부분을 차지하기도 하였다. 나는 강점과 약점
설문 조사SDQs를 통합하는 시도를 했으나, 어떤 질문도 분노와 증오를 반영

하지는 못했다. 그 과정은 완벽과는 동떨어져 있었다. 그리고 만약 내가 집단에서 얻은 것이 뭐냐고 물어보면 그들은 이렇게 대답했을 것이다. "완전 거지 같았어요. 그리고 당신도 거지 같아요." 그러나 미소 지으며 말했을 것이고, 그것은 정반대를 뜻하는 것이다. 나는 나 자신만의 신뢰, 통합, 자신감, 인내, 반영 그리고 약속의 수준에 관한 관찰법을 사용했다. 예를 들어, 집단이 방에 머물러 있고 회기가 지속되는 것은 긍정적인 변화를 나타낸다. 하나의 변화는 집단원들이 취약함을 드러내고 편안해질 수 있는 안전의 감각과 화합을 창조한다. 존슨(1982b: 184)은 이것에 주목했다. 발달적인 관점에서, "다른 사람과의 상호 관계 속에서 표현될 수 있는 대인관계적 요구의 온도"는 연극치료가 함양되는 과정이다. 그리고 나는 이것을 개인과 집단 작업 양쪽에서 분명히 찾아낼 수 있었다. 회기에서 학대적인 언어와 파괴적인 행동이 줄어든 것이 기록되었고, 그것은 학교생활과 생활 습관에 반영되었다. 이처럼 수 제닝스의 EPR 모델(1995)과 존슨의 **발달 변형**(2005)을 사용하면서, 분노한 참여자가 자신의 목소리를 찾을 수 있게 새로운 방향을 제시할 수 있고 스트레스 상황에서 역할 레퍼토리를 넓히는 것을 익혀 자신을 통제하는 힘을 발휘할 수 있다. 고통을 받은 존재에게 어떤 어려움이 생겨나는지, 어떻게 투사의 영향력으로부터 멀어지는지에 관한 주제는 핵심 문제의 표시처럼 보일 수 있으며 변형을 위한 가능성을 보여 줄 수 있다. 희생양을 만드는 것은 약점을 드러내지 못할 때 나오는 일반적인 표현이다. '나쁜 상태' 또는 취약성은 피해자와 가해자 상관없이 이러한 참여자 집단의 주요한 주제다. 극적 투사(Jones, 2007: 87)는 문제를 겪는 청소년들의 과부화된 정신을 편안하게 해 줄 수 있으며 무엇을 해야 할지 모르는 상태에서 빠져나올 수 있게 한다. 개인으로서 혼돈을 담아내는 것이 용이해지는 것은 그들의 두려움과 고통을 표현하는 방법을 제공하는 것이다. 그것은 불안을 계속적으로 감소시키며 창문으로 물건을 던지거나 가구나 사람들을 때리고자 하는 욕구가 줄어들게 한다. 또한 발전 과정에 있는 청소년기의 정신은 사회와 시험결과로 부과되는 외부 기준이 아니라 그 내면의 욕구를 따라 자라나며, 그것은 앞으로 나아가기 전에 뒤로 돌아가는 것을 의미한다. 이러한 참여자 집단에서는 종종 퇴행하고자 하는 충동이 일어난다. 작업에서 사용되는 말랑말랑한 장난감과 이불과 같은 전이적인 물건들은 자주 작업실에서 없어진다. 안정감 또는 '교정 감정 경험'을 갖기 위해 그것을 들고 학교를 돌아다니는 것이다. 상주 치료사가 되는 것은 학교나 병원에서 약속을 정하는 것에 이점이 있다—나는 낯선 공간의 낯선 사람이 아니다. 개인은 그들이 그렇게 하는 것의 안전 여부를 평가한 후 나를 만날지 결정할 수 있다. 로스와 포나기(Roth & Fonagy, 2004: 272)는 어떤 치료가 아이들과 청소년들에게 효과적인지에 대한 연구에서 질환의 유병률은 교육 계획에 통합 가능한 개입 프로그램 개발이 얼마큼 이루어지는가에 달려 있다고 말한다.

주요 연구 결과의 요약

연극치료는 우리가 제안한 다양한 모델과 매체, 작업의 놀이적인 측면, 신체 및 비언어적 표현의 촉진, 더하여 작업에서의 담아내기/변신의 사용으로 인하여 이러한 환경에서 중요한 자원이 된다. 이것은 청소년의 격동적인 과정을 반영하고 안전하게 지지해 줄 수 있다. 또한 초기의 발달 격차 및 외상을 다룰 수 있는 수단을 제공한다. 연극치료 공간을 가짐으로써, 학교는 혼돈과 파괴성의 영역을 지정할 수 있다. 이는 무조건 제압하기보다는 그것을 인정해 주는 것이다.

06

청소년 정신의학에서 자해:
뭉크의 〈절규〉 변형

Ditty Dokter

개 요

이 장은 치료 중에 자주 일어나는 자해에 초점을 맞춘다. 자해는 약물 남용, 신체 훼손, 자살시도와 같은 형태로 회기 중이나 회기 사이에 일어날 수 있다. 이러한 문제들은 경계성 인격장애BPD, 중독, 정신병을 지닌 참여자에게 흔한 일이며, 청소년 정신의학에서 특히 빈번하다. 이 임상 연구는 집단예술치료에 참가한 17세의 여자 청소년들을 대상으로 하고 있다. 이론적 방향은 집단역동에 근거한다.

서 론

1장에서 예술치료사는 대상관계와 정신역동적 관점에서 파괴성을 이해한다고 언급한 바 있다. 성격에서 그림자 측면의 통합은 융학파에서 언급한 개성화individuation 과정의 통합적인 부분이다. 위니컷(Winnicott, 1967) 은 청소년기에 파괴적 자기의 발견을 언급한 바 있으며, 구겐불-크레이그 (Guggenbuhl-Craig, 1971)는 청소년기에 뚜렷한 개방과 더불어 나타나는 파괴적인 충동에 주목하였다. 프랭클(Frankl, 1998)은 이러한 청소년기의 파괴적이며 공격적인 요소가 그림자를 표현한 것으로 해석한다. 참여자의 파괴성은 투사적 동일시 같은 방어기제를 통하여 치료사에게 파괴적 충동을 불러일으킬 수도 있다. 예술치료사는 예술매체가 지닌 잠재적인 파괴성을 인식하기보다는, 미학적인 것으로 이상화시킬 위험이 있다(Milia, 2000). 이 장은 청소년 집단치료의 한 사례, 특히 샐리의 사례에 초점을 맞추어 분석할 것이다. 모든 이름은 가명이며 이 장에서 사용된 그림, 시, 부제목은 사례 연구에 참여한 참여자의 건강일지health diary에 따른 것이다. 뭉크의 〈절규〉는 샐리가 형편없는 하루를 보내고 나서 자신의 감정을 요약한 이미지다. [그림 6-1]은 '구름'을 그린 것으로, 또 다른 날에 비슷한 기분을 경험한 후 기분일지에 그린 그림이다. 이 장은 집단예술치료를 활용하여 파괴성에 대한 작업 방식을 강조한 개인 사례를 연구한 것이다. 이 사례 연구는 예술치료

[그림 6-1] 구름

집단에 속한 청소년들의 다양한 문화적 배경의 영향을 연구한 데이터를 검토함으로써 이루어졌다(Dokter, 2010). 이 장의 결론은 사례 연구와 문헌 및 체계적 평가 지침을 연결시킨다.

자해로서의 자살

세계보건기구WHO의 조사에 따르면(Comtois & Linehan, 2006), 전 세계에서 매년 약 873,000명이 자살로 사망한다. 영국(NHS, Centre for Reviews and Dissemination, 1998)에서 죽음에 이르지 않는 자해는 십만 명당 사백 명 꼴이다. 고의적인 자해가 자살의 의도를 포함하든 안 하든, 기존의 위험요소들 가운데 자해 행위는 궁극적으로 자살의 최고 변수가 된다(Hawton et al., 2002; Meltzer et al., 2002). 청소년 가운데 삼분의 일에서 오분의 일 정도는 적어도 한 번 정도 자살을 생각해 본 적이 있으며, 이들 중 사분의 일에서 절반 정도의 청소년은 자살 시도를 한 적이 있는 것으로 나타났다. 이는 희망을 잃은 청소년들이 어떤 느낌을 갖고 있는지를 잘 보여 주는 최고의 단일 예측 변수라고 하겠다(Brezo et al., 2007; McMillan, 2007).

지난 10년 이래로 보건부는 특히 의도적으로 자해를 하는 사람들에게 주목하고 자살 감소를 위해 국립보건원National Health Service: NHS을 독려하고 있다(Department of Health, 1999; National Collaborating Centre for Mental Health, 2004). 자해의 후속 조치는 여전히 전체 사고의 50%에 그치고 있는데, 이들 가운데 70%는 약속을 하고 한 번 나온 후 포기하거나 참석하지 않는 등의 자연 감소를 보인다. 자해를 경험한 참여자들은 의료 종사자의 부정적인 태도를 자주 접하고 있으며(Clarke & Whittaker, 1998) 소수는 자살 충동자들과 함께 치료를 받기도 한다(Comtois & Linehan, 2006). 비록 경계성 인격장애로 진단된 여성들을 위한 '변증법적 행동치료Dialectical Behavior

Therapy: DBT'와 반복적으로 자해를 하는 청소년의 집단치료가 '긍정적인 결과'를 보여 주고 있고 자살과 자해 예방에 초점을 맞춘 다양한 치료가 긍정적 평가를 받아 왔으나 그 결과에 대한 증거는 충분하지 않다(Hawton et al., 2002). 최근에 연구된 인지적인 개인적 구성개념과 상호적 심리치료는 잠재적으로 긍정적인 결과를 보여 주고 있다(Comtois & Linehan, 2006).

영국상담심리치료학회BACP(Winter et al., 2009)는 자살예방을 위한 상담 심리치료에서 63건의 양적 연구와 13건의 질적 연구라는 체계적인 연구에 착수하였다. 이 연구는 치료를 받지 않는 것보다 치료를 받는 것이 좀 낫다는 결과를 보여 준다. 그러나 치료사들이 지닌 양가감정으로 인해 자살충동 참여자의 치료가 어렵다는 것을 보여 주기도 한다. 이 양가감정은 치료사들의 자질에 따라 무시되기도 한다. 참여자로서 청소년의 태도는 인정받고 들어 주고 존중받고 이해받기를 원하며, 내적 · 외적 문제에 초점을 맞춘 전인적 치료를 원한다. 집단치료와 관련된 조사 결과들은 자해, 절망, 우울의 전염 효과로부터 생겨나는 문제들을 강조하고 있다(Crouch & Wright, 2004). 윈터 등(Winter et al., 2009)은 치료적 관계 맺기의 중요성을 강조한다. 존중해 주고, 감정을 확인하고, 판단하지 않고 이해하며, 지나치게 오랫동안 침묵하지 않는 치료사가 자해로 인한 참여자들에게 효과적이라는 것이 판명되었다. 치료적 관계 맺기 측면에서 치료사의 절망감은 해로운 요소가 될 수 있다(Davidson et al., 2007).

파괴성의 사회문화적 맥락

인간의 행동을 연구하는 사람은 누구나, 인간의 행동 속에 있는 적을 무시할 수 없다는 결론을 내리게 된다. 세상을 향한 욕설이 자기파괴적이라는 것이 점차 분명해지고 있다. 자신의 존재를 공격하는 외적인 힘과 손을 맞잡는 것은 인간의 놀라운 성향이다.

(Menninger, 1938: 4)

연극치료에서 자기파괴의 문제를 고려할 때, 참여자나 치료사 모두 자기파괴의 잠재성을 지니고 있다고 보는 것이 중요하다. 필자는 이 장에서 전쟁과 같은 폭넓은 집단 현상(Hillman, 2004)에 초점을 맞추지는 않을 것이다. 그렇지만 제2차 세계대전이 시작된 1938년 메닝거Menninger가 관찰했던 것처럼 인간이 자기파괴적일 수 있는 방식이 다양하다는 것은 매우 흥미롭다. 그는 자해에 초점을 맞추고, 자해를 만성적 자살과 구분하였다. 그 후 변화된 주장들이 나타났다. 이를테면 파바자(Favazza, 1987)는 자해를 자살의 형태로 간주해야 하는지 의문을 품었다. 참여자는 종종 자기파괴적 행동을 조합해서 보여 준다. 필자는 자기파괴를 '사회적으로 인정된' 것에서부터 '병리적인 것'으로의 연속체로 간주하고자 한다. 사회문화적인 가변성은 왜 연속체의 측면으로 보아야 하는가에 대한 근거를 제공할 것이다. 연속체로 '인정된' 측면에서, 신체 피어싱이나 문신은 20세기로부터 21세기에 이르러 변화의 서유럽 패션에서 커다란 부분을 차지하고 있다. 보호받지 못한 난혼은 특히 HIV(인체면역결핍바이러스)와 AIDS가 시작된 이래 더욱 '병적인' 것으로 간주되었다. 알코올과 음식 남용은 문화적 · 사회적 · 개인적 다양성에 좌우되며 연속체에 따라 움직이는 경향을 보인다. 반면, 단절, 중독, 자살은 병리적인 것으로 보는 경향이 있다. 전쟁을 병리적으로 보는 것은 드물지만 순교/테러리즘과 같은 전쟁 무기는 쉽게 병리적인 것이 되며, 그것들이 만들어지는 문화 · 정치적 맥락에서 이를 살펴볼 필요가 있다(예: Dokter, 2008; Finklestein & Dent-Brown, 2008; Stapley, 2006). 신체적 질병과 사고로 인한 상해는 드물긴 하지만 여전히 파괴적인 모습으로 간주된다.

청소년의 정신병에서 나타나는 자기파괴적 행동을 좀 더 상세하게 논하기 전에, 자살 행동에 대한 논란을 언급하고자 한다. 자살은 자체적으로는 증후군이나 증상이 아니다(Hillman, 1965). 자살은 살아가면서 생겨난다. 자살은 병원보다 집에서 더욱 빈번하게 일어난다. 의사와 심리치료사의 관점을 조합하기가 어려울 수도 있는데, 의료적 환경에서 심리적 고려는 그다지 중요하지 않은 것일 수 있다. 1965년 힐먼은 자살 예방은 경우에 따라 심리적 모욕이 될 수도 있다고 언급하였다. 말란(Malan, 1997)은 사적인 실천 맥락에서, 자살을 하고 싶어 하는 참여자에게 "당신은 자살할 권리가 있다."고 말한 위니컷의 잔인함을 인용한 바 있다. 자살에 대한 치료사의 태도는 관계 맺기에서 중요한 요소가 된다. 치료사의 가치는 생명을 지키려는 바람 속에서 의료적 직업을 반영하는 것이다. 치료사가 의료적 맥락에서 작업을 할 경우, 생명 보존이라는 의료적 모델을 고수하지 않는다면 책임을 져야 할 수도 있다. 치료사의 종교적 가치는 태도에 대해 영향을 미칠 수 있다. 각각의 치료사는 자신의 고유한 접근 방식으로 작업을 할 필요가 있지만, 참여자나 치료사에 의해 일어날 파괴적 행동의 가능성을 염두에 두어야 한다.

초창기 참여자 중 한 사람이 생명 보존에 대한 윤리 문제를 간접적으로 제기한 적이 있다. 그녀는 심각하게 반복되는 우울 때문에 고통받고 있었다. 그녀는 급하게 입원을 해야 했고 그러한 환경에서 개인적인 연극치료를 받았다. 그녀는 반복적으로 자살을 시도했고 강한 약물 처방을 받았다. 전기충격요법Electroconvulsive therapy: ECT 치료도 받았으며, 최근에는 그녀의 요구에 따라 정신외과에서 치료를 받았다. 우리는 환자의 무력감과 공모한 것은 아닌지 의구심이 들었다. 개입 이후, 그녀는 최근에 생명을 위협하는 암에 걸린 상태다. 1938년 메닝거가 언급한 '외적인 힘과 손잡기'는 유용한 경고일 수 있다. 물러나기, 가혹한 책임 추궁, 조기종결, 치료사의 질병과 냉정함과 같은, 치료사가 파괴성에 적극적으로 참여할 가능성 그리고 치료사의 이념적 경향과 맹점은 치유적인 요소 못지않게 인간관계와 관련되어 있다(Yalom, 1995). 그렇지만 예술치료사들은 자해란 난폭하고 파괴적인 의미에서 시도된 자기치유의 한 형태라는 견해를 가질 수 있다(Milia, 2000). 창조와 파괴는 변형 효과의 또 다른 시도로서 창의적 과정에 내재하는 중립적인 힘으로 볼 수 있다(1장, 2장 참조). 자기치유의 맥락에서 볼 때 자해는 제의 ritual 심리학, 문화 그리고 예술 사이에서 다양한 경로를 여는 변형의 행위로 볼 수 있는 것이다.

추가적 맥락: 환경과 참여자 집단

　NHS 청년부는 우리에게 외래환자 치료와 주간치료day treatment를 선택할 수 있도록 하였다. 연구에 따르면 외래환자들은 개인 심리치료를 받은 반면, 주간치료 환자들은 집단 심리치료를 받은 것으로 나타났다. 주간치료 위탁기관은 표준적 치료공동체 환경을 모델로 하였고, 16세부터 25세까지의 청소년 12명을 집단으로 치료하였다. 이들의 예상 참여 기간은 평균 2년이었다.

　청소년 위탁기관에서, 집단예술치료는 모든 참여자가 기대하는 집단 프로그램 중 하나였다. 필자는 18개월 동안 이 집단에 연구자/참여자–관찰자로서 참여하였다. 스태프는 의학 자문위원, 간호사–치료사, 작업치료사, 예술치료사(미술치료사, 연극치료사, 춤동작치료사), 심리치료사로 구성되었다. 예술치료 집단은 종종 간호사–치료사의 도움을 받았다. 작업은 일주일에 한 번 이루어졌다. 오전 집단은 연극치료사와 춤동작치료사의 도움을 받았으며, 오후 집단은 미술치료사 집단의 도움을 받았다.

　예술치료 청년부는 1960년대와 1970년대에 사회 정신의학 운동이 진행되면서 발전하였다(Dokter, 2001). 위탁기관의 철학은 정신분석학과 의학 개념을 근간으로 하고 있었는데, 이를테면 진단은 정신의학적이며 정신역동적인 공식 표시를 포함한다. 참여자의 문제는 관계의 어려움에서 비롯된 것으로 간주되었고, 이들 어려움은 공동체 집단에서 재연되거나 또래 및 스태프의 집단치료를 통해 표현되었다. 진단의 분석 결과, 참여자의 45%가 인격장애에서 유의미한 특징을 보였고, 삼분의 일은 경계 기준에 있었다. 적응장애의 다섯 사례는 진단 범주와 중복정신질환을 지니고 있었다. 또한 참여자의 절반은 우울과 자해 행동의 경험으로 고통을 받고 있었다. 중독의 중복정신질환은 45%였다. 필자는 여기서 진단 범주를 비판적으로 고려할 필요가 있다는 것을 강조하고 싶다. 다양한 진단의 특징을 보이고 중복정신질환을 앓고 있는 상당수의 참여자들을 고려할 때, 이러한 범주는 일반인들의 문제와는 상대적 방식으로 간주할 필요가 있다. 참여자의 삼분의 일은 사전에 아무런 의학적 조처를 받지 않고 약물 처방만 받았으며, 삼분의 이는 문제의 만성 또는 심각성으로 인해 이전에 입원하거나 외래환자로서 진료를 받은 전력이 있었다. 청소년 정신의학 부서는 참여자 문제의 병인학을 보여 주는 정신역동적인 진단을 첨부하였다. 참여자의 삶에서 확인된 주된 스트레스는 부모와의 이별 및 사별(40%), 학교폭력(30%), 성적 학대(20%)였다.

각 치료 집단에 따라 완성된 개인평가 설문지와 이전 치료 회기에서 있었던 관심 집단의 분석(스태프와 참여자를 분리한 관심 집단)에서 참여자와 치료사의 지각 차이가 높은 자연 감소율과 어떤 관계가 있는지에 대한 연구가 이루어졌다. 그 결과, 위탁기관의 참여자는 (경계성) 인격장애에서 유의미한 특징을 보였고, 중독문제는 소진 부분에서 고위험군이라는 것이 밝혀졌다. 또한 증상이 심각하고 만성적인 중복정신질환은 중도탈락의 고위험과 연계되어 있었다. 이는 기존의 자료를 반영하는 결과다(Roth & Fonagy, 2004). 진단은 범주화된 참여자들을 상대적인 방식으로 보여 주는 것으로, 참여자의 60%가 높은 중복정신질환의 비율을 보였다. 이 위탁기관에 머무는 동안 참여자들에게 건강일지를 쓸 것과 치료에 대한 반응 및 기분 변화에 주목할 것을 요구하였다(Murray, 1985). 그것의 용도에 대한 합리적 근거는 다음과 같다.

··· 증상 발생에 대한 개인적 반응은 지속적인 성질(즉, 성격 특성)과 변화하는 성질(즉, 사회적 지지)이라는 비약물적 요인의 다양성으로 조건이 분류된다. 건강일지는 건강과 병적인 행동에서 매일의 변화를 연구할 때 적절한 방법을 제공한다.

(Murray, 1985: 827)

연구 결과, 심리치료 참여자의 40%에서 60%가 초기에 낙오한 것으로 조사되었다(Lambert, 2004). 예술치료에 대해서는 특별한 자료가 없다. 이 연구 참여자의 33.3%는 넉 달만에 포기를 하였고, 나머지 66.6%는 계속 치료에 참여하였다.

경계성 인격장애 이해하기

본 사례의 참여자는 경계성 인격장애borderline personality disorder: BPD로 진단을 받은 17세의 샐리이다. ICD-10에서는 BPD를 '감정 불안정 인격장애'

[그림 6-2] 샐리의 자화상

라고 부르고 있으며, 18세 미만이면 어떤 참여자도 인격장애로 진단하지 않으려는 경향이 있다. 상술한 바와 같이, 진단의 범주는 상대적이다. 샐리는 다음의 몇몇 진단 기준을 보여 주었다.

1. 충동성이나 예측 불가능 같은 잠재적 자기 손상의 두 영역이 나타남. 예컨대 소비, 섹스, 도박, 약물남용, 도벽, 과식, 신체 훼손 행위 같은 것.
2. 불안정한 내적 인간관계의 패턴이 뚜렷하게 나타남. 예컨대 태도의 분명한 변화, 이상화, 평가절하, 조작과 같은 것.
3. 부적절하거나 극심한 분노 및 분노 조절 결핍이 나타남. 예컨대 잦은 성질 부리기, 지속적인 분노.
4. 자기이미지, 성 정체성, 장기목표, 친구관계와 같이 정체성과 관련된 다양한 쟁점에 있어서 불확실한 표현 같은 정체성의 혼란이 나타남.
5. 감정적인 불안정성. 정상적 기분에서 우울, 화를 잘 냄, 불안으로의 이동. 보통 정상적인 기분이 되기 위해서는 몇 시간이 소요됨.
6. 혼자 있는 것을 잘 견디지 못함.
7. 신체적인 자해 행동. 예컨대 자살 시도나 신체 훼손.
8. 공허함과 권태의 만성적인 기분.

(ICD-10, World Health Organization, 1992)

샐리와 진단과의 관계를 탐구하기 위해 건강일지를 활용했다.

나는 BPD와 관련된 서적을 읽으면서 느낀 감정을 분명하게 이해하게 되었다. 나에게 내려진 진단에 대해 아무도 이야기를 해 주지 않았기 때문에 그것이 정확히 어떤 것인지 알지 못했다. 하지만 이제는 많은 것을 이해하게 되었다.

이 일지는 어느 날 샐리가 스스로 위탁기관을 그만두면서 쓴 것으로, 그녀는 자기 진단을 읽고 온라인상에 질문을 던졌다.

> ⋯ 이것이 누군가에게 도움이 되기를 바랍니다. 저는 매우 좋았고요, 생각할 수 있는 계기가 되었습니다.

그날 샐리는 약(항정신병약)을 복용하지 않았으며, 술을 마셨는데 기분이 매우 좋아진 것을 느꼈다. 하지만 과거의 회기 보고서를 읽고는 속상해했다.

> 그것들을 읽고는 좀 속상했어요. 내가 평소에 어땠는지 알게 되었고 그때와 비슷한 행동으로 자꾸 되돌아가는 것을 알게 되었어요.

상술한 바와 같이, 위탁기관의 치료사는 정신분석학적 이해를 기반으로 치료하였다. 치료사는 관찰행동보다는 치료(특히 전이)의 패턴 표현에 주목하였다. 젠킨스(Jenkyns, 1996; 1장에서도 이미 언급함)는 투사와 내사introjection의 개념이 특히 역할 작업의 치료적 효과와 어떤 관계가 있는지를 언급한 바 있는데, 이는 대상관계의 해석과 매우 근접해 있다. 젠킨스는 대상관계가 다른 사람과의 관계를 함축하고 있음을 강조한다. 이것이 비통합적일 경우 서로 간에 갈등을 일으키는 부분 – 대상들과 관계가 있음을 의미한다. 나쁜 경험─특히 공격은 이러한 경험들에 대한 반응이다─은 종종 문제를 야기시키는 다른 사람에게 투사된다. 샐리의 경우에는 공격성이 빈번하게 자신에게 되돌아 왔으며, 다른 사람들은 고의적이거나 자기도 모르는 사이에 그 과정에 참여하였다.

필자는 3장에서 체계적 검토 부분으로 평가된 연극치료와 관련하여 언급한 적이 있다. 샐리의 사례에 대한 작업 모델은 브렘(Brem, 2002) 그리고 스탬프(Stamp, 1998)의 작업과 밀접하며, 참여자의 섭식장애와 관련하여 표현된 '행위화'의 이해와 연결되어 있다(Dokter, 1994). 예술의 거리 두기 과정은 상징과 은유를 통한 표현과 관계가 있다. 상징화는 승화가 미발달한 BPD 참여자에게는 어려운 것일 수 있다(Kernberg, 1975). 승화는 좌절감을 다루는 능력으로 건설적 또는 상징적 활동으로 이해된다. 슈와츠 – 샐런트(Schwartz-Salant, 1989)는 BPD 참여자가 혼란 상태에서 전이적인 놀이 공간의 창의성을 경험할 수 없기 때문에 보통은 놀이의 가능성이 결여되어 있다고 언급한 바 있다. 또한 그는 치료사가 방어를 위해 해석을 해서는 안 된다고 강조한다. 즉, 치료사가 감정의 공허감을 행동으로 채우려고 할 수도 있다는 것이다. 어휘적 맥락에서 보면, 이는 부재의 경험을 겪기보다는 공간을 채우기 위해 해석을 활용한다는 의미다. 연극치료사는 존재(또는 부재)의 불안감에 행위의 극적 구조를 도입함으로써 부재의 경험을 채우려 할 수 있다. 연극치료사가 행동의 변형적 특징에 대한 강한 믿음을 옹호함으로써 자신들의 역할을 정당화할 필요성을 느끼는 것이다. 행동의 변형적 성격은 치료적 관계에서 결정적인 것으로 취해질/활용될 수 있다.

슈와츠 – 샐런트(1989)는 치료사의 방어 행동은 경계성 참여자의 충동성과 공모할 수 있다고 언급한다. 라벤더와 소벨만(Lavender & Sobelman, 1995)은 춤동작 집단치료에서 움직임 과정을 활용하는 세 가지 파괴적 방식을 논의한 바 있다. 이 세 방식이란 행동을 통한 직접적인 배출(상징화가 아닌), 고정관념적인 움직임(반복적이고 단조로움), 소망 성취를 위한 춤(양식화되어 있으며 낭만적인 인간관계가 감정적으로 분리되어 있는 묘사)이다. 라벤더와 소벨만은 성적인 행위화의 가능성이나 예술활동을 통한 관계의 부정에 대해서는 언급하고 있지 않다(Levens, 1995). 이들 예술치료사들은 예술에서 변형 가능성을 강조하지만 필요하다면 행동을 정지시켜도 좋다고 생각한다. 이는 자체적으로 슈와츠 – 샐런트의 지지와 연결되어 있으며, 참여자가 체험한 감정을 비워 내는 형상화와 환상의 격렬한 흐름이나 상상적 빈틈을 경험할 수 있는 이정표가 된다. 이 점은 샐리가 쓴 〈두뇌 활동〉이라는 시에서도 잘 나타난다.

생각들의 경주
감정들의 윙윙거림
그만큼의
두뇌 활동
난 스프레이가 필요해
그걸 덮기 위해
이 모든
두뇌 활동을
난 약이 필요해
종국의 휴식을 위해
두뇌 활동을
멈추기 위해

사례 연구

이 사례 연구는 2년 6개월에 걸친 치료에서 처음 8개월간 샐리를 치료한 것이다. 샐리는 매일 출석한다는 조건으로 보호소에서 퇴소하여 첫 6개월간 보호관찰 상태에 있었다. 샐리와 케이트는 벨, 캐롤, 테드(몇 달 후 잭, 리아, 네이선이 합류하였다)의 기존의 집단 참여자들과 합류하였다. 모든 참여자는 매일 시행된 심리치료 집단 프로그램을 이수하였다.

BDF로 진단된 결과, 샐리는 자해와 적응장애로 나타났다. 샐리는 위탁기관 치료의 초기 단계에서 어떤 스트레스 요인도 없었다. 이때는 아직은 보호입원위탁기관의 진단평가의 연장된 기간으로 간주될 수 있을 것이다. 이전에 받은 치료는 입원환자와 외래환자로서 아동과 청소년의 정신질환 약물치료였다.

연구원과의 인터뷰에서 샐리가 위탁기관에 참여한 까닭은, 갈 곳도 없고 하루 내내 할 일도 없었기 때문이라고 말했다. 또한 샐리는 솔직히 털어놓는 것이 필요하다고 했다.

> "나는 그렇게 오래 머물렀던 병원치료 이후에 뭔가가 필요했어요. 병원과 외부 세계 사이에서 도움도 필요했고요. 난 딱히 떠날 수도 없었고 학교를 가거나 직업을 택할 수도 없었어요. 잘 대처할 수가 없었어요. 그래서 그냥 죽고 싶었어요. 이제 정신을 차리고 보니까 사람들이 내가 죽기를 원하지 않는다는 것을 알았어요. 그렇지만 가끔은 모두가 원한다고 생각하기도 해요. 그럴 때는 참을 수가 없어요. 어떤 정신 상태에 이르면 나는 다른 것을 기억해 낼 수가 없어요. 행복할 때면 슬펐을 때를 기억할 수 없고 슬플 때면 행복했을 때를 기억할 수 없죠. 그게 어떤 것인지는 기억해요. 하지만 되돌릴 수 있을 것이라고 상상할 수가 없어요."

과거의 치료에서 샐리는 항우울제를 복용했으며 인지행동치료의 도움을 받았다. 신체적으로 샐리가 자해를 멈춘 것도 그 덕택이었다. 예술치료 집단에서 샐리는 자신의 경험을 토론하면서, 이것이 자신이 느낀 것을 사람들에게 '어느 정도' 알리는 방법이라고 말했다. 샐리는 이따금 말하는 것보다 이미지를 창작하는 것이 더 어렵다고 했다.

이러한 생각은, 예술치료가 참여자 고유의 정서적 삶과의 연결뿐 아니라 다른 사람들과 관계를 맺으려는 참여자에게는 덜 위협적이라는 스태프들의 견해와는 대조적이다. 스태프들은 예술치료 집단에서 샐리가 이미지 만들기에서보다 움직임 속에서 좀 더 강한 자기혐오와 좌절감을 드러낸다는 것을 알아차렸다. 미술치료사는 샐리가 자신에 대해 가지고 있는 극적 감정을 표현하기 위해 미술을 사용할 수 있을 것이라고 확신하였다. 샐리는 과거의 DMT/연극치료 질문지에서 '감정 표현을 위한 공 차기'가 유용했다고 언급한 바 있다. 이것은 부정적 연상의 발단이 되는 구조다. 샐리는 휴식이 별로 도움이 되지 않는다는 것을 알아차렸다. 샐리는 자신이 '나쁜 기억들을 다시 가져오는 벌판'에 있다는 상상을 하였다. 건강일지에서 당시에는 놀이가 좋았다고 말했지만 시간이 지나고 나서 보니 재미있게 느꼈던 것이 죄의식이 든다고 하였다. 치료에 대해 기대하는 것이 무엇이냐는 질문에, 그녀는 자해와 자살 멈추기라고 했다. 또 '사람들과 맞서는 것을 배울' 필요가 있다고 했다.

위탁기관에서 처음 8개월간은 샐리가 치료에 참여를 하든 하지 않든 간에 참여자 집단의 일원으로 느낄 수 있도록 하는 데 중점을 두었다. 그것은 그녀나 집단에게 있어 하나의 투쟁이었다. 샐리의 평가 질문지가 완성되기까지는 거듭된 변화가 있었는데, 그녀가 목표 집단에 참여했을 때도 그러했다. 그녀는 위탁기관과 연구에 익숙해지기 위해 노력하는 것처럼 보였다. 샐리는 목표 집단에서 이리저리 걷는 것이 사람들과 어느 정도 연결되어 있음을 느끼게 해 준다고 말했다. 또한 예술치료 집단이 무엇을 하고 있는지 잘 모르겠다고도 했다. 제대로 참여를 하는 것인지 걱정되었지만, 돌이켜 생각해 보면 오히려 그렇게 많이 참여하지 않았던 것이 좋았다고 했다.

2개월이 지난 후 샐리가 자신의 갈등을 말하기 시작했을 때, 3명의 참여자와 함께 의미 있는 변화가 생겨났다. 샐리는 오후의 미술치료 집단에서 자신이 올바르게 그릴 수 없다는 생각에 머리가 지끈거리는 것을 느꼈다고 했다. 그리고 잭과 리아가 참석하지 않거나 딴짓을 할 때는 나쁜 생각이 들면서 그들이 걱정된다고도 하였다. 오전의 DMT/연극치료 집단에서 샐리는 케이트와 함께 참여하였다. 그녀는 공을 차는 것이 뭔가 감정을 배출하는 것 같았고, 케이트와 밖에 나가 걷거나 놀 때는 정말로 즐거웠다고 했다.

샐리와 케이트가 집단치료 시간에 밖에 나가서 걷기를 요청했을 때, 빛나는 태양 아래 오직 두 사람만이 존재하는 것처럼 보였기 때문에 연극치료사와 춤동작치료사는 난처해 했다. 샐리와 케이트는 어린이용 풀장에서 첨벙대면서 남을 의식하지 않게 되었다는 느낌과 사람들이 자신의 상처를 어떻게 바라보는지 의식하지 않게 되었다고 말했다(그녀들은 소매와 바지/치마를 걷어 올려 보통 때보다 살갗을 더 많이 드러냈다). 이러한 야외활동이 있은 후 샐리는 일지에 다음의 시를 썼다.

태양

나를 매질하기
나를 살아 있게 하기
내 살갗을 바꾸기
허물없이 인정할 수 있는 방식으로
숨겨서는 안 되는 방식으로
지금, 하지만 아마도 오로지 오늘만
아마도 나는
내 살갗을
변하게 할 수 없을 거야

이러한 관계는 갑자기 케이트가 위탁기관을 떠남으로써 급격한 종말을 맞이하게 된다. 케이트는 치료가 종결을 향하고 있었음에도 계획보다 일찍 떠나 버렸다. 샐리는 평가 질문지를 완성하지도 않았고 목표 집단에 참석하지도 않았다. 목표 집단의 스태프는 케이트가 작별인사를 하러 오지 않았던 것이 샐리에게는 속상한 일이었을 것이라고 말했다. 그녀는 평가 질문지에 기분이 나빴고 자신이 쓸모없는 인간으로 생각됐다고 했다. 스태프들은 샐리의 자해 증세가 심해질 것을 염려했다. 여름방학이 곧 시작될 예정이었다. 그녀는 일지에 다른 사람과 친해질수록 더 걱정이 된다고 썼다. 샐리는 사람들에게 정직하게 이야기하는 것이 힘들다는 것과 스스로를 손상시키고자 하는 욕구가 커진다는 것도 알았다. 그녀는 행복해지려는 행동을 차단하려고 했고, 훗날 신체 훼손의 계획도 세웠다고 썼다. 샐리는 이러한 신체 훼손에 대한 느낌을 다음의 시에서 표현하고 있다.

> 자르다,
> 깊이,
> 지켜보다가
> 눈물을 흘리다.

> 자르다,
> 깊은 상처를
> 내 자신을 지켜보다가
> 긋다.

> 자르다,
> 피부를
> 흉터를 파괴하다
> 그리고 다시 시작하다.

케이트가 떠난 후 샐리는 집단의 다른 일원들과 관계 맺기를 계속했다. 얼마 지나지 않아 벨은 심각한 약물과다복용으로 병원에 수용되었다. 샐리는 크게 화를 냈고 연극 및 (춤)동작 집단에서 전혀 움직이려 하지 않았다. 샐리는 "그 순간은 모든 집단이 헛된 것 같았다."고 말했으며 예술치료사가 무례하다고 불평했다. 참여 관찰자는 치료사가 샐리의 침묵에 대해 해석하고 샐리 자신의 이미지를 어떻게 생각하는지 질문했을 때 "무례함"이라고 기록하였다. 샐리가 질문지에서, 각자 자기이미지에 대해 토론하지 않았던 다른 참여자들이 도움이 되지 않았다고 설명하면서, 자신에 대한 질문에서는 화를 냈다고 언급했다. 다음 몇 주 동안 샐리는 양가감정을 더 많이 보이면서 자주 불참하였다. 샐리는 '이 모든 동요의 기복'에 대해 요점을 알 수 없었고, 불참석에 대한 설명도 원하지 않았다. 목표 집단의 스태프들은 샐리의 '극적인 부재'에 대해 불만감이라고 표현하였고, 위탁기관에서 보호관찰이 끝나고 있다는 사실과 관련되어 있을 것으로 생각했다.

얼마 지나지 않아 샐리는 위기의 시간을 맞이하게 된다. 그녀는 기차에 뛰어들겠다고 위협하면서 연극치료를 중단했다. 집단은 그녀를 철길의 중간까지 따라가서 위탁기관으로 다시 돌아오기를 설득했다. 이 사건이 있은 후, 샐리는 '도움'을 뜻하는 붉은색 이미지를 만들어 냈다. 목표 집단 스태프들은 그러한 위기가 집단 내에 소속되고자 하는 반응이 아니었을까 궁금해했다.

그다음 주, 샐리는 늦게 도착했고 DMT/연극치료 집단 밖에서 기다렸다. 들어가도 되냐고 묻지도 않았으며 도움 요청을 아주 어려워했다. 스태프의 질문에는 분명하게 양가감정을 표현하였다. 한편으로 샐리는 스태프들을 거슬려 하는 것 같았고 다른 한편으로 도움 요청도 어려워했다. 그녀는 스태프들이 자신의 사생활을 존중해 줄 것을 원했다. 하지만 그 어느 것도 도움이 되지 않을 것이라는 느낌이 들었다고 했다. 일주일이 지난 후 샐리는 집단에 참여하였고, 15분이 지난 후 DMT/연극치료 집단과 가까워진 것에 만족해했다. 샐리는 좋았다는 느낌을 다음과 같이 말했다. "내가 처음에 싫어한 것을 생각하면 참 좋았어요. 이따금 나는 막혔던 에너지를 터뜨렸어요. 지금까지 한 달 동안은 그런 일이 일어나지 않았어요." 또한 샐리는 (춤)동작에 합류를 하면서 그만두겠다는 생각을 멈추게 되었다고 했다. 질문지에서 샐리는 이번 경우에 휴식은 즐거웠지만 참여자가 각자의 뒤에 숨는 구조에서 자신이 '편집증이라는 느낌'을 받았다고 했다.

치료사들과의 참여가 더욱 긴밀해졌고, 다음 단계에서 좀 더 개방된 대립이 생겨났다. 위탁기관 스태프들이 바뀔 것이라고 발표되었다. 샐리는 회기 중에 일어난 이 사실에 대해 속상해했다. 그녀는 늦게 도착했고 화가 나 있었지만 그 이유를 말하고 싶어 하지 않았다. 잠시 후, 샐리는 오늘은 참여하지 않을 계획이었지만 정신을 차리고 가야겠다고 생각했기 때문에 늦었다고 했다. 그다음 주, 샐리는 회기가 불만스럽다고 했다. 목표 집단에서 샐리는 춤동작치료사가 참여자의 말을 '비꼬았다'고 했다. 샐리는 다른 참여자들과 동질감을 갖고 있었다. 이를테면 다른 모든 참여자들과 함께 회기를 떠났다가 다시 참여를 하였다가 먼저 떠나기도 하였던 것이다.

그다음 주, 참여자들은 연극과 움직임 치료집단에서 대화를 하면 좋겠다고 협상을 하였다. 참여자들은 대화를 하고 싶은데, 떠나는 스태프가 너무 많다는 것이다. 자신들의 관심사를 위한 공간이 없음을 느낀다고도 하였다(춤동작치료사는 연차휴가인 관계로 12월에 4주간 휴가를 떠날 것을 언급하였다). 샐리는 대화를 한 것이 좋았으며 회기에 잘 적응할 수 있을 것이라고 했다.

필자가 조만간 위탁기관을 떠나게 되었을 때, 샐리는 회기 진행 중에 정말 떠날 필요가 있는지를 물었고, 그렇다고 하자 소리를 질러 댔다. 참여자들은 필자가 떠나는 것에 대해 이야기를 하였고, 필자의 위치가 어디에 적합한지 토론을 벌였다. 샐리는 말했다. "그녀는 우리보다 한발 앞서 있지만 스태프보다는 한발 뒤처져 있어요." 이러한 중간 위치가 소외된 사람/소외의 존재개념을 떠올리게 하는 것은 흥미로운 일이다. 참여자들은 미술치료사, 필자, 집단 구성원들 가운데 '소외된 사람'의 정체성을 탐구했다(Dokter, 2005/2006). 샐리는 이를 지지/비지지의 역동과 연결시키는 것처럼 보였다. 샐리는 작별인사를 할 수 있게 되었고, 그것이 좋은 경험이라는 것을 알게 되었으며 필자와 함께한 미술치료 마지막 회기에서 집단 페인팅을 할 것인

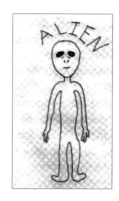

[그림 6-3] 샐리의 자화상 2

지 질문하면서 다른 집단 구성원들과도 소통할 수 있게 되었다(이는 케이트 와 작별인사를 할 수 없었던 것, 6개월 전 다른 참여자들과 소통하려고 발버둥 쳤던 것과는 대조를 이룬다).

사례 논의

샐리의 사례 연구는 경계성 인격장애로 진단된 참여자뿐 아니라 청소년 참여자와 작업하는 예술치료사들에게도 관심의 대상이 될 수 있다. 청소년 을 위한 집단치료의 중요성에 대해서는 논란의 여지가 있는데, 예를 들면 잠재적 파괴성이 참여자들 사이에서 전파될 수도 있다. 참여자들은 스스로 장기치료의 필요성을 지적한 바 있지만(Winter et al., 2009), 임의통제실험 RTCs에서는 단기치료의 잠재적 유용성을 제시한다(Hawton et al., 1999). 분 노와 공격에 초점을 맞춘 예술치료의 증거 검토(Smeijsters & van Cleven, 2006)는 잠재적으로 의식화를 가능하게 하는 변형의 효과를 얻을 수 있다. 심리치료와 또 다른 개입에서 청소년 자해 참여자들은 BPD에서 매우 높은 자연 감소율을 보였다. 개인적 변화가 진행되는 과정에서, 샐리와 같은 참여자의 지속적인 참여는 예술치료 집단이 효과적일 수 있다는 긍정적인 신호다. 사실 샐리의 사례는 임의통제실험의 사례에는 적합하지 않다. 사례들에 대한 연구에서 개인의 반응은 예술치료사들이 주로 함께 작업하게 되는 사례들에 대한 증거가 될 수 있다. 그러나 이것이 샐리가 예술치료 작업에서 위험과 결점을 강조하지 않는다는 것을 의미하지는 않는다.

샐리가 참여하기와 연락 안 하기, 애착과 분리 사이에서 보여 준 지속적인 전환은 치료적 관계 맺기를 위해 장기 작업이 필요하다는 것을 강조하는 것이다. 또라나 치료사와의 신뢰 관계가 좀 더 발전하기 위해서는 시간이 필요하고, 그러면 슬픔도 관계의 일부가 될 수 있다. 에인스워스Ainsworth (Fonagy et al., 2002)는 성인애착 사례면담에서 여러 형태의 애착 양식을 강조한다. 이 면담은 청소년뿐 아니라 잠재적으로 노인들 그리고 BPD 환자에게도 유용한 교육임을 보여 준다. 정상발달 단계에서 청소년기가 일반적으로 개성화와 자기 갈등적 측면을 통합하는 학습 단계라면, 샐리의 경우에는 혼란스러운 애착 양식과 심한 기분변화상태를 보인다. 라이스와 벤슨(Rice & Benson, 2005)은 적절한 슬픔과 애도가 투사를 감소시킴으로써 파괴성 완화를 위한 결정적 역할을 한다고 언급한다. 케이트와 처음 헤어졌을 때 샐리는 이제 막 애착을 형성하려는 시기였다. 그래서 케이트가 인사도 없이 갑작스럽게 떠난 것은 샐리의 문제를 더욱 악화시켰고 자해를 증가시켰다. 더구나 벨의 자살 시도는 샐리의 절망을 더욱 가중시켰다. 이러한 것들은 다른 집단 구성원들이나 치료사들도 경험한 것들이다. 벨과 관련하여 스태프들과 참여자 사이에 분열이 생겨났다. 벨에 대한 지지와 방문을 중단하고 회기에 참석하지 못하게 함으로써 참여자들은 자신들이 쓸모없다는 생각이 들도록 한 치료사들에게 분노를 표출했다. 파괴에서 전염의 개념은 샐리의 차후 행위화, 철길로 가기 위해 집단에서 빠지기, 자살 협박하기 등을 이해하도록 한다.

치료사들은 샐리가 관계 맺기에서 양가감정으로 표현하는 것을 알았다.

이는 의학적인 동시에 정신역동적인 이해, 즉 BPD의 진단 기준에서도 그렇고 라벤더와 소벨만(1995)이 활용했던, 자기대상을 위한 필요성과 관련된 코헛Kohut의 이론에서도 일관된 것이다. 라벤더와 소벨만은 전적으로 파괴적인 상징화의 결핍을 보면서, 춤동작치료DMT에서 구체적 움직임을 BPD 참여자의 정형화된 성격 중 하나로 규정하였다. 상징적인 것에 대한 이들의 이해는, 상징과 은유의 표현과 관련된 것으로 치유를 예술의 거리두기 과정으로 바라보는 다른 예술치료사들의 이해와 연결된다. 필자는 청소년기의 파괴성에 대해 작업을 하면서 이러한 생각을 좀 더 상세하게 설명할 필요가 있다고 본다. 구체적인 것에서 상징적인 것으로의 이동은, (Piaget) 학령기뿐 아니라 그다음 단계에서도 필연적인 발달 단계가 될 것이다. 이 이동은 자신이나 삶 전반에 있어 파괴성이라는 현실을 받아들이는 청소년에게 꼭 필요한 발달 단계인 것이다(Winnicott, 1967; Guggenbuhl-Craig, 1971; Frankl, 1998). 또한 이 이동은 정신분열증에서 우울증으로의 이동처럼, 파괴성과 고통을 통합하는 의미가 될 것이다(Klein, 1946). 한편, 매기 매칼리스터(Maggie McAlister, 11장)는 정신병 환자에게서 상징의 발달을 보았다.

연극치료에서 발달모델은 체현, 투사, 역할 연기를 위한 진단평가/개입 전략을 가능하게 한다(Jennings et al., 1994). 이것은 샐리가 DMT/연극치료와 미술치료 집단 사이에서 경험했던 체현과 이미지 만들기 사이에서의 분열이기보다는, 필연적인 발달 단계로 볼 수 있다. 필자는 놀이의 여러 수준과 구체적 체현이 상징적 체현의 선도가 될 수 있으며 그리하여 파괴적인 측면보다는 변형/발달이 가능하다고 생각한다. '울분을 발산하기 위한 공차기'는 초원에서 움직이는 상징적인 움직임으로 변형될 수 있는 것이다.

그러나 예술 유형에 초점을 맞춘다면, 예술치료 전이 삼각형transference triangle에서 대인관계적 요소를 제거할 수 있다(Jones, 2005). 또한 BACP의 체계적 검토(Winter et al., 2009)는 자해 참여자와 작업을 할 때 치료에서 동맹관계의 중대성을 보여 준다. 샐리의 사례 연구는 경계의 파괴, 분열 및 시험을 통해 동맹이 어렵다는 것을 보여 준다. 참여자를 동반한 치료사들 사이에서 치료 회기의 경계를 유지하는 대신 케이트와 산책을 하면서 공간의 경계를 파괴한 것은 집단에 의한 경계의 파괴와 유사한 것이 아닌가 생각해 볼 수 있다. 그 첫 번째는 회기가 진행되는 동안 참여자들이 병원에 있는 벨을 방문했을 때이고, 두 번째는 샐리가 치료를 거부하고 철길로 나갔을 때이다. 그렇다면 이 치료사들은 절망과 무력감의 파괴적 행위화를 향한 첫 걸음으로 경계의 파괴와 공모한 것은 아닐까? 다른 한편으로 개입(결핍)의 모순적 특징 중 하나는 샐리와 케이트가 치료 회기에서 예상된 경계 내에서는 놀이하기를 지속적으로 저항했지만 밖에서는 스스로 놀이를 용인했다는 것이다. 두 사람은 '진실한' 본 모습을 숨겨야 하는 감정보다는 '진실한' 흉터가 있는 피부를 보이는 위험을 감수했던 것이다. 샐리가 친한 참여자들 및 치료사들과 더욱 자주 참여를 하게 되면서, 치료의 후반부에 이르러 미술치료에서 색칠하기 집단을 통해, 그리고 DMT/연극치료에서 다른 사람들과의 이완을 통해 스스로와 연결시키는 놀이를 위한 치유 환경으로서 예술치료 집단을 활용할 수 있게 되었다.

필자는 샐리의 또래 친구들과의 관계 맺기 능력이 치료사들과의 관계 설정을 위한 주요 발달 단계가 아닌가 생각한다. 샐리는 보호 환경에 있었고, 스태프들은 자신들의 해석 속에서 말이나 이미지를 '비틀고' 그들이 필요로 하는 것을 보류하는 관리자적 경험을 했다. 이런 점들을 말이나 그림으로 표현할 수도 있었지만, 샐리가 '놀이'를 선택했던 것은 그녀에게는 또 다른 중요한 단계였다. 샐리는 치료 공간이나 관계가 자신에 의해 영향을 받을 수 있다는 것을 느꼈고, 통제를 거부하고 요청하고 회피하는 대신 진실로 상호적인 것이 되어 가는 것을 느꼈다.

치료 매체와 구조 선택에서 예술치료사들은 참여자들에 의해 통제를 경험할 가능성이 크며, 이때 행동이나 해석으로 공허감을 채우는 '과잉행동의' 치료사가 될 수 있다(Schwartz-Salant, 1989).

결 론

이번 사례 연구에서, 청소년들에게 실시한 BPD 연극치료 집단의 장점과 위험을 요약하면 다음과 같다.

〈잠재적 효과〉

• 파괴적 전파 가능성의 균형을 잡아 주기 위한 지지/애착으로서의 또래 관계

• 치료기간: 참여자 스스로가 좀 더 긴 기간의 치료의 필요성을 언급하였다(Winter et al., 2009). 반면, 임의통제실험은 단기치료의 잠재적 유용성을 지적하고 있다(Hawton et al., 1999). 애착 양식을 고려할 필요가 있다(다음의 '애착' 부분 참조).

• 증거 기반 예술치료에 대한 검토는 파괴 과정으로서 분노와 공격에 대한 잠재적 초점이 정신화 작용을 용이하게 하는 잠재적인 연결과 함께 변형 효과(Smeijsters & van Cleven, 2006)를 일으킬 수 있다는 것을 보여 준다.

• 높은 자연 감소율: 개인적 변화의 진행 과정에서 샐리와 같은 참여자의 지속적인 참여는 이런 종류의 집단 치료가 효과적일 수 있다는 긍정적인 신호다. 샐리와 케이트의 사례 자체가 임의통제실험에 적합했던 것은 아니다. 사례 연구에 대한 개인적 반응은, 연극치료사들이 주로 작업을 하는 만성적 병증의 사례에 대한 증거가 될 것이다.

• 애착과 발달 쟁점 고려하기: 참여와 접촉의 중단에서 또는 애착과 분리 사이에서 샐리가 보여 준 지속적인 전환은, 치료적 관계 맺기를 위해서는 장기적인 학습 작업이 필요하다는 것을 보여 준다. 또래와 치료사에 대한 신뢰 관계가 더욱 발전하기 위해서는 시간이 필요하며, (파괴적 행

위화보다는) 슬픔의 공감과 연계된다.

〈치료사의 조정이 필요한 것〉

- 상징화: 다양한 수준의 놀이와 구체적 체현이 상징적 체현을 선도할 수 있을까?
- 치료적 관계를 맺도록 해 주는 예술 양식과 상호적 측면에 초점 맞추기
- 또래와의 관계 설정 능력은 치료사와의 관계 설정에 있어서도 중요한 발달 단계다.
- 치료사의 지시적/비지시적 방향 설정은 참여자의 필요에 따라 조정되어야 한다. 제어의 문제는 역전이로 간주될 수 있다.
- 치료사는 공허함을 채우기 위한 행동이 파괴적일 수 있음을 알아야 한다.

학습장애를 가진 참여자의 자해:
연극치료사의 지각과 방법론

Jane Jackson

개 요

이 장은 심각한 중도학습장애를 가진 참여자의 자해 연구를 위한 연구방법론과 주변 환경에 대해 개괄하는 것이다. 주요 개념에 대해 설명하고 문헌 개관을 한 후 결과들을 제시할 것이다. '연극치료사들은 자해에 어떤 의미를 두고 있는가?' '그들이 사용하는 개입은 어떤 것인가?' '그 성과는 무엇인가?'에 대한 결과물을 제시할 것이다. 이러한 사례 연구는 실습에 대해 예측할 수 있도록 해 주고, 중재에 대한 윤리적인 측면을 숙고하게 해 줄 것이다. 이 장은 이 연구 결과들이 어떻게 다른 참여자 집단에도 일반화될 수 있을지를 재검토하고 평가하는 것으로 마무리될 것이다.

서 론

방법론

다음 내용은 질적 연구 프로젝트에 기반하고 있다. 연구문제는 '자해 행동이 심각한 중도학습장애를 가진 성인들의 의사소통 형태인가? 연극치료가 자해하는 사람들을 지지하기 위해 개입할 여지가 있는가?'이다. 필자는 자해가 의사소통 행위이고, 어떤 개입들이 활용되는지를 알아보기 위해 같은 기관에 근무하는 연극치료사(연구조사원)들을 대상으로 반구조화된 semi-structure 인터뷰를 실시했다. 치료 공간(개입과 해석들)에서 일어나는 여러 정보를 수집하였으며 이 정보들은 데이터 분석을 통해 반복되어 나타나는 주제로 모아졌다.

연구조사원

영국의 연극치료 현장을 보면, 연극치료사의 23.6%가 학습장애 참여자 population와 함께 작업한 것으로 나타났다(Karkou & Sanderson, 2006). 이 연구에서 동일한 국가건강서비스NHS 일차 의료 위탁사업체primary care trust에서 일하는 7명의 연구조사원들이 이 참여자 집단과 함께 작업했다. 그들은 동일한 훈련 배경을 가지고 있는 사람들이다. 한 연구원은 세사미 교육기관 Sesame Institute이 된 킹스웨이 프린스턴 대학Kingsway Princeton College에서 훈련하였고, 나머지 연구원들은 세사미에서 훈련을 하였다. 다수의 세사미 치료사들은 자신을 연극치료사 또는 동작치료사라고 불렀는데, 세사미 훈련은 이 두 요소를 포함하는 것을 기저로 하고 있다(Karkou & Sanderson, 2006). 아마 이런 세사미의 완곡한 접근은 중도학습장애를 가진 참여자 집단에 적합할 것이고, 여러 문제들은 "말로 직접적으로 노출할 필요 없이 은유와 상징을 통해 표현"될 수 있을 것이다(Karkou & Sanderson, 2006: 223).

영국연극치료사협회의 정회원인 연구조사원들의 샘플 데이터를 비교분석했을 때(BADth, 2008), 연구조사원은 여성 치료사보다는 남성 치료사가 더 많다. 그들이 정의한 것에 따르면 그들 인종은 영국 백인 57%, 다른 백인 28%, 혼합 인종이 15%이다. 그들의 평균 나이는 42.6세며, 85%가 41~50세다. 그들은 평균 12.3년의 임상경력(범위는 3~23년)을 가지고 있었다.

하지만 연구조사원 개개인이 연극치료를 통해 지향하는 바와 작업하는 방식에 대해 언급한 것들은 다양하고 다채로웠다. 정규화된 훈련과 접근방법이 유사함에도 불구하고, 그들의 자해의 원인과 의미 그리고 개입의 유형에 관한 의견은 다소 달랐다. 그리고 각자는 연극치료를 넘어 자신의 영향과 관심에 근거한 자신의 작업 스타일을 가지고 있었다. 개입은 연극치료의 정신ethos인 성장과 치유라는 목적을 위하여 참여자와 함께 창의적으로 일하는 데 기반을 두고 이루어졌다(BADth, 2009). 사례에 대한 연구 결과에는 연극치료사의 신분을 밝히지 않고, 비밀을 보장하기 위해 참여자의 이름을 가명으로 처리했다.

참여자 집단과 제반 환경 소개

참여자들은 주로 비언어적인 최중도학습장애profound learning disabilities가 심각한 것으로 진단되었다. 게다가 몇몇 참여자는 정신질환도 같이 가지고 있으며, 많은 참여자는 신체장애, 감각장애와 자해의 경험이 있었다. 그 정의는 다음과 같다.

1. **심각한 중도학습장애**   영국보건복지부의 백서 『가치평가Valuing Peple』는 아래와 같은 증상이 있는 것을 학습장애로 정의했다.

- 새롭거나 복잡한 정보를 이해하고, 새로운 기술을 배우는 능력이 현저하게 떨어짐(손상된 지능)
- 자주적으로 대처하는 능력이 현저하게 떨어짐(손상된 사회적 기능)
- 성인기 이전에 시작되어 발달에 지속적인 영향을 미침

(Department of Health, 2001: 14)

중도학습장애를 가진 사람들은 "추가적이고 복합적인 어려움을 가진 사람들"이라는 제목 아래에 포함된다(Department of Health, 2001: 100). 그리고 그들은 "신체장애, 감각장애와 간질epilepsy"과 같은 건강상의 문제가 있고(Department of Health, 2001: 100) "아마 자신의 어려움과 소망을 의사소통하는 데 어려움도 있을 것이다."(Department of Health, 2001: 101)

2. **자해/스스로를 상처 입히는 행위**   필자는 이 참여자 집단에서 더 흔히 쓰이는 용어인 '스스로를 상처 입히는 행위'보다 '자해'라는 용어를 선택했다. '스스로를 상처 입히는 행위'는 종종 포괄적이면서 도발적인 행동 아래 포함되고 다음과 같이 묘사되고 있다.

개인에 의해 시작되어 곧바로 그 개인에게 신체적 해를 야기하는 일련의 행위. 신체적인 해는 타박상, 찢어진 상처, 출혈, 뼈의 골절과 파손 그리고 다른 조직의 손상을 포함한다.

(Murphy & Wilson, 1985, Murphy, 2003: 1 재인용)

전문용어들은 '중도학습장애를 가진 사람들에서의 *문제*행동'(이탤릭체는 필자의 것: Zarkowska & Clements, 1988)에서 '도발적인 행동을 하는 학습장애를 가진 사람들'로 여러 해에 걸쳐서 점진적으로 발전하였다. 만셀Mansell은 개정된 보고서에서 "도움에 반항하는" 행위를 하는 사람들이라는 좀 더

적절한 정의를 내렸다(Mansell, 2007: 5).

환 경

국가건강서비스NHS 환경setting은 장기주거보호시설이다. 이 시설은 의료서비스와 치료서비스 그리고 사회활동을 할 기회를 제공한다. 대부분의 거주자는 어린 시절부터 살았으며, 40~60대 연령이 대다수를 차지한다. 필자의 조사는 그 보호시설이 점진적으로 폐쇄되고 있던 무렵에 이루어졌다. 2004년 4월, 영국정부는 이 시설의 폐쇄를 법령으로 정했다. 폐쇄 이유는 "조사 결과, 국가건강서비스 주거공간에서 생활하는 사람들의 삶의 질에 심각한 우려가 있었다."(Department of Health, 2001: 75)는 것으로, 다소 모호하다. 보호시설을 폐쇄하는 데 시간이 걸렸다. 폐쇄가 진행되면서 많은 참여자들에게 엄청난 변화가 일어났다. 몇몇은 지방이나 더 먼 거리에 있는 지역 시설로 옮겨졌다. 다른 참여자들은 폐쇄된 지역에 있는 시설로 한 번 이상 재배치되었다. 비보호시설에서의 자해의 출현은 4~10%인데(Murphy & Wilson, 1985; Qureshi, 1993, 1994; Halliday & Mackrell, 1998) 보호시설 내에서는 8~15%로 증가한다(Murphy, 2003; Wolverson, 2006; Oliver & Head, 1990). 이 통계는 참여자 집단이 지역공동체에서 거주할 때보다 보호시설에 거주할 때 자해가 증가한다는 것을 보여 준다. 이것은 아마도 그러한 환경들에서는 학습장애의 심각성이 더 컸기 때문인 것으로 보인다. 그러나 그 보호시설의 역학관계와 보호시설로 보내는 경험과 관련한 다른 요인들도 이에 한몫을 했다.

이런 환경 속에서 연극치료는 연극치료 봉사단체에 의해 시작되어 23년 동안 계속 되었다. 연극치료사들은 참여자들과 만났을 때, 참여자들에 대한 구체적인 평가를 하고 8~12회기 정도 만났다. 만약 연극치료를 적절한 매체로 여긴다면 참여자들은 계속 참여할 수 있을 것이다. 보호시설의 방침은 모든 거주자들이 적어도 매주 한 번씩 창의적인 치료 회기를 받는 것이다. 일반적으로 연극치료 회기는 매주 한 시간 동안 각 참여자에게 일대일로 지원하는 집단 작업으로 이루어졌다. (예를 들어, 한 집단은 3명의 연극치료사와 3명의 참여자로 되어 있다.) 연극치료사들은 같은 집단 환경에서 매주 특정한 개인과 작업을 하였다. 개인이 연극치료를 계속하는 것은 다양한 요인에 달려 있지만, 그들은 장기간 작업하려는 의도가 있었다.

임상 작업의 평가는 개별 참여자의 반응과 전체 집단에 초점이 맞추어진다. 평가방법은 동료 슈퍼비전, 외부 임상 슈퍼비전, 6개월에 한 번 열리는 검토, 다른 스태프 구성원으로부터의 피드백, 보고서 쓰기, 참여자 미팅 참석을 통한 피드백의 형태로 이루어졌다. BADth 조사에서 나타났듯이, 연극치료사들에 의해 자주 사용되는 일반적인 평가방법은 참여자 관찰(20%), 치료사practitioner에 의해 고안된 자기평가(27%)와 같이 아주 공식적인 것은 아니다(Winn, 2008). 연극치료의 목적은 정서적 욕구를 탐구하는 참여자에게 안전한 장소를 제공하는 것이고 그들의 정신적 건강을 지원하는 것이다. 이 회기는 자존감self-esteem 세우기, 사회적 상호작용 증진하기, 의사소통과 자기표현을 개발하기, 관계 맺기, 즐거움을 가지기 등에 초점을 맞추었다. 자해에 대한 작업은 이 일의 부분이지 주된 초점이 아니다.

임상의 주된 주제와 체제

이 참여자 집단에게 연극치료는 새로운 편이다. 에머슨(Emerson, 1994: 10) 등에 의하면, "그들의 도발적인 행동에 대한 특별한 심리적 도움을 받아들일 것 같지 않다." 10년이 지난 후, 만셀(Mansell, 2007: 8)은 "도발적인 행동에 대한 심리적 처치가 이루어지기 어려운 것으로 남아 있다."라고 적었다. 런던에서 학습장애를 가진 성인 심리치료 서비스는 1991년부터 지역민

Respond에게 제공되었고, 1995년부터는 타비스톡 클리닉Tavistock Clinic에서 제공되었다. 이런 작업들 중의 몇몇이 출판(Simpson & Miller, 2004; Cottis, 2009)되기는 했으나 특별히 자해에 초점을 맞춘 것은 거의 없었다.

종종 치료는 "자해 행동을 유발하는 원인이 되는 이유들 중의 몇 가지를 찾아내는 데 최상의 기회"를 제공하지만(Jones et al., 2004: 492), 이 치료가 어떤 방법을 지향하는지는 확실하지 않다. 인지행동적인 방법과 정신역동적인 방법은 제한적이지만 개개인이 향상되었다는 것을 보여 주는 증거로 평가되었다(Beail, in Twist & Montgomery, 2005: 354).

자해와 관련된 네 가지 연극치료 사례 연구에서 음악치료는 자해를 감소시키는 데 효과가 없는 것으로 밝혀졌다(Lawes & Woodcock, 1995). 위그램(Wigram, 1993: 274)은 자해를 줄이는 데 "저주파 소리와 이완된sedative 음악"을 사용하라고 제안했다. 반면에 워너(Warner, 2007)는 도발적인 행위를 의사소통으로 받아들이는 데 있어서 "참여자가 자신의 감정과 유사한 소리를 내며 몸동작을 하는 것으로 의사소통을 하는 것에 즉각적으로 반응하여" 음악적으로 반응하는 치료를 할 수 있다고 서술했다(Warner, 2007: 49).

안나 체스너(Anna Chesner, 1994, 1995), 조 제임스(Jo James, 1996a, 1996b)와 노엘 블랙맨(Noëlle Blackman, 2003, 2008) 같은 연극치료사들은 학습장애 연구자들이지만 자해에는 초점을 맞추지 않고 있다. 한편, 자해 영역에서의 연극치료 사례 연구는 학습장애가 없는 사람들에 초점을 맞추고 있다. 방법들은 파괴적 방식이 아닌 창의적 방식으로(Andersen-Warren & Grainger, 2000) 혹은 "자해에 대한 대체물로서의 창의적 활동"을(Brem, 2002: 21) 사용함으로써 완전히 몸과 신체적으로 연결 짓는다고 기록했다. 이것은 방지책을 제공하며 창조적 행위나 대상에 대한 투사적 경험과 감정의 방식도 제공한다(Brem, 2002). 비예술치료 저자들 역시 치료에서 은유를 사용하여 연관 짓기도 하고 자해의 상징적인 의미를 찾기도 한다(Collins, 1996; Gardner, 2001). 그렇지만 연극치료에서 이 참여자 집단과 자해에 관런한 문헌들에는 차이가 있다.

연극치료사들과 자해: 병인학과 개입

여기에서는 연극치료사가 어떻게 자해의 원인을 이해하는지, 그들이 발달시킨 개입 방식과 그들이 생각하는 의미에서 행위와는 어떻게 연결되는지를 논의할 것이다. 이 장의 후반부는 치료적 관계의 핵심적인 중요성이 루스의 사례와 함께 적혀 있다.

병인학과 자해의 의미

학습장애는 자해성향과 상관관계가 있는 것으로 나타났다. 한 연극치료사는 '제한된 사고 능력이 종종 행동으로 옮기는 것으로 귀결되고 행동은 이상적으로 사고가 떠오른 공간에서 일어난다.'라고 생각했다(출처를 밝히지 않은 것은 인터뷰 자료를 인용한 것이다). 또 다른 이유는 언어를 사용하는 의사소통 능력이 부족하다는 것이다. 한 연극치료사는 움직임과 행위화가 무슨 일이 어떻게 일어났는지를 전달해 주는 비언어적인 의사소통 방법이 될 수 있다고 했다. 또 다른 연극치료사는 자해를 자기표현으로 간주했다. 다른 연극치료사들은 이야기를 하지 않으면서 다른 사람의 말을 이해하는 데 겪은 좌절에 관해 생각했다.

많은 연극치료사에 따르면, 보호시설은 사람들이 자해를 하는 이유 중 하나가 된다고 한다. 한 연극치료사는 "큰 기관이 100년 동안 쭉 여기에 있었고, 거대한 병동, 간호 문화, 질병의 의학적 모델, 사람들이 들을 수 없는 곳에서의 행위적 접근이 있었다."고 기술했다. 또 다른 한 치료사는 자신의 참여자가 너무 많이 자해를 하는 '이 장소를 거대한 폐단의 흔적'으로 생각했

으며, 한편 참여자에 대한 영향의 또 다른 평가는 '그 환경으로 인해 참여자
는 실패를 하였고 시험에 들었으며 의기소침해졌다.'는 것이다.

몇몇 연극치료사들은 자해를 나쁜 행동이나 주목을 받으려는 행동으로
여기는 곳에서, 자해가 어떻게 거주간호 직원에 의해 인지되고 반응되는지
에 관해 이야기했다. 직원은 '부정적' 감정 표현들을 무시하거나 그 표현들
을 건성으로 언급했다. 도발적인 행위에 대한 구태의연한 생각과 구조화된
조직 문화는 자해에 대해 의사소통의 형태로서 초점을 맞추는 연극치료사
들에게는 분명한 도전이었음을 의미하는 것이다.

연극치료사들은 자해 내에 의사소통이 있다고 생각하여 다음과 같이 하
나로 요약한다. "일어나는 모든 행동은 단지 일어난 무엇인가가 결코 아니
며 그 행동의 배후에는 항상 의도와 의사소통이 있다." 직접적인 의사소통
으로 사용되는 자해의 한 예를 보자면, "그녀는 자해를 했고, 무언가를 의사
소통했고, 누군가는 반응했고 그런 다음 그녀는 반응했고 그녀는 그 행위를
멈추었다."는 것이다.

자해가 '자신의 감정, 요청, 사고, 상처를 의사소통'하는 데 혹은 다른 이
의 말 속에서 '그 사람이 스스로 내부에서 느낀 것에 대한 감각을 외부에서
창의하는 것'으로 생각하는 한 연극치료사에 의해 의사소통의 복잡성이 드
러났다. 모든 연극치료사들은 그들이 느낀 감정의 영역이 자해를 통해서 공
유된다는 많은 예를 제시했다. 그 감정의 범위는 좌절, 싫증, 불안, 우려, 모
멸, 낮은 자존감, 고독, 관계성의 부족, 충분히 좋은 것을 느끼지 않음, 거절,
화, 불확실성, 자신감 부족, 어려운 사고, 불안전, 신뢰 부족, 공포, 수치, 번
민, 격노, 자기혐오, 죄의식, 안전성, 무가치, 쓸모없음, 고립, 우울, 강한 만성
적 고통, 슬픔, 자기증오, 불안전 감지, 흥분, 혼돈, 신체적 통증이다. 이 모든
것들은 특정 참여자들과의 특정한 작업 맥락 안에서 기술된 것이다. 두 연
극치료사들은 성적 친밀감이 부족할 경우 자해를 할 수 있는 이유가 된다고
했다. 한 치료사는 그것이 좌절임을 밝힌 반면, 다른 치료사는 몇몇 참여자

들이 '성적 즐거움을 얻는 방법을 적절하게 알지 못한다.'고 생각했다. 3명의 치료사들은 가능한 촉진 요인으로 과거의 학대나 트라우마를 언급했다. 한 치료사는 학대의 형태를 전반적으로 언급하고 '신체적, 정서적, 때로는 성적'으로 목록화했다.

나는 많은 사례를 통해 자해가 다양한 형태의 학대로부터 나오고 종종 형성기에 시작되어 계속되다 성인기에 강화되기도 한다는 것을 믿는다.

한 연극치료사는 참여자가 치료사에게 가끔 신체적으로 가까이 와서 부적절하게 입과 손가락의 구강감각에 초점을 둔다면 성적 학대가 의심되는 증거라고 했다. 다른 연극치료사는 참여자가 두려워하며 문장을 반복한다면 트라우마가 있다는 증거라고 했다.

참여자가 의식적으로나 무의식적으로 요청하는 것에서 특별히 제안하려는 것을 찾을 수 있었다. 그리고 안전하게 되기, 눈에 뜨이기, 인정받기, 자해 방지하기, 보장, 단언, 공간, 접촉, 고통 속에 있을 때 목격되기, 만남, 관계 맺기, 듣기와 같은 욕구들이 있었다.

치료상의 관계성과 개입 제공하기

이 작업의 핵심은 신뢰하는 치료관계의 발달이고 그래서 참여자가 제공된 개입에 반응하여 위험을 예방하는 것이 가능하게 되었다고 느끼는 것이다. 장기 작업의 이점은 애착결핍을 경험해 온 이들 참여자 집단에게는 특별히 중요하다. 블랙먼Blackman은 "좀 더 심도 있는 작업이 되기 위해서는 장기간에 걸쳐 만들어진 방어물을 허물어뜨리는 데 시간이 걸릴 수도 있다."(Blackman, 2008: 189)고 언급하고 있다. 많은 연극치료사들은 자해에 반응하면서 직관적으로 작업에 임하고 그 의사소통의 이해에 의존하는 개

입을 제공하는 데 유연하다. 이것은 종종 연극치료사들에 의해 경험되는 전
이transference나 역전이non-transference 감정과 상통하는 것이다. 이것은 연극
치료사의 반응과 개입에 영향을 미친다. 시나손(Sinason, 1992)은 그 가치를
다음과 같이 설명했다.

> 나는 나 자신의 역전이 감정으로부터 그 타격이 공격적인지 희망적인
> 지 알고 있으며, 나쁜 무엇인가를 제거하고 좋은 무언가를 받아들이는지
> 를 안다.
>
> (Sinason, 1992:114).

이런 무의식적인 의사소통에 관한 예를 들자면 다음과 같다.

> … 아마 나는 그녀 뒤에 앉아 있었던 것 같다. 그녀는 단지 나에게 몸
> 을 기대고 있었고, 어쩌면 그녀는 단지 느긋이 쉬기 시작하고 있었는지
> 도 모른다. 그 순간 나는 내 마음 속으로 항상 우리는 함께 있고 좋다고
> 생각했고, 바로 그 순간 그녀는 자신을 때렸다.

주어진 해석은 다음과 같다.

> … 우리들 두 사람 사이에는 초능력이 있다. 왜냐하면 (한숨을 쉰다)
> 좋아, 우리가 전부야, (폭발음) 그리고 나는 다음과 같이 의사소통이 된
> 다고 느꼈다. '아니야… 우리는 네가 생각하는 것처럼 함께가 아니야. 내
> 가 또 다른 이와 평화롭고 느긋이 있는 것이 가능하지 않다는 것을 너에
> 게 알릴 수 있을까.'

제공된 개입과 근거

연극치료사들은 그들이 했던 개입 그리고 개입 시 참여자를 위한 목표들에 관해 이야기했다. 이따금 몇몇 치료사들은 개입에서 시행착오가 있었다고 인정했다. 필자는 그런 개입들과 근거를 행위적 · 창의적 · 연극치료적인 것으로 범주화했다.

(A) 행위적 개입: 무시하기, 신체적 예방prevention, 주의분산distraction

- **무시하기**: 자해에 반응하지 않는 것은 두 가지 근거가 있다.
  1. 자해를 무시함으로써 참여자가 다시는 자해를 하지 않을 것이라는 희망
  2. 자해는 참여자의 선택이라는 무언의 인정

- **신체적 예방**: 신체적으로 개입하는 것에는 두 가지 근거가 있다.
  1. 참여자에게 신체적 개입을 하는 것은 징벌하려는 것이 아니라 참여자가 상해를 입을까 봐 우려하기 때문이라는 것을 알게 할 때
  2. 치료사가 자해하려는 참여자를 보호하기 어려울 때

2명의 연극치료사가 신체적 예방은 간혹 자해가 계속되거나 자해를 유발시키는 감정feeling을 억누르는 효과를 가진다고 진술했다. 다른 연극치료사는 참여자가 듣기 싫어하거나 치료자가 그 감정을 심각하게 받아들이지 않을 수도 있어 이런 개입은 한 번도 사용해 본 적이 없었다.

- **주의분산**: 물건이나 도구를 사용하는 것은 두 가지 근거가 있다.
  1. 자기표현을 위한 대체 출구를 제안함으로써 자해로부터 초점을 옮기기
  2. 다른 기법의 개발을 통해 신뢰 증진하기

(B) 창의적 개입: 소리와 언어verbal

- **소리**: 소리 개입은 자해에 대한 대체물로 음성이나 음악을 사용한다.
  1. 한 참여자의 목소리를 들려 주고 자세하게 서술하면 느낌은 내부에 축척되지 않고 외부로 분출된다.
  2. 레코드음악 틀기: 안전감 혹은 해방감을 느끼는 참여자와 함께했을 때 그 분위기와 유사한 음악 사용하기 혹은 분위기를 바꾸기 위해 그것과 상충되는 음악을 사용하기
- **언어**: 언어 중재는 몇 가지 근거가 있다.
  1. 참여자의 자해가 목격되고 있다는 것을 참여자가 알게 하고 왜 이런 일이 일어나고 있는지 큰 목소리로 궁금해하기
  2. 참여자가 자해와 무관하다고 생각하고 있을 때 이 순간에 벌어지고 있는 일에 대해 참여자에게 말 걸기
  3. 비언어적인 의사소통에 음성을 제공함으로써 참여자가 연결할 수 있도록 도와주고 참여자가 말하고 있는 내용에 대해 해석을 제시하기
  4. 또한 연극치료 회기에서는 참여자가 자해에 대한 대체물들을 사용할 수 있겠지만, 여전히 다른 곳에서는 자해가 필요할 수도 있다고 인정하기도 한다.

(C) 연극치료적 개입: 상징적, 자세, 접촉, 신체적 개입
- **상징적**: 근거는 상징과 형상화를 통해서 관련성을 만드는 것이다. 예를 들어, 의자를 뒤집어엎거나 던지는 한 참여자가 있다. 연극치료사는 이런 상황에서 의자가 권위를 상징하는 것으로 연결시켰다. 그러자 그 참여자는 그 권위를 내다 버리는 것처럼 보였다.
- **자세**: 참여자의 자세를 대체할 다른 자세를 제공하기. 예를 들어, 참여자가 웅크리고 있다면 치료사의 자세는 펼치거나 쭉 뻗는 것이 될 것이다. 이것에 대해 두 가지 근거가 있다.

1. 몸 전체에 공간을 줄 수 있는 실재(實在)의 다른 방식을 보여 주기
2. 치료자의 몸을 통해 참여자에게 편안함을 주기

- **접촉**: 나는 접촉과 신체적 개입을 구분한다. 전자인 접촉은 손을 가지고 접촉하는 것이고, 신체적 개입 안에서 몸을 충분히 사용하는 잠재적 가능성과는 대조되는 것이다. 손을 가지고 접촉을 사용하는 데 두 가지 근거가 있다.

1. 연극치료사는 참여자를 바닥에 눕혀 평온하게 진정시키고 참여자의 머리에 부드러우면서도 단단한 손을 갖다 댄다.
2. 만약에 참여자가 자신의 머리를 때린다면, 연극치료사는 참여자가 자신에게 준 감각과는 반대의 것을 주기 위해 상처 난 그곳에 아주 부드럽게 자신의 손을 올린다.

- **신체적**: 신체적 개입에는 두 가지 근거가 있다.

1. 다음 루스의 사례에서처럼 관계를 탐색하기
2. 참여자의 에너지와 마주하기. 봉쇄에 쉴 새 없이 저항하는 하나의 예다. 연극치료사는 참여자에게 팔을 둘렀을 때 참여자는 그 구속자를 밀쳐냈다. 그 에너지는 투쟁적인 성격이 있었고 참여자는 그 성격과 비슷하게 반응했다.

사례: 루스와의 연극치료

루스와의 작업은 자해 행동이 어떻게 좀 더 건강한 것으로 탈바꿈할 수 있는지에 관한 예를 보여 준다. 루스는 20년 넘도록 각 참여자에게 일대일 치료사를 지원해 주는 연극치료 집단에서 작업했다. 한 연극치료사가 이전에 22년 동안 그녀와 만났을 때, 그녀는 자주 벽이나 휠체어에 머리를 심하게 부딪치거나 혹은 주먹으로 자신의 머리를 심하게 때렸다. 바닥에 있을

때면 바닥에 자신의 머리를 뒤로 들이받곤 했다. 그녀는 가죽 보호 헬멧을 썼다. 연극치료에서 그녀는 바닥 위를 아주 빨리 돌아다녔고 그녀가 뒤로 나뒹굴어질 때면 연극치료사가 그녀의 머리가 바닥에 부딪히는 것을 방지하기 위해 계속 따라다녀야 했다. 시간이 지나면서 작업은 신체적이고 상징적인 개입의 혼합으로 발전했다. 이러한 개입들 속에서 연극치료사는 그녀가 인간적인 장애물들을 통과하거나 혹은 둘러가거나 넘어가는 길을 신체적으로 발견하도록 격려함으로써 그녀가 관계성을 탐색할 수 있도록 도왔다.

… 도움이 되고 있다는 것에 관해, 관계성들에 저항하는 것에 너그러워지고 있다는 것에 관해, 관계성들에 관해, 넘어선다는 것에 관해, 함께와 떨어짐에 관해, 나는 그러한 것들을 사람들과의 관계성에 대한 은유로서 사용하고 있다고 생각한다. 가끔 당신은 함께 뒤엉킬 것이고, 가끔은 한 사람이 다른 사람을 도울 것이고… 가끔은 재미있고, 가끔은 조금 무서울 것이고, 하지만… 그런다고 우리가 완전히 따로 떨어진다는 걸 의미하는 게 아니라 우리는 그 연결의 실을 계속 유지한다는 것을 의미한다.

루스는 다음을 하기 시작했다.

… 웃음과 그리고 단지 소리가 '아아하하'에서 '두두두두두두두'로 바뀐 것을 생각하는 시간들, 그 분리된 시간 속에서… 그녀는 생각할 시간을 가진 다음 나로 하여금 자신에게 오도록 하는 대신 나를 향해 다가왔다.

결국에는 다음과 같다.

… 그녀는 머리 박기를 그만두고 다른 종류의 활동으로 공간을 채웠다. 그녀는 나와의 관계에서 극단으로 가기/위험 감수하기를 위험 만들

기/위험 감수하기로 바꾸었다.

뒤로 젖혀 바닥에 머리를 세게 부딪치던 움직임은 머리를 부딪치지 않고 뒤로 젖히는 것으로 바뀌었다. 그녀는 헬멧을 덜 쓰기 시작했고 마침내 헬멧이 필요치 않게 되었다. 헬멧의 제거는 다음의 느낌을 주었다.

… 그녀는 어느 정도 관계에 대해 자신을 개방했다. 그것은 가면을 벗는 방식이었다.… 보호되어야 하는 것이 아니라 자기 자신이 될 수 있는 방식으로… 그것은 마치 그녀가 스스로 훨씬 큰 책임을 받아들이는 것처럼 느껴졌다. 삶이 바뀌고 있는 것이 느껴졌다.

연극치료 작업을 통하여 그녀는 성장했다.

… 삶의 질이 성장했다. 그리고 아주 특별한 연극치료였다는 것으로 우리에게 피드백을 해 주었다.… 그녀의 삶에서 이러한 변화가 생겨났던 것이다.

그녀와 함께한 작업은 바로 이 참여자 집단과 함께한 장기작업의 중요성을 분명하게 밝혀 주는 것이고 시간, 인내, 감수성과 위험을 감수해야 하는 작업이 어떻게 진정한 변화를 가져올 수 있는가를 보여 주는 것이다.

학습장애를 가진 사람들에 대한 치료는 시간은 많이 걸리지만 변화는 적다. 비록 이러한 결과들이 통계적으로 무의미하게 보일 수 있지만, 우리는 치료사의 입장에서 이러한 변화들이 참여자 자신이나 그 주변에 있는 사람들에게는 무의미하지 않다는 것을 알고 있다.

(Pounsett et al., 2006: 95).

관찰, 반성 그리고 토론

임상 실습으로부터 얻은 결론

연구문제는 이 참여자 집단에서 자해 이면에 의사소통이 있었는지를 발견하는 데 초점을 맞추었다. 연극치료사들은 이 사례가 바로 그 경우임을 믿었고 행동 이면에 있는 일단의 의미와 느낌을 제시했다. 그들은 참여자가 다른 순간에 다른 이유로 자해할 수 있다는 점을 인정했고 그것이 개인, 회기에서의 상황, 회기에서의 또 다른 관계, 참여자의 삶의 상황에 좌우된다는 것을 인정했다. 이것은 그 사람을 전체적으로 고려하면서 자해를 통한 감정 표현을 제대로 이해하는 하나의 접근법을 보여 주는 것이며, 로벨(Lovell, 2007)과 존스 등(Jones et al., 2004)의 저술과 그 맥락을 같이 한다. 전체적으로 보면, 『가치평가』 백서(Department of Health, 2001)의 출판 전에는 전국적으로 무시되었던 견해다. 기관에서의 몇몇 실습과 태도들은 자해를 한 참여자들은 시대에 뒤처져 있다는 견해를 입증했다. 연극치료사들과 다른 스태프들 사이의 증가된 연결고리는 지지와 일관적인 보살핌과 태도에서 더 많은 전환을 가능하도록 했다. 연구 결과는 개입의 다양성, 선택 이유 그리고 몇몇 결과물을 보여 주었다. 연극치료사들은 자주 특정 참여자와 함께 특정한 시간에 특정한 개입을 제공하는 것을 분명히 한다. 치료적 관계는 연극치료적 개입이 제공되는 안정된 기반이다.

평가, 향후 연구와 일반성을 위한 영역들

연극치료적 개입에 대한 루스의 반응은 긍정적인 결과를 가져왔다. 몇몇 참여자에게는 자해가 감소한 반면, 또 다른 몇몇 참여자에게서 자해의 증가가 기록되었다. 이는 그들의 삶에서 변화가 일어난 것과 관계가 있다. 최근에 특별히 격변의 시기를 보낸 한 참여자의 경우, 자해의 횟수와 격렬함이 상당히 증가했다. '가끔 그녀는 자신을 때리는 것이 드럼을 치는 것보다 더 나은 느낌을 받았다. 왜냐하면 그렇지 않으면… 그녀가 드럼으로 이동하였더라면, 다시는 스스로를 때리지 않았을 것이다.'

그러므로 연구조사 분석은 자해에서의 변화들이 흔히 삶의 환경에 의존한다는 점을 제시하고 있으며 또한 연극치료적 개입이 이러한 사람을 지지하는지 아닌지 하는 논의가 어렵다는 것을 제시하고 있다. 그렇지만 연구조사가 자해를 하는 사람과 함께 작업을 하면서 이루어진 의미들의 인상과 방법적인 실습에 기반한 증거이므로 연구조사 기간에 발생하는 변화들이 연구조사의 발견을 바꾸게 할 이유가 되지는 않는다. 많은 참여자들이 수년 동안 자해를 해 왔다. 제공된 개입이 참여자에게 항상 받아들여지는 것은 아니다. 왜냐하면 자해적인 에너지의 대안적 분출을 제공하더라도 어떤 참여자들은 이를 시도하거나 자기 것으로 소화하기가 힘들기 때문이다. 이 연구조사는 자해 의미에 대한 가능성을 고려하고, 자해하는 사람을 지지해 줄 수 있는 다양한 방법들을 제공하기 위해 다양한 학문 분야의 전문가 집단에서 사용될 수 있다. 이 연구조사는 자해를 하는 참여자의 능력 혹은 장애 수준과 상관없이 다른 참여자 집단에게도 실시될 수 있을 것이다. 여기에서 제시된 창의적인 개입은 (흡연이나 과도한 알코올 소비 같은) 좀 더 일상적인 자해 성향의 사람들에게 정서적 표현의 수단으로 제공될 수 있을 것이다.

윤리적 고려사항

연극치료적 개입은 윤리적으로 고려해야 할 몇 가지 사항이 있다. 신체적인 자해를 예방하거나 무시하는 방식의 개입은 논쟁의 여지가 있지만, 둘 다 선택 및 자율성과 관계있다. 만약 치료사가 자해를 참여자의 궁극적인 권리로 여기고 자해를 무시한다면, 그들이 안전한 치료 환경을 유지하고 있는 것일까? 그렇지만 만약 치료사가 참여자의 차후 손상을 방지하기에 적절하다고 판단하여 참여자가 자해하는 것을 막기 위해서 개입을 한다면, 이행위는 참여자의 선택을 앗아 가는 것일 수도 있다. 접촉을 포함한 몇몇 개입은 윤리적으로 부적절해 보인다. 여기서의 두 가지 이슈는 동의와 접촉이다. 동의에 관해서 영국연극치료사협회BADth는 "참여자는 연극치료의 본질과 예술 형태의 연극과 치료의 관련성을 반드시 이해해야만 한다."(BADth, 2005)라고 언명하고 있다. 이러한 이해는 장기간에 걸쳐 치료적으로 관련이 있는 참여자 집단과 함께 발전했다. 접촉에 관해서 영국연극치료사협회는 "접촉의 본질과 목적이 반드시 설명되고 고지되어야 하고 동의는 여하간의 신체적 접촉이 시작되기 이전에 이루어져야 한다."〔원문 그대로임〕(BADth, 2005)라고 규정하고 있다. 연극치료사는 치료적으로 관련이 있는지, 특정 참여자가 어떻게 자신이 원하는 것을 알려 주는지 확인해야 하며 그것에 따라 행동해야 한다. 연구조사에서 이러한 작업은 다른 참여자와 치료사가 출석해 있는 집단 회기 내에서 이루어진다. 이러한 것이 이루어질 때 참여자와 치료사 둘 다를 보호하는 것이 된다.

요 점

이 참여자 집단에서 자해는 일반대중의 자해만큼 심각하게 받아들여지지 않았다. 자해에 대한 전통적인 이해는, 그것이 과거 트라우마나 현재의 스트레스에 대한 감정적 반응이라는 생각이었다. 그것은 종종 참여자 집단이 하고 있는 어떤 것 그리고 저항적인 어떤 것으로 인지되어 왔다. 자해가 인정되고 치료 환경에 초점을 맞추고 그 안에서 같이 헤쳐 나갈 때 참여자에게는 좀 더 건강한 표현 형태로 자신들의 의사소통을 확장하고 어려운 감정들을 처리할 수 있는 가능성들이 주어지게 될 것이다. 연극치료적 개입은 다양한 형태를 가지고 있고, 개입의 순간에 참여자를 위해 필요하다고 판단된 것에 기반하여 적절한 개입을 선택하는 것에는 다양한 합리적 근거들이 있다. 긍정적이고 안정적이며 신뢰가 가는 치료적 관계의 발달이 무엇보다 중요하다. 선택, 동의, 접촉과 관련된 여러 윤리적인 사항들도 고려되어야 한다. 참여자의 삶과 연계된 전체적인 의사소통은 참여자의 생애 내내 치료공간 안에서 작업의 조언과 통합의 일관성으로 이어질 것이다.

연극치료와 중독:
파괴성과 함께 사는 법 배우기

Lia Zografou

개 요

이 글에서 필자는 약물중독자 모임Narcotics Anonymous: NA의 일원들과 함께한 연구를 인용할 것이다. 이는 과정과 내용 양자 모두에 있어 파괴성 개념에 영향을 받아 실행한 필자의 연극치료를 설명하기 위함이다. 중독자들과 함께하는 작업은 가장 좋은 때조차도 시련의 연속이다. 기존의 인식 속에 자신을 확고하게 규정해 놓은 사람에게 창의적인 방법을 접하게 한다는 것은, 계속되는 재발의 위협 속에 자신의 중독은 영원히 미해결상태로 남게 될 것이라고 느끼게 할 수 있다. NA의 기본적인 개념들은 행위상의 그리고 개인 내적인 측면 모두에 있어 참여자 집단이 지닌 파괴성을 이해하는 데 결정적이다. 필자는 임상가이자 연구자로서 필자의 경험에서 얻은 실례를 제시할 것이다. 임상과 연구 사이의 대화로 양자 모두는 개선될 수 있으며, 중독자와 함께하는 치료 과정에 파괴성을 다루는 유용한 도구들이 제공될 수 있다는 것을 강조하면서 말이다.

환경과 참여자 집단 소개

본 연구는 그리스 NA에 있는 4명의 구성원들과 함께 이루어졌다. 좀 더 세부적인 내용에 관해서는 이 기획에 관한 초판본을 참조하기 바란다(Zografou, 2007). 이 글은 필자의 개인 작업 속에서 이루어진 10주 단위의 연극치료 집단에 초점을 두고 있다. 목표는 12단계의 철학과 연극치료의 양립가능성을 평가하고, 연극치료가 중독과 회복에 대한 NA 구성원들의 태도에 영향을 줄 수 있을지 어떨지를 확인하는 것이었다. 참여자 집단은 남자 2명, 여자 2명으로, 9개월부터 11년에 이르기까지 서로 다른 기간을 NA와 함께한 구성원이었다. 그들은 서로 다른 다양한 물질에 의한 중독 경력이 있었지만 공통되는 것은 헤로인이었다. 이 글에서 모든 참여자의 이름은 익명성을 보장하기 위해 변경하였다. 중독과 회복에 대한 신념이나 태도와 관련된 질문 형식의 반구조화된 인터뷰가 사전 – 사후의 방식으로 이루어졌으며 10주 동안 만들어진 예술품(드로잉, 가면, 대본)에 대해서는 사후 인터뷰를 통해 참여자들 스스로 탐구하게 하였다. 결과물은 무스타카스Moustakas의 현상학적 방법론에 따라 분석 처리되었다. 즉, 주제별로 주요 진술들을 모으고 괄호 안에 넣기bracketing를 통해 서로 간의 연관성을 맺는 것이다. 이는 참여자가 경험한 것의 본질적인 의미를 드러내는, 개인과 집단의 조직적이고 구조적인 서술을 추론하기 위함이다(Moustakas, 1994). 아래에서 필자는 연극치료적인 모델뿐만 아니라 원리와 방법론을 보다 상세하게 논하고자 한다.

중독에 대한 정의 – NA 식의 접근

약물중독은 그것의 광대한 복잡성을 담아 낼 단일화된 이론이 없는, '진정한 의미론적 지뢰밭'이다. 그럼에도 '마약중독자' 혹은 '알코올중독자'와 같은 서술적 용어들은 정신활성화 물질을 습관적으로 소모하는 특정한 사람들을 지칭하고 있다(Glass, 1991).

회복에 대한 정의는 이론적 접근과 처치 양상에 따라 다양하다. 넓은 범주에서 우리는 모든 임상의와 참여자들이 회복은 중독성 장애에 대한 지속적인 관리, 중독행위의 자제, 그리고 개선된 생물물리학적 · 사회적 · 정신적 행복을 포함한다는 데 동의하고 있다고 말할 수 있다(Rasmussen, 2000).

중독이론 중에 독특한 것은 자활집단모임이 지지하는 견해다. 즉, NA 중 가장 최초의 선구자격인 알코올중독자Alcoholics Anonymous: AA 모임에 따르면, 알코올중독은(다른 어떤 중독 장애까지도) 꾸준히 진행되는 불치의 정신병이다. 이는 근본적으로 자기와, 그리고 스스로의 힘과 통제에 대한 인식의 결함에서 연원하는데 약물남용은 다양한 표현 중 하나일 뿐이라는 것이다— '한번 알코올중독이 되면 영원한 알코올중독자가 된다'(Alcoholics Anonymous, 2001). 이와 같은 단순한 눈속임식 격언이 내포하고 있는 것은, 맨 처음 중독행위에 참여하도록 개인을 부추긴 파괴적 충동과 특질이 단지 통제에 의한 자제로 근절될 수 없다는 것이다. 그들은 자신의 핵심 상태를, 모든 면에서 역기능의 미숙한 방식으로 세상을 살아가는 존재라고 이해한다. 마시는 것을 그만두거나 약을 사용한다 할지라도 결코 병은 치료되지 않을 것이다(Flores, 1997). 중독된 개인이 성취할 수 있는 단 한 가지는 병이 지닌 파괴적 속도를 멈추게 하는 것이며 이를 성취하는 수단은 12단계의 회복, 즉 구조화된 자기–재생 체계다—마약이나 술에 취하지 않는 것만이 아니라 자신의 한계를 겸허히 수용하면서 살아가려는 계획을 포함한다.

중독에 대한 이러한 정의의 핵심에는 알코올성 질병의 유일한 특질이 내재해 있다.

이러한 종류의 질병 – 우리는 그것을 질병이라 믿게 되었다 – 은 인간의 다른 질병과는 또 다른 방식으로 우리들을 연루시킨다. 만약에 어떤 개인이 암환자라면 우리 모두는 그에게 미안해하고 어느 누구도 화를 내거나 해치지 않는다. 그러나 알코올성 질병은 그렇지 않다. 왜냐하면 질병과 더불어 삶에서 가치 있는 모든 것이 소멸되기 때문이다. 그것은 환자의 모든 삶을 잠식해 버린다. 오해와 심한 분노와 재정적인 불안을 가져오고 친구나 고용주에게 혐오감을 주고 아이들의 삶을 비뚤어지게 하며 아내와 부모를 슬프게 한다 — 누구라도 이와 같은 목록은 증가시킬 수 있을 것이다.

(Alcoholics Anonymous, 2001: 18; 강조는 필자)

파괴성이라는 깊게 박힌 씨앗이야말로 갱생회가 중독자에 대해 정의한 핵심이다. 중독자는 다른 어떤 인간 존재와도 똑같지 않다는 것이다.

우리가 다른 사람과 같다는 망상은 박살내야만 한다. 우리는 다리를 잃은 사람과 같다. 다리는 새로운 것으로 다시 자라나지 않는다.

(Alcoholics Anonymous, 2001: 30)

중독자는 파괴된 자이자 파괴자로 간주된다. 돌이킬 수 없게 손상되어 (자신과 타인에게) 돌이킬 수 없는 피해를 입히게 된다. 먼저 질병의 소멸적인 힘에 항복하고(1단계) 그다음으로 그들이 믿는 바대로 회복시켜 줄 능력자의 자비에 굴복하지 않는 한 말이다(2단계).

갱생회 회원들은 중독자로서의 그들 위치를 수용함에 있어 결코 끝나지 않을 자기 재구조화라는 엄격한 규율을 들여온다. 즉, 회복은 목적지가 아니라 여정이다. 많은 사람들이 스스로를 '회복된' 것이 아닌 '회복 중인' 것으로 묘사한다(Rasmussen, 2000: 142).

갱생회의 접근방법은 엄격한 것이어서 비판을 받아 왔다. 논쟁의 중요 지점은 NA가 다른 형태의 치료적 접근에 적대적이라는 것이며, 그것의 분명한 정신적 지향이 중독에 대해 제시된 정의를 옹호하지 않는 피원조자들 help-seekers을 소외시킨다는 데 있다(Larkin & Griffiths, 2002). 그러나 치료접 근방법으로서 NA 식의 방법은 매우 성공적인 것이어서(Flores 1997; Roth & Fonagy, 2004) 중독이라는 영역에서의 대부분의 임상가들은 그와 같은 개념 적 틀 내에서 작업해야 할 것이다(Fisher & Cooper, 1990).

이전 출판물(Zografou, 2007)에서의 논의를 확장시켜 필자는 창의적인 치 료방법과 NA 철학 사이의 만남에서 야기된 특별한 난제들을 제시할 것이 다. 이는 치료와 연구를 하는 동안 씨름하게 될 물리력으로서의 파괴성 실 험과 연관된다. 필자는 이 글이 임상가와 연구자라는 양가적 측면 모두에 있어 유사한 문제에 봉착한 연극치료사들에게 지지와 격려 그리고 창조적 인 아이디어를 제공하길 원한다.

연극치료와 파괴성

집단의 중재에 사용된 연극치료 모델은 영웅의 여정Hero's Journey이었는 데 이는 폴 레빌롯(Paul Rebillot, 1993)과 스티브 미첼(Steve Mitchell, 1996) 이 응용한 것으로 단일신화(Campbell, 1993)의 전통에 기반한 것이다. 필자 가 이 모델을 선택한 이유는, 파괴적인 과거의 자신과 새롭고 더 건강한 존 재 양상이라는, 과거와 미래의 그들 정체성의 체계적인 만남에 참여한 참여 자 집단의 특수한 본질 때문이었다. 캠벨(Campbell, 1993)이 설명한 것처럼 단일신화mono-myth에서 영웅은 모험에 부름을 받는다. 그 모험은 친숙한 영 역(습관, 전통)으로부터 초자연적 경이로움이라는 전이 공간으로 그를 보내 는 것인데, 여기서 그는 강력한 적에 맞서 예견할 수 없는 도전에 직면하고 그로부터 승리하게 되며 변형된다.

이러한 연극치료적 모델에 있어서 '저항의 악령'(Rebillot, 1993)과의 제의적인 만남이 제공된다. 그 안에서 개인 안에 있던 수많은 서로 다른 힘들이 해방된다. 파괴적 경향, 허무주의, 적대감, 낙담은 희망, 상상, 욕망, 낙관주의와 싸우게 된다. 미첼(1996)이 설명한 바와 같이 참여자들은 영웅적인 인물들을 창조하는데 그 인물들은 '저항의 악령'에 예시된 전복적인 반대의 힘을 떠안는 회복력을 소유하고 있다. 목적은 자기재생과 회복이라는 전체적인 계획을 탐구하는 것이다. 필자는 이 모델이야말로 파괴성과 싸우는 사람들에게 이상적인 것이라 여긴다. 왜냐하면 그것은 극적인 언어를 사용하여 파괴성을 억제할 뿐만 아니라 치료 과정에서 서로 다른 수위와 단계의 저항에 대한 탐구를 허용하기 때문이다.

이 집단에 있어 '영웅의 여정'(Rebillot, 1993)으로 자극받은 자기의 영웅적인 측면(건설적인, 즉 변형적인 건강 증진)과 악령적인 측면(파괴적인, 무관심한, 저항의) 간의 만남은 도전적인 것임이 증명되었고 인터뷰로는 파악될 수 없었던 다수의 저항을 드러내 보여 주었다. 연극치료 환경은 개인을 드러내는 촉매제로 제공되었다. 그리고 연구 결과는 중독에 대한 인식이 변화되지 않은 채로 남아 있다 할지라도 연극치료가 창조성을 고양하고 놀이적인 협동과 친밀감을 북돋아 줌으로써 회복에 대한 인식 변화에 기여했다는 것을 지지해 주었다(Zografou, 2007).

과정에서의 파괴성 – 도구로서의 현상학

임상가로서 현상학적 연구자로서 필자가 처음 직면한 가장 심각한 도전은 NA에 대한 필자 자신의 선취된 개념과 정의를 포기하는 것이었다. 이전 지식으로 방해받지 않는 지각의 현상과 관계 맺기 능력은 현상학적 탐구의 필수요건이다. 가설과 예상으로부터의 자유를 후설Husserl은 판단중지[에포케, Epoche]라 불렀고 클락 무스타키스Clark Moustakas는 이에 대해 이렇게 설명했다. "신중하게 정말로 거기에 무엇이 있는지 보며, 그리고 알고 있는 것과 사람 그리고 사건과 같은 일상의 습관으로부터 거리를 두는" 방법과 같다 (Moustakas, 1994: 85). 현상학적 방법이 치료에 적용될 때 선험적 지식의 중지, 다른 말로 '괄호 안에 넣기'가 완비되는 것은 아니다(Spinelli, 1989). 스피넬리Spinelli는 괄호 안에 넣기를 주요한 치료적 과제로 간주한다. 그는 공감과 중립성 그리고 기술적인descriptive 질문에 기반하는 입장을 지지하는데, 이는 가능한 근본적인 원인을 추구하지 않는 경험의 방법을 탐구하기 위함이다. 그 결과, 참여자는 "경험의 본질이 유연성임을 알고 그럼으로써 '주어진' 삶의 수동적인 반응자라기보다는 능동적인 해석자로서의 그들 역할을 다시 알게 된다"(Spinelli, 1989: 131). "무기력한 감정, 깊은 자기혐오와 증오를 자주 표현하는 이들 개개인은 무엇을 하고 어떤 사람이 될 것인지 그리고 더 나은 상태로 변화하는 방법과 그들 삶의 특별한 면을 개선하기 위해 그들이 배워야 할 기술이 무엇인지 듣길 원한다."고 그는 말한다(Spinelli, 1989: 132). 그러므로 무엇이 옳은지에 대한 지시적인 권위보다는 자기탐험의 '동반자'이자 촉진자가 되는 것이 과제가 된다.

참여자 집단의 특정한 본질이 주어져 있기에 처음 목표는 비현실적인 탐색과 유사했다. 인터뷰는 참여자들이 그들 중독 경험에 대해 자유롭게 열어두고 말하는 방식의 구조였다. 그러나 그들은 모두 NA 교리에 대해 강한 지지를 표명했고, 예상한 바와 같이 NA에서 나온 잘 알려진 용어를 사용하여 줄곧 그들 경험에 대해 언급했다.

한 참여자의 자기 묘사는 이러했다. "나는 중독자인데, 이는 약을 복용하지 않았을 때조차도 항상 그러한 특성이 있다는 것을 의미하죠.… 나는 좀 특별한 처치가 필요한데요. 그것은 지금 진행되고 있고 다 잘되어 가고 있죠. 하지만 과거에 나는 내 문제가 헤로인 때문이라고 생각했지요." 모두가 NA, 즉 그 단계와 중독자 공동체를 그들 삶의 회복에 있어서 가장 중요한 측면으로 간주했다. "구성원들은 내가 그들을 신뢰하기 때문에 나에게 소중

하며, 내가 어떤 것을 말할 수 있는 전체적인 이해가 형성되어 있기에 매우 귀중하다."

첫 인터뷰 이후 곧바로 연구자로서의 필자는 의심스러움을 느꼈고 낙담하였다. 필자는 NA 식의 언어가 이 사람들을 오염시켰고 그래서 그들이 그들 자신의 본래적 방식으로 말할 수 없게 된 것이라 생각했다. 너무나도 외곬으로만 삶의 철학을 지지하고 내면화했던 그 사람들에게 있어 핵심은 무엇일까? 필자는 상투화된 반복적 답변 이면에 있는 개인적인 의미를 발견하려고 애썼다.

치료사로서 필자는 기존에 기술된 용어로 자기인식이 견고하게 정립된 참여자들에게 연극치료가 어떤 영향을 미칠 수 있는지 진지하게 질문했다. 새로운 시각과 새로운 자기인식의 여지가 있는가? NA 식 신념들로 채워진 참여자 정신 속 인지적 필터를 새로운 지식은 어떻게 통과할 수 있는가? NA 철학은 연극치료의 창조적 · 변형적 자기탐험의 모든 가능성을 파괴했는가?

필자의 우려에도 불구하고 집단 연극치료 경험은 매우 유익한 것이자 불안감을 없애 주는 것임이 증명되었다. 의식적인 통제를 우회하여 영웅이나 저항의 악령과 같은 캐릭터를 만나고 대면하는 창조의 과정은 인터뷰에서는 있을 수 없는, 인터뷰로는 드러날 수 없는, 개인의 마음속에 생기는 긴장을 드러냈다. 아이리스와 필립은 전에는 가져보지 못했던 그들 자신의 면면을 발견했다. 필립은 자신의 영웅을 체현하여 악령과 전투를 하는 동안 큰 함성을 질렀는데 이때 노출에 대한 두려움과 분노에 직면하게 되었다(Zografou, 2007). 아이리스는 불가능할 정도로 완벽한 영웅을 창조했을 때 자신의 완벽주의를 인정했고 개선했다. 그녀의 영웅 AIX와 그녀의 악령 BRR 간의 채록된 대화는 다음과 같다.

BRR: 그만둬, AIX! 그만두라고 했다!
AIX: 그만두라고? 그럴 순 없지. 난 해야 할 일이 있거든. 사람들은 고통받고 있어. 가난, 배고픔, 병, 전쟁, 악.

BRR: 그럼에도 그만둬야 해. 나를 보고 내 말에 끝까지 귀를 기울여야 해. 여기 내가 있어. 항상 여기 있어. 내가 존재하지 않는다고 난 체하지 마라. 너는 내가 너를 멈추게 할 힘이 있다는 것을 아주 잘 알고 있어. 또한 나를 보지 않고는 살 수 없지. 네가 가진 사랑을 내게 주지 않고서는 살 수 없다고.

AIX: 매 순간 나는, 네가 내게서 떨어져 나가도록 애를 썼지. 넌 내게 피해를 주었어.

BRR: 그것이 나의 본성인 걸. 난 아파, 그런데 네게 말을 하고 있는 중이지. 난 이런 식으로 만들어졌어. 그리고 네가 날 만들었잖아. 그렇잖으면 균형은 유지되지 않아. 완전함은 존재하지 않지.

AIX: 하지만 완전함은 존재해.

BRR: 너와 내가 살 수 있는 진짜 세상은 없어. 우리 둘 다 살 수 있는 그런 세상 말이야.

이 대화는 9회기를 대본화한 것인데, 아이리스가 원래 3회기에서 창조했던 액면 그대로의 냉담하고 열정 없는 영웅과는 전혀 다르다. 변화의 원인이 무엇인지를 알아내고자 하는 것은 내 계획의 영역 너머에 있는 것이었다. 하지만 이러한 새로운 내적인 위치가 그 집단 내에서 명백하게 모습을 드러내고 드라마화된 투쟁 안에서 시의적절한 표현을 발견했다는 것이야말로 주목할 만하다.

흥미롭게도 아이리스는 두 번째 인터뷰를 하는 동안 그녀를 회복시켜 주는 도우미로서 연극치료에 많은 중요성을 부여하지 않았다. 그녀는 다음과 같이 느꼈다.

… 각각의 단계를 통과하면서 과거의 가장 큰 고통스러운 기억을 떨

쳐 냈다. 여기서 우리가 했던 작업은 내겐 너무나도 가벼운 것이었다. 나를 도와주지 못했고 나를 본질적으로 호전시키지 못했다. 몇몇 주제와 관련하여 치료적으로 작업했던 어떤 즐거운 순간이 있었지만 본질적인 변화는 없었다. 무슨 말이냐 하면, 중독성 환각제 문제는 내가 해결했고, 나는 내가 누구인지를 안다는 것이다.…

임상가에게 있어 도전은 치료에 대한 논평을 듣는 것이며 확인되는 자신의 욕망을 괄호 안에 넣는 것이다. 이중초점 렌즈를 낀 사람처럼 클로즈업에서부터 좀 더 거리를 둔 관점으로 이동하면서 유연한 채로 남아 있어야만 한다. 하지만 초점은 있어야 한다. 임상가에게 그리고 연구자에게 드러난 것이 무엇인지, 유용한 메시지가 어디에 있는지 그리고 그것이 어떻게 치료와 연구에 똑같이 잘 이용될 수 있는지에 대해 항상 문제 제기를 하면서 말이다. 지각적 근육을 훈련하는 이러한 방식은 한편으로는 NA 철학으로 인해 희생당하고 전멸당했다는 느낌으로부터 임상가로서의 필자를 지켜주었다. 그리고 연구자로서는, 신선하고 열린 태도를 유지하도록 필자를 자극했다. 연구조사를 이분화된 갈등으로 보는 것에 너무나도 솔깃한 나머지 내부적으로 '좋은 치료사/나쁜 연구자' 혹은 '좋은 연구자/나쁜 치료사'로 분류하게 되었다. 이것은 다양한 양극화로 심화되었고 양극화는 이 프로젝트에서 일반화되었다. 참여자들은 NA 이전의 삶과 이후의 삶으로 경험되는 적극적인 복용과 회복, 욕구와 통제 내에서, 자기인식을 '복용자'로서 그리고 '금욕자'로서 양극화하여 체현했다. 이러한 프로젝트에 있어서 가장 명백한 양극화는 영웅과 악령 사이에 있었다. 이는 선과 악, 빛과 어둠 사이의 마니교도적인 분열을 강화하는 위험을 수반하였고, 그 결과 자기파괴로부터 벗어나 삶에 온전히 개입하고자 하는 투쟁을 극도로 단순화시켰다.

현상학적인 연구조사 태도가 필자의 치료적인 임상 접근방법론의 이동을 용이하게 해 주었다. 첫 번째 반응 이후로 필자는 NA 구성원들이 특별한 어

휘를 소유했다는 사실을 미루어 판단하지 않았다. 필자에게 처음으로 치료
에서의 어떤 '파괴적인' 창의성과 더 나아가 창의성 치료가 보이기 시작했
다. 필자는 이러한 인지적 경직성이 그들의 회복 과정에 필수적이라는 것과
그들의 삶이 그에 의존한다는 것을 인정할 수 있었다.

　그다음 필자의 과제는 '중독된 만인Everyman'으로서 참여자의 익명성을
존중하는 것이었다. 그리고 현상학적인 치료에 있어서의 진정한 정신인, 유
일무이한 개인성을 지켜주는 것이었다. 이와 같이 필자는 치료에서 사용된
창의적인 방법론의 진가를 알아차릴 수 있었으며 참여자의 창조적 작업에
대한 질문들을 만들어 낼 수 있었다. 필자는 그들의 치료 과정에서 변화가
일어나는 주요 계기들을 주목할 수 있었으며 필자 자신의 저항의 악령, 즉
12단계 프로그램에 적합하지 않은 것으로 비유되는 두려움에서 자유로워
졌다.

　또한 필자는 괄호 안에 넣기가 단순히 하나의 기술이나 정신적 태도 그
이상이라는 것을 알게 되었다. 미지의 것을 추구하는 경향이 체현되어야만
한다는 것이다. 다른 말로 치료사와 현상학적 연구자는 온전히 무지하고 순
수한 사람의 역할을 체현해야만 한다는 것이다. 그리고 개인적이면서 전문
적인 저항에 직면한 그들 자신의 영웅의 여정을 지속해야만 한다. 미지의
것을 껴안고 열림과 호기심을 지닌 새로운 존재 상태로 진입하면서 말이다.
내적인 변동이 연극치료 과정을 신뢰하게 했는지 혹은 그와는 반대인지 확
신할 수는 없다. 필자는 양자가 거의 동시적으로 발생했으며 서로를 보충했
다는 것을 안다.

　이러한 자기탐구와 괄호 안에 넣기라는 과정을 통하여 필자는 치료목표
에 대한 암묵적인 가설과 기대치를 정확히 깨닫게 되었다. 물론 궁극의 목
표는 회복이지만 NA 구성원들과 작업할 때 기존의 정의에서 벗어난 일탈은
참여자와 치료사 사이의 갈등과 혼돈만 가중시킨다. 필자와 함께한 NA 참
여자들에게 영웅과 악령 사이의 투쟁은, 그들의 자기관self-view이 파괴적인

요소들과의 계속되는 대면을 함축하듯이, 결코 결정적이라 할 수 없다. 집단이 첫 번째 시련에 '막혀서' 여정을 완수할 수 없었다는 것은 동시발생적인 게 아니다. 집단이 '오늘 하루의' 단일신화를 탐험하는 것을 막는 것, 곧 투쟁은 끊임없이 재생된다는 NA의 핵심 신념을 유연하게 적용하는 것을 막는 것은 아무것도 없었다(Zografou, 2007). 영웅의 여정은 투쟁을 유연하게 구조화하며 참여자 집단에게 적합한 속도로 되풀이될 수 있다. 하지만 얼마나 오랜 시간의 틀이 주기를 완성하는 참여자의 능력에 영향을 미칠 것인지 그리고 그러한 접근방법에 어떤 수정이 요구되는지 아는 것이야말로 흥미롭다.

은유 과정 – 도구로서의 드라마

중독된 참여자와 함께하는 치료에서 저항 혹은 전이와 역전이 분석과 같은 과정의 결과물에는 분명한 결핍이 있다. 이러한 현상은 너무 흔하지만 좀처럼 탐구되지는 않는다(Flores, 1997). 플로레스Flores는 저항, 즉 참여자를 위협하거나 잠재적으로 참여자에게 위해한 것으로 보이는 정서적 재료를 거부하는 무의식을 지지한다. 저항은 또한 치료사에게 잠재적으로 의미 있는 어떤 재료를 제시하는 것을 회피하는 경향으로, 치료 과정에 있어 창의적 단계에서 나타나는 병리적이지 않은 것이다(Flores, 1997: 465). 대신에 그는 저항이 다른 모든 것에 우선해야만 한다고 강조한다. 나아가 중독자 집단 작업에 있어서 전이와 역전이 문제는 이들 환자들이 보통은 타인에게서 불러일으키게 되는 강한 적대, 화, 무례 그리고 불신 때문에 주의 깊게 분석될 가치가 있다(Flores, 1997: 457). 얄롬(Yalom, 1995)과 콕스(Cox, 1988) 또한 집단의 의존, 즉 집단치료에 있어 일반적이면서 자연스러운 과정으로서 리더에 대한 비현실적인 기대와 통제에 대한 욕망을 조명한다.

　이 연극치료 집단은 저항으로 가득 차 있었다. 저항은 아주 빈번하게 분열된 담화의 형식(위에서 언급된 바 있듯이 연구자에게는 드러난 것이지만 치료사에게는 그 반대인 것), 분열된 충실도(이후 언급될 예정이듯이) 그리고 재발의 위협하에 '꼼짝도 못하는' 부동의 형식을 취했다. 다음의 에피소드는 저항이라는, 잠재적으로 파괴적인 힘을 묘사하고 있다.

　한 참여자가 맞이한 위기의 순간에 치료실은 갑자기 두려움, 불신, 죄, 그리고 탈출에 대한 욕망, 약물사용의 친숙한 역동에 대한 또 다른 반성으로 가득 채워졌다. 다시 괄호 안에 넣기가 위기를 다루는 필수적인 도구로 제공되었다. 중지된 채로, 계획된 과제를 지속하지도 않고, 상황에 대한 강렬한 정서에 반응하지도 않으면서 필자와 집단 그리고 시공간은 이러한 강력한 저항을 자제했다. NA 구성원 중 가장 어린 안나가 다시 약을 복용하기 직전의 위험에 처했을 때 위기는 시작되었다. 안나는 연구 프로젝트 초반인 단 9개월만 말짱했고 여전히 1단계(중독을 넘어설 힘이 없다는 것의 인정)에서 머물며 씨름 중이었다. 다른 단원들과 달리 예측했던 대로 그녀는 여전히 파괴적인 약물 유혹에 매우 취약해 있었다.

　6회기에서 안나는 그녀의 저항의 악령, 사타니어스Satanious의 얼굴을 그리면서 부적절한 감정, 즉 헤로인을 향한 의존과 욕망에 다시 압도당했다. 그녀는 거의 완전하게 사타니어스의 익숙한 힘에 패배당했다. 사타니어스는 그녀를 계속해서 폄하하고 삶을 호전시키려는 그녀의 노력을 조롱하는 창조물이다. 사회갱생환경 내에서 재발의 위협에 직면했을 때 치료사는 참여자의 짐을 공유할 수 있고 충고해 줄 수 있는 다른 전문가들의 보호와 지원을 받게 된다. 그러나 이 프로젝트 동안에 이렇게 잠재적으로 분열적인 위협의 힘을 방지하는 그런 환경이란 없었다. 필자는 독립적으로 보유한 전제들 내에서 프로젝트를 지휘했다. 안나, 집단의 나머지 구성원들 그리고 잠재적으로 프로젝트 그 자체에도 파괴는 크게 자리하고 있었다. 동료애의 힘을 인식했던 필자는 이 시점에서 NA 어법을 사용했다. NA 동료들과 그녀의 스폰서를 구조적으로 이용함으로써 안나가 필자를 이해할 수 있게 하여 이러한 위기를 방지하기 위함이었다. 필자로서는 연극치료가 어떻게 안나의 위태로운 회복을 지원할 수 있는지 매우 진지하게 탐구했던 순간이었다.

치료사로서의 필자는 충격을 받았다. 연구자로서의 필자는, 창조된 저항의 악령이 중독자(1단계)로서의 무력한 신분을 아직은 완전하게 받아들이지 못한 어떤 이를 압도할 수 있다는 것을 알았다. 일단 이것이 갖춰진다면, 좀 더 호전된 NA 구성원들의 경우처럼 적어도 하나의 과정으로서 악령의 창조는 분명 더 수월해진다. 반대로 악령이 신중하고 민감하게 조종된다면 그래서 적절한 속도 속에 들어온다면 그 경험은 1단계에 강력한 부가물이자 보조물이 될 수 있다. 안나의 경우에는, 중독 앞에서 얼마나 그녀가 무력한지를 위기를 통해 보여 주었다. 그녀는 자신의 악령 사타니어스SAT와의 대면을 완수하러 그다음 주에 돌아왔다.

SAT: 이렇게 만나다니. 잘 왔어.

AG: 널 만나러 왔어! 원하는 게 뭐지? 어떤 권리로 뭔가를 원하고 나를 괴롭히는 거지? 너는 나의 자유와 호흡, 그리고 삶을 부정하게 하고 있어.

SAT: 꺼져 버리라고 하지 그러니? 가소로운 작은 소녀야, 연기를 하는 구나! 매력적이고 달콤한 공기. 잠시 머물러 봐. 네가 누구인지 보고 다른 사람들이 너를 어떻게 보는지를 봐라.

AG: 경계를 설정하고서 나를 길들이고 감시하며, 감금하는 너는 누구냐?

SAT: 나는 너의 의식이다. 네가 이런 방식으로 살면서 오래전에 매장해 버렸던 그것 말이다. 나는 네가 이처럼 자신을 상처 내고 스스로를 저버리는 것을 지켜볼 수 없다. 나는 네게 가장 적합한 무언가를 원한다. 네가 사람이 되길 원한다.

AG: 네가 말하고자 하는 것은(주의 깊게 그를 바라본다) 네가 나를 도울 거라는 것이다. 혹은 감금형을 내릴 것이라는 것이다(그에게 맡겨졌을 때 그녀 영혼의 무게를 기억한다. 그가 그녀를 보호하는 광경의 묘사에는 어떤 색도 없다. 비참하고 어둡다. 영혼은 사로잡혀 있다. 그녀는 기억한다. 그리고… 그것을 허용하지 않는다). 그렇다, 실수다, 하지만… 나는 네가 다시 그 장소에 나를 데려다 놓게 하지 않을 거다.

안나의 즉흥적인 대화에는 분명 의식과 의도적인 자기 통제가 개입된, 자기반성과 의사결정의 과정이 담겨 있다. 안나는 단순하게 반응하지 않는다. 그녀는 기억하고 있고, 텍스트 내의 괄호 안에서와 같이 적극적으로 사타니어스의 반복적 남용을 허용하지 않고 있다. 그녀는 그에 대항하여 강한 입장을 취한다. 그리고 그녀는 다시는 피해에 노출되지 않겠노라 결심한다. 이러한 경험을 함으로써 안나는 좀 더 자기규범과 자기방어로의 이동이 가능하게 되었다. 마지막 인터뷰에서 연극치료에 대해 무엇을 알게 되었는지 물었을 때 안나는 다음과 같이 말했다.

내가 고수했던 것은 모든 사람에게, 심지어는 집단 내에서도 완전히 열려 있을 필요가 없다는 것이다. 생각해 보면 그러지 않을 수가 없었다. 그런데 아마도 내일 나는 내가 선택한 집단의 일원이 될 것이며, 사람들은 나를 선택할 것이고 나는 매우 좋다고 느낄 것이며 신뢰감을 갖게 될 것이다. 그렇다, 이것이야말로 나를 도왔다.

궁극적으로 안나는 그녀의 악령이라는 캐릭터 속에서 자신의 파괴적 충동을 억제할 수 있었다. 그리고 그녀의 영웅의 위상과 표현을 찾기 위해 새로이 출현한 그녀의 건강한 특질을 허용할 수 있었다.

임상의 실제 그리고 중독:
최소의 저항방법–신념, 희망 그리고 파괴성

앞서 언급한 저항과 더불어(Flores, 1997), 필자는 얄롬Yalom이 '과정 검사 process check-up'(Yalom, 1995: 352)라 칭한 것을 호명했다. 필자가 안나의 재발 위험을 조정하고 있었던 것처럼 필립은 안나를 너무 직접적으로 다루는 것에 대해 말로써 필자를 공격하기 시작했다. 집단은 분열되었다. 두 사람은 드러내 놓고 필자를 적대시하였고 다른 두 사람은 지지해 주었다. 결국 기분이 안정되자 필립은 이를 벌충하려고 애썼다. 그 과정에 대해 터놓고 말하는 것은 연구자이자 치료사인 필자의 사고를 진전시켜 주었다. 마지막 연극치료 회기에서 필자는 그 집단에 대해 감사했음을 그리고 얼마나 그들과의 작업을 즐거워했는지를 언급했다. 갑자기 한 구성원이 소리쳤다. "우리가 당신을 중독시켰다!" 모든 사람의 웃음이 뒤이어졌다. 머레이 콕스(Murray Cox, 1988)와 플로레스(Flores, 1997)는 이와 같이 자발적으로 공개된 의지를 치료사가 지켜보아야 한다고 경고한다. 참여자는 전체 집단을 대신하여 더 깊은 무의식적 욕망의 목소리를 내고 있었는가? 남의 장단에 놀아난 것인가? 가끔 참여자들이 불만을 토로했다. "이런 종류의 연극치료 작업이라는 게 중독과 무슨 상관이 있어요?" 그러한 도전에 응하여 필자 자신의 감정을 점검했을 때 필자는 그 작업이 실로 중독과 완전하게 상관되어 있다는 것을 깨달았다. 그 순간 필자 자신의 역전이가 많은 것을 말하고 있었다. 필자는 화가 났고, 분노를 느꼈으며, 부당하게 이용되었고, 속았으며, 불안정하고, 극도의 외로움을 느꼈다. 이 모든 것은 그 연구에서 약물로 무감각해지려는 중독자의 경험 중 가장 강력한 측면으로 제시되었던 감정들이었다(Zografou, 2007). 이것이 참여자들이 임상가에게 제공한 전별금이었는가? 그들은 영웅과 악령을 대면하는 동안에 나온 부적합성, 두려움 그리고 불안정이라는 고통스러운 감정을, 그들에게 고통을 부과한 치료사를 향해 격렬한 감정으로 변형했는가? 이 경우 그들은 고통스러운 감정을 억제하는 데 치료사를 '이용'했는가? 이는 일부 참여자들이 두 번째 인터뷰를 하는 동안, 집단이 상당한 도움을 주었다는 것을 부정하게 하는 동기가 될 수 있었는가? 프로젝트의 영역이 너무 제한적이어서 이러한 질문을 다 할 수 없음에도 불구하고 필자는 치료사로서 미래의 이러한 참여자들을 만나는 방법에 있어 좀 더 진전된 사고를 하는 데 소중한 자극을 받았음을 느꼈다.

임상 실제에서 도출된 결론

　필자가 이번 프로젝트에서 발견했던, 파괴성에 대처하는 가장 귀중한 도구들이란 다음과 같다. 역전이에 주목하는 것, 과정과 내용 사이에서 지속적으로 심사숙고하는 것, 가설과 사전 지식을 괄호 안에 넣어 두는 것, 담아 낼 그릇으로서, 그리고 부동성과 인지적 침체의 촉매제로서 극적 제의를 신뢰하는 것(Grainger, 1990), 그리고 참여자의 특성Construct에 주의를 기울이고 지금-여기 그들의 표현을 놀이/리미널한 공간에 맞춤으로써 양극화된 사고 너머로 유연하게 움직이는 것 등이다. 중독자인 참여자들은 금방이라도 닥칠 재발을 목전에 두고서 회복된 상태를 유지하려고 분투하고 있다. 중독된 참여자를 대하는 치료사 또한 똑같이 자신의 회복력을 유지하려고 분투하고 있다. 치료사가 변장한 친구가 아닌 단지 적으로만 보인다면 신념과 희망은 파괴적인 저항의 첫 번째 피해자가 된다. 저항은 새로운 지식의 귀중한 원천이며 참여자와 치료사 양자 모두에 있어 어마어마한 정신적 동력이다.

평가와 향후 연구 영역

이러한 규모와 영역의 프로젝트는 불가피하게 해답을 제공하기보다 더 많은 질문을 남기게 된다. 아주 명백하게 눈에 띄었던 것은 연극치료에서 제의의 이용에 대한 좀 더 세밀한 탐구의 필요성과 파괴성을 담아 낼 그릇으로서의 제의연극 형식이 갖는 효과다. 이러한 아주 작은 표본에서 나온 첫 결론은, 자기폭로와 자기조절에 대한 중독자의 자발성과 능력 증진에 있어 드라마화와 극적인 놀이의 효과를 지지해 준다. 더 큰 집단표본과 함께하는 연극치료 진단 평가와 치료 과정에 관한 향후의 체계적이고 비판적인 연구(저항과 전이/역전이 현상에 관한 분석)는 중독자를 회복시키는 연극치료 혹은 어떤 다른 창의적 방법론의 적용에 좀 더 나은 정보를 제공할 것이며 적절한 개입의 조정에 도움을 주게 될 것이다.

09

구속과 자유에 대하여: 중간위험군 보호 환경에서 가능성의 예술

Henri Seebohm

개 요

이 장은 연극치료사 또는 예술 매체가 고도의 콤플렉스 병리를 지닌 사람들과 작업할 때, 법의학적 정신의학 환경 안에 있는 치료 공간에서 '인질'로 잡혀 있는 개념을 탐구하기 위해 세 가지 의료 사례들을 제시한다. 사례들은 모두 이 특수한 사람 사이의 역학을 예시한 익명의 보고서들이다. 자세한 신원과 내력은 비밀 보장을 위해 변경되었다. 그것들은 정신역동 전통에서 유래한 이론과 연관되어 있다. 주요한 초점은 체포, 안전, 그리고 매체와 치료 관계에의 참여에 대한 개념에 맞춰져 있다. 이 장은 연극매체 그리고 치료 관계가 '공격'당하고 있더라도, 창의적 가능성을 유지해 나갈 수 있다는 것을 보여 준다.

서 론

연극치료 매체 안에서 파괴성을 연구하게 된 첫 번째 동기는 법정신의학 환경 내에서 여성 연극치료사로 활동한 나의 경험에서 비롯된다. 필자는 편집성 조현병, 분열정동장애, 경계성 인격장애 증상이 있는 남성 환자들을 개인 및 집단별로 상담하였다. 그들은 모두 중범죄를 저질렀고 1983년 정신건강법령Mental Health Act에 따라서 수감되었다. 환자들은 그들의 범죄 행동과 정신질환에 대한 통찰력을 기르고 또한 사회적 · 반성적 · 대인관계적 기능을 발전시키기 위해 그들의 사회복귀 치료의 일환으로 의료진에 의해 연극치료를 받게 되었다.

연극치료가 환자들의 사회복귀 경험에 변화라는 수많은 창의적 가능성을 촉진시키는 동안 법의학 환경의 의료 활동에서 되풀이되는 문제는 연극치료 과정으로 창의적 공간을 이용할 가능성을 거부하거나 파괴하려는 시도로 보일 수 있는 '방어' 형태다. 나는 환자들이 특히 콤플렉스 증상을 보이는 곳에서 그러한 파괴성을 경험하면서 체포된 치료사-인질과 같은 느낌을 받았고 어떤 때는 내가 그들을 파괴할 잠재성을 지니고 있다고 그들이 느낄 수 있는 체포자-가해자의 역할이 된다는 느낌을 가졌다. 이 역학은 치료사에게 협력-작업관계가 아니라 일대일의 성격이 불가피한 개별 상담에서 더욱 심화되었다.

연극치료사로서 필자의 관심은 외부 세계에 있는 환자의 내면 세계로부터 무엇이 표출되는지 그리고 보다 큰 통찰력과 자기인식을 창조하여 재발의 위험을 줄이기 위해 어떻게 예술 매체가 이 경험을 적용할 수 있는지에 관한 것이다. 여기서 과제는 언제 파괴성이 예술매체에 체계적으로 실연되는가이며, 그런 실연이 무슨 일이 일어나고 있는지 고찰하는 연극치료사의 능력에 달린 것이 무엇인가이다.

법의학 연극치료 공간에서 우리는 보통 방어 전술을 많이 연기하는 걸 보게 된다. 매체 또는 치료사의 엄격한 통제를 보장할 명백히 부주의하고 반복적인 필요성은 환자의 내면 세계에 대한 방어체제 증상으로 보일 수 있다. 그런 원초적 방어체제는 '최선의 방어 형태는 공격'이라는 '부주의한' 논리의 여러 가지 파괴적 방법으로 나타나게 된다. 연극치료사는 무력화가 환자와 치료사 또는 매체에 궁극적인 결과가 되지 않도록, 파괴적 공격을 존중하고 이해하고 이용하는 방법을 찾아야 한다.

참여자가 연극놀이에 참여하는 것을 거부하고 반대하고 조롱하고 멸시한다면, 치료사는 그를 치료사의 사고능력을 부수고 침범하고 전환시키는 환자로 이해하게 된다. 그보다 극한 단계에서 그러한 반응들은 다른 사람을 통제하는 난폭하며 또는 성적인 충동의 형태로 매체 또는 연극치료사에 대한 가학적 침해로 경험된다. 결국 공간은 환자에게 테러를 당하고 테러를 일으키는 전쟁 연극이 될 수 있으며 때로 전쟁의 여파로 산산조각난 파편을 손에 쥔 치료사가 남게 된다. 이것은 환자 자신의 삶의 경험을 전파하고 그들 자신의 조각난 내력을 함께 붙들기 위해 안간힘을 쓰게 한다.

스콕스태드Skogstad는 입원환자 치료에 대한 고찰을 하면서 "환자들을 치료하라는 요청은 그들을 '배우'가 아니라 '생각하고 느끼는 사람들'(Masterson, 1972)이 되도록 도움을 주는 것"이라고 설명한다(Skogstad, 2004: 2). 연극치료사가 여기서 '배우'는 충동 억제와 통찰력이 부족한 사람을 가리킨다는 걸 인식한다 하더라도 그의 '행위화acting out'는 파괴적이 될 수 있으며, 치료를 위한 연극치료적 접근은 봉쇄된 환경에서 '연기'의 과정 그 자체가 그들을 자신의 서사 속에서 '생각하고 느끼는 배우들'이 되도록 도와주는 연극적 거리와 경험의 재구성을 부여할 수 있다.

법의학 정신역동적 정신치료는 범죄 행위를 이러한 서사 속에서 중요한 초점으로 강조하는데 그 이유는 범죄가 "가해자의 내면(정신) 세계의 양상을 우리에게 많이 이야기"할 수 있기 때문이다(Cordess & Hyatt Williams,

1996: 19). 매칼리스터(McAlister, 2002: 357)가 설명하듯이 "범죄 그 자체는 편집증과 난폭한 환각 같은 참기 힘든 마음의 상태를 행동을 통해 실연되거나 원하는 것으로 보일 수 있다."

웰던Wheldon은 범죄 행위가 사고의 무능력을 보여 주고, 조현병, 성도착증 범죄자들의 정신이상과 같은 정신병리 계열에서 뚜렷이 나타나는 단절을 보여 준다고 설명한다. 스콕스태드처럼 그녀는 치료에 대한 노력이 환자가 생각하도록 도와준다고 설명하면서 다음과 같이 지적한다.

> … 때때로 생각과 반성을 하는 자신의 능력에 가학적 공격을 하는 환자의 성향은 치료사의 생각과 반성 능력에 반대로 투영되고 지시되는데, 그렇게 되면 치료사는 혼돈스럽고 무감각해져 그 어떤 유용한 해석을 할 수 없게 된다.
>
> (Skogstad, 1997: 15)

다음의 사례들은 공간 안에서 포로나 인질이 되는 역학으로 연극치료사가 작업할 때 어떤 선택을 할지 고찰하기 위해 의료 공간에서 필자가 경험한 몇 가지를 소개한 내용이다. 전혀 중요하지는 않지만, 3명의 환자들은 여럿이 모여 노출되는 성격과 다른 사람들과의 관계 유지가 경험상 어려운 점 때문에 다른 연극치료 모임에 참가하지 못했음을 밝혀 둔다.

사례 1

연극치료사로 필자는 맨 처음 지역 정신건강센터에 근무하면서 외래환자들을 개별 상담하였다. 특이한 한 환자를 그의 GP가 분노 조절이라고 의뢰하였다. 나는 그의 인간관계에 해로운 영향을 줄 것 같은 분노를 조절시켜 줄 목적으로 매주 만나기로 하였다. 나는 그가 자기의 동거인에게 저질렀던 폭력들을 낱낱이 고백함으로써 거기서 떠나고, 벗어나고, 정화하려는 작업으로 대한다는 걸 경험하였다. 그다음에 몇 주 동안 그는 나타나지 않다가 또 다른 폭력 사건을 일으켜서 돌아오곤 했다. 나는 또한 그가 폭력을 휘두른 다음 다시 치료받기로 하고 그때마다 동거인이 그를 치료 공간에 태워다 준다는 것을 알았다. 작업을 진행하는 동안 나는 그의 죄를 듣는 '귀'가 되어 고통스러웠다. 그러나 나 자신의 '마음' 또는 '입'을 사용하면 안 되니까, 내 경험을 되돌아보는 어떤 시도도 하지 못하고, 그의 동거인처럼 짓눌려 있는 감정으로 남아 있었다. 역전이 상태에서 필자가 거슬리는 말을 하면 그가 나가 버리고 그 결과로 그가 하는 행동에 책임을 져야 한다는 무언의 위협 때문에 난 겁이 났다.

동거인이 그를 자극시켜 해로운 공격이 가해진 책임을 지듯이('저 여자가 날 밀었어요.', '저 여자가 그렇게 하도록 만들었어요.'), 나는 그의 죄를 중재할 책임을 져야 했다. 그는 물리적 폭력을 통해 자신의 욱하는 심정을 동거인과 그들의 살림살이에 전가시켰기 때문에, 그것이 일으킨 손해를 방어하려는 그의 욕구는 무엇이 말로 허용되고 허용되지 않는지 잠재적 통제를 시도함으로써 치료사에게 똑같이 전가시켰다.

이 참여자는 법의학적 환자가 아니지만, 아무 때나 재실연될 가능성이 있는 범죄 장면을 연출할 느낌이 있었다. 그가 발작을 일으키면 자기감정을 참지 못하는 위험한 사람이란 걸 암시하는 '고백' 내용에 반응하면서 나 자신이 인질이 된다는 느낌도 들었다. 그의 갑작스러운 폭력성에 따른 방문 치료는 그에게 참을성을 갖는 나의 능력에 커다란 한계가 있음을 의미했다. 다른 한편, 그가 나에 대해 참을성을 느꼈다면, 잠재된 의존심이 그의 대상들을 언제나 통제하는 능력에 위협을 가하게 되고 '핵심 콤플렉스'의 악순환이 재실연된다(Glasser, 1979)(사례 3 참조). 폐쇄 법의학 환경이 제공하는 여분의 신체 안전망이 없는 지역 정신건강센터에서 그를 만난 것은 그에게 아무 도움도 되지 못했다. 도리어 외부적으로 제지하는 환경이었더라면 그는 연극치료에 참여할 수도 있었을 것이다.

사례 2

50대 후반의 백인인 빌은 편집성 조현병 증상으로, 오랜 기간 정신이상 증세를 보여, 생애 3분의 2 이상을 감금된 채 보냈다. 그의 범죄 행동은 소년 시절로 거슬러 올라가, 상습 밤도둑질로 나타났다. 그는 다른 전문 분야를 포함한 협진의 일환으로 개별 연극치료를 받았다. 그러나 첫 1년이 지나자 자진해서 모든 회기 참석을 중단하고 심리치료사는 '물러났다'. 그때 나는 그의 치료 과정을 정기적으로 보고할 수 있는 유일한 구성원의 자격으로 남아 있었다. 처음에 빌은 그의 이전 교도소 방문객 이름으로 내게 의뢰되었다. 그와 2년 가까이 떨어져 있다가 그를 잘 찾아가지 않는 딸을 대신 만나게 되었다. 그는 줄곧 매체 참여를 거부하였는데, '연기'는 사실이 아니라고 믿고 '가짜'를 흥미로워 하지 않았기 때문이다. 그의 생각이 매우 구체적이고 상징화하는 능력이 제한되어 있다는 점에서 그는 정신병리 양상을 보였다. 물리적 세계와 비슷한 차원의 것, 즉 자신이 전사가 되어 선두에 앞장서는 영토전쟁과 같은 정신적 왕국에 대해서는 상세히 묘사하기도 하였다.

빌은 작업에서 '지하세계'(그의 표현대로)의 범죄 생활, 여자들과의 성관계, 수감 생활과 같은 실제 삶에 대한 이야기와 자신이 세계적인 방위 전략을 통제하는 정신적 투사가 되었다는 비슷한 세계에 대해서도 자세히 언급하였다. 나는 위의 참여자를 상담하고 내가 그의 감정 발산에 구속되고 있었다는 것을 느꼈다. 매체를 거부하고 교도소 방문객이나 우상시하는 딸과 나누는 모닝커피처럼 우호적인 역할 속에서 자신의 이야기를 들려 주려는 그의 욕구는 나에게 무력감과 박탈감을 안겨 주었다. 역전이 상태에서 성과 폭력, 범죄 생활 같은 극적인 이야기가 있음에도 불구하고 나는 자주 피곤해져서 깨어 있으려고 살을 꼬집는 경우도 있었다.

슈퍼비전을 받은 결과, 내 몸의 탈진/분열이 빌의 통제를 방어하는 것일 수도 있다는 것을 알았다. 흥미롭게도 빌은 소년 시절부터 자신이 빼앗겼다고 느끼는 뭔가를 갖기 위해 침입해 들어갔다. 위니컷 등(Winnicott et al., 1984)은 잃어버린 뭔가를 되찾으려는 욕구로서 범죄 행위에 대해 외부 세계가 그걸 줄 거라고 말한다. 빌을 상담해 보니 그에게 본래 결핍되었던 참을성을 찾을 수 있는 유일한 방법은 감금되는 것이었다. 나 역시 치료사로서 탈진 행위가 조종당하는 것에 대한 방어일 뿐 아니라 빌이 내 일부를 부수고 들어와 앗아 가는 행위에 대한 방어였다는 것을 알았다. 나의 생각과 창의적인 부분이 매체라는 파생된 공간을 떠나자 빌이 사실은 이야기꾼이었고 난 그의 환각의 대상이었다는 확신을 갖게 되었다. 또 다른 가능성은 실제로 내가 그로부터 도망치지 못하는 구속 상태에 있다고 느낀 것인데, 날 빼앗기지 않았다는 확신이 그에게 들자, 나는 치료계획대로 그가 만나고 싶어 하는 유일한 전문가로 남게 되었다.

정신병 환자들을 대하면서 전이와 역전이 때문에 싸우는 치료사들이 많은데, 흥미로운 점은 환자가 늘 잠재된 억압이나 치료사/어머니를 차지하고 싶어 할 때 나타나는 (오이디푸스 이전 단계) 엄마와의 일대일 관계에서 동일시할 수 있는 수많은 내용이 나온다는 것이다. 독터(Doctor, 1999)는 성적 혹은 성적 흥분의 전이는 정신이상 증세이며 치료사를 분리된 완전체로 판단하지 못할 수도 있다고 설명한다. 글래서Glasser는 제3자의 존재를 들여와 일대일에서 3자 구도로 옮겨 가는 점을 강조하며(오이디푸스 형태) 다음과 같이 말한다.

… 정신이상과 도착이 발견된 사람들에게 해결을 제시하는 것은 아버지의 존재다. 아버지가 있는 미성년자는 아버지를 대체 상대로 바꾸어

> 핵심 콤플렉스의 대립 충돌을 해결해 나갈 수 있다.
>
> (Glasser, 1985: 409)

물론 글래서의 주장은 아버지가 건강하고 채택될 만한 '대체 상대'가 아니라, 위험한 가해자로 판명될 때 문제가 된다. 만일 제3자의 존재가 화근이 된다면, '대립 충돌'이 조정될 가능성은 희박하다. 이것은 치료 관계 속에서 똑같이 나타나, 거기서 예술 형태는 제3자가 되는데, 참을 수 없는 것에 해결 제시를 못하면, 환자는 그 제3자를 위협적인 대상으로 본다.

치료사를 차지하거나 억압하려고 하는 정신질환자에게는 그 어떤 존재든지 위협으로 느껴지고 그에 따라 타격을 받는다. 이것은 치료사의 마음속에 생각하고 유대를 맺는 공간을 포함한다(Bion, 1959). 조현병 환자들과 작업할 때, 환상과 현실이 구체적인 생각을 통해 통합되거나 양극화되는 곳에서 연극치료사의 '창의적 공간'은 잠재적으로 공격의 또 다른 표적이 될 수 있다.

'창의적 공간'에 가해지는 잠재적 공격을 변화시키려면, 연극치료사는 협동심을 기르고 환자가 견딜 수 있는 창의적 개입을 해야 한다. 필자가 체현의 대안으로 영상 매체를 주자 빌과의 상담에 발전이 생겼다. 환자와 치료사를 마주보는 대신 나란히 옆에 있도록 위치조정을 하면서 비디오매체 DVD player에 대한 제3의 물리적 공간이 열렸다. 제3자의 위치조정은 빌이 버튼만 누르면 안전하게 작동되는 매체와 작업하도록 연극적 거리를 충분히 주었다.

사회복귀 치료의 일환으로 연극치료를 6년 받은 후, 빌은 법무부의 조건부 석방으로 중간위험군 보호에서 저위험군 보호 공동체로 옮겨 갔다. 그는 참을성과 보안 의식을 내면화해서 그 자신의 감정과 실존적 두려움을 참아내기 위해 다른 사람들을 더 이상 인질이나 포로로 잡지 않게 되었다. 그의 나머지 정신질환은 속박으로부터 더 큰 자유로 전이되어 생존하기에 충분한 구실이 되고 있다.

사례 3

40대 초반 영국인, 흑인 남성 칼은 분열정동장애 진단과 정신이상 범죄 사법기관에 수감된 이력을 갖고 있다. 그의 범죄 행위는 정신질환으로 약물 복용 상태에서 밤도둑질을 한 것이다. 그의 치료와 사회복귀의 일환으로 여러 분야의 의료진이 개별 연극치료를 의뢰하였다. 그의 행동은 갑작스러워서, 그는 보호기관의 중증 환자로 취급되었다. 그 당시 그는 사교성이 있었을 수도 있으며 다른 환자들을 괴롭히고 여직원들의 장소에 침범하기도 하였다. 한때 그는 주눅 들어 방에서 오랜 시기를 보냈다. 의료진은 칼이 연극치료로 자신의 정신질환과 범죄 행위를 통찰하여 자신의 감정을 풀고 억제하기를 기대하였다. 법의학 업무에서 위험 부과의 그리고 재발과 상습의 요소는 늘 존재한다.

칼과 한 공간에 있는 것은 여러 면에서 문제되는 게 판명 났다. 초반에 난 그에게 매체와 상당히 감각적인 관계를 갖도록 하였다. 그는 작은 물건들/장난감들을 선반에서 잡아 내리고 레고로 탑과 자동차를 만들더니 이내 허물어뜨렸다. 공간은 어린이 방을 연상시켰다. 제닝스Jennings의 EPR 발달 사례는 칼이 어떻게 이 매체를 가지고 발전적으로 참여하는지 이해할 수 있는 유용한 체계를 제공하였다(Jennings et al., 1994).

칼은 쿠션으로 '둥지'를 틀어 그 속에 드러눕더니 시트를 덮어 달라고 부탁했다. 그렇게 해 주니까 그는 시트를 몸에 밀착시켜 감싸더니 침대에 누운 어린아이처럼 여기저기로 움직였다. 이것은 내게 강한 모성본능을 유발시켰다. 그런데 얼마 뒤, 그는 나도 거기에 누우라고 하면서 성적 자극을 하기 시작했다. 그래서 그를 앉아 있게 하고 보이지 않는 구석에 사람을 보내 달라고 했더니 그는 일어서서 "해 줄게. 네가 뭘 원하는지 아니까."라고 말하였다. 난 경보 버튼을 눌러 응급요원을 부르지 않고, 그대로 자리에 앉아서 그에게 의자에 앉으라고 한 뒤, 우리는 그의 언어가 어떤 영향을 미치고 어떤 결과를 가져오는지에 대해 이야기하였다. 잠깐 사이 칼은 유아상태에서 성을 아는 어른인 것처럼 동요되었다가 되돌아온 것인데, 초기 성적 접근은 단 것을 달라고 엄마에게 조르는 아기의 성향을 갖고 있기 때문이다. 그럼에도 불구하고 그의 인내는 더욱 공격적으로 변해 성인용 의자에 몸을 돌려 앉아서, 자거나 성행위를 하는 그의 충동이 절망감과 분노를 피하려는 방법이라고 설명했다. (슈퍼비전에서 나는 그가 직접적으로 하는 성적 접근을 내가 편하게 대하는 게 치료사로서 느끼는 무기력함을 피하는 방법이 아닌지 생각해 보기도 하였다.)

몇 번 회기가 진행된 후, 칼은 자리에 앉더니 나를 죽여도 되겠냐고 물었다. 내가 불편해 하는 걸 알아채고, 그는 미소 지으며 두 손을 내 목에 갖다 댔다. "네 목을 조를 거야, 네 목을 조를 거라고. 네 목을 조르고 싶어." 이 만남으로 나는 무자비한 학대감을 느꼈다. 나는 무서워서 그의 접촉을 피해 뒤로 물러났고, 이건 받아들일 수 없다고 분명히 말했다. 이 점에 대해 나는 잠재된 신체적 공격과 마찬가지로, 치료사를 인격체로서 반대하려는 게 아니라 그의 투사된 희망, 욕구, 의존심을 받아주는 사람으로서 감정적·심리적 공격을 한 것이라고 느끼게 되었다. 앞서 성적 자극을 가한 만남은 가학성 공격으로 변했었는데, 그건 친밀감과 동시에 칼이 다른 사람과 지내고 싶어 하면서 생기는 의존심을 지나치게 부정하는 경험을 해결하기 위해서였던 것이었다. 그의 파괴적 행동을 회복시키기 위해서 나는 키를 쥐고 있는 체포자이며 그의 행동은 억제되어야 한다고 그에게 알리려 하지 않고, 거기서 재빨리 움직였다는 걸 깨달았다.

관계 맺기에 있어서 그런 의존적이고 파괴적인 방법들에 대해 글래서는 '자기보존'을 위한 공격과 '가학적 공격'의 차이를 구분하면서 어떻게 타자가 될 수 있는지 제시한다. 그는 '핵심 콤플렉스'(Glasser, 1979)라고 부르는 이론을 발전시켰는데, 그것은 타자와 '행복한 화합'을 열망하는 것이다.

그러나 내재된 합일을 통해 자기를 영영 잃어버릴 위험성이 있다. 전적인 부정에 대한 두려움은 대상으로부터 마음을 멀어지게 한다. 그러나 '안전한 거리로 날아가기'는 외로운 고립감이 들게 하고 그에 대한 유일한 치유는 타자와의 접촉을 새롭게 하는 것이다. 그러므로 친밀감이 부정하기로 감지되고 이탈이 포기 상태로 감지되는 바로 그 지점에서, 악순환은 실연된다. 이 원초적인 기능은 아이와 엄마 사이의 교류와 확실히 동일하다.

글래서는 이 순환을 해결하고 핵심 콤플렉스의 공격에서 상대를 보호하고 관계 유지를 위한 방법으로 다음과 같이 주장한다.

> … 그것은 성애화sexualization를 광범위하게 이용하는 것이다. 공격은 가학성 음란증으로 전환되고 파괴 의도는 다치게 하고 억압하려는 마음으로 전환된다. 성별 구분은 보다 효과적인 방어 기준과 안정성을 도모함으로써 사태의 내면 속에서 구속력과 조직력을 행사하기도 한다.
>
> (Glasser, 1979: 289)

글래서는 이 과정이 파괴되면 "… 가학성 음란증이 공격으로 되돌아간다고 경고한다. 그러므로 가학성 음란증은 점차 성범죄로 변화하고 그다음 성범죄는 폭력범으로 변화하여, 과정 속에서 퇴행하는 사람으로 대상을 평가한다"(Glasser, 1979: 289).

템플Temple은 가학성 음란증이 정신적 고통이나 상실에 대한 잠재적 방어가 될 수 있어서, 그것은 어떤 약점도 피하려고 하는 성적 흥분과 복합된 다른 것으로 약점이 투사된 것이라고 알려 준다. 그러므로 치료사는 "미처 의식하지 못한 채 괴롭히거나 가학적이며 잘못된 치료 상황의 피학대 음란증 희생자가 될" 가능성이 있다(Temple, 1996: 35). 치료사는 환자를 대하면서 강압적으로 가학성을 띠거나 희생자의 역할을 받아들이게 된다. 템플은 "치료사에게 가장 중대한 어려움 중 하나는 이 잔인한 교류를 하면서 중재와 공정의 형태를 허용하는 방식으로 초자아와 환자의 자아 사이의 가학성 – 피학대성sado-masochistic 관계에 개입하는 것"이라고 설명한다(Temple, 1996: 35).

칼이 보다 의미 있는 접촉을 이행하면서, 그가 나의 존재와 개입을 지우려는 수단으로 라디오를 켜고 음악을 크게 틀어 공간에서 나로부터 물러나는 걸 자주 경험하였다. 그토록 분명한 '핵심 콤플렉스'의 실연을 보고, 나는 〈고도를 기다리며〉의 에스트라공 대사를 떠올렸다. "날 건드리지 마! 내게 묻지 마! 내게 말하지 마! 나와 있어 줘!"(Beckett, 1956)

칼은 '통합' 또는 '지움'을 시도하는 시기가 지나자, 교화된 방법들에 적용된 매체를 통해 나와의 관계에서 자신을 설정할 수 있게 되었다. 그림 카드들을 바라볼 때 그는 4를 뽑더니, 의미 있다고 느꼈다. 첫 번째 그림은 커다란 검은 까마귀가 사람의 해골에 앉아 있는 것이었다. 그는 "당신이 내 머리를 쪼고 있는 거야."라며 가리켰다. 그러고 나서 그는 한 남자와 하얀 새가 서로 마주보고 앉아 있는 그림을 고르더니, "인생의 춤, 이게 나와 당신이야."라고 설명했다. 다음 그림은 길가에 앉아 있는 수사슴을 향해 크리쉬너 신상이 오고 있었다. 그는 "길가에 있는 게 나야."라고 말했다. 내가 "누가 크리쉬너 신상을 태우고 있어요?"라고 물으니까, 그가 "모르겠어. 그런데 이게 날 향해 오고 있네."라고 대답했다. 마지막으로 그는 두 손에 머리를 쥐고 앉은 사람이 있는 황량하고 메마른 풍경을 선택하였다. "이건 일을 완전히 해내려는 당신이야."라고 말했다.

나는 그의 해설이 수준 있는 통찰력과 이해력을 보여 줘서 충격을 받았다. 그의 일부는 손상된 방어적 관계의 방법 어딘가에, '그의 머리를 잡고' '그와 같이 춤을 추고' '친밀하게 그를 위협하고' 또한 '그를 생각하고' 달리 말하면 그를 마음에 품으려고, 내가 거기에 있었다고 생각할 수 있다.

상담을 하면서 나타나는 파괴성의 단계에도 불구하고, 그가 좌절과 두려움을 느끼는 가운데 교감과 희망의 순간이 있었다. 칼은 연극치료를 아주 끝내려고 하였는데, 그다음 주엔 더 많은 시간을 또는 하루에 두 번씩 상담을 요청했다. 그가 매체를 가지고 참여하든 안 하든, 내가 이 경험을 통해 배운 중요한 교훈은 시간과 장소 그리고 물리적 접근의 영역을 지키고 때로는 인생의 춤, 죽음, 파괴가 실연될 수 있는 침묵의 지점으로 나의 존재를 지속시킬 필요가 있다는 것이다.

그의 심리상담사, 간호사 그리고 사회복지사와 함께 연극치료는 그의 사회복귀에 꾸준히 개입하였는데, 그 속에서 칼은 이전에 할 수 없었던 방법으로 인내하고 자신을 표현하는 더 큰 능력을 발전시킬 수 있었다. 공동체로 나오기 전, 마지막 연극치료 수업에서 칼은 서가에 있는 동화책의 한 부분을 택해서 소년과 얼음 여왕이 영원한 작별인사를 하기 전에 마지막으로 그녀의 썰매를 타는 이야기를 읽어 주었다. 치료사와 환자 두 사람에게 은유적으로 이해되는 부분이었다. 수업이 끝나자 그는 나를 그리워할 거라고 말하였다. 칼은 표현이 풍부하고 존중받을 만했던 그 자신을 위한 출구를 만들기 위해, 때론 난폭하고 때론 과도한 구속감을 느낀 후, 그의 길을 찾아가는 어른이 되어 공간을 떠났다.

추가 고찰

연극치료 공간은 파괴적 공간—전쟁 연극—에서 '창조적 공간'으로 변화되었다. 이 과정은 어떤 차원 – 제3의 공간에 맡겨져 내부 또는 외부 현실에 속하지 않고 놀이와 창의성에 얽매어 있는, 위니컷의 '전이 현상' 개념과 연계된다(Abram, 1996: 311). 연극치료사들을 위해 어린이가 분리와 상징의 방법으로 '전이 대상'을 사용하는 것처럼, '전이 대상'은 환자와 연관되는 '연극매체'와 환자가 연관시키는 '치료사' 양쪽이 동시에 될 수 있다. 둘 다 자기를 타자들로부터 분리하고, 자기를 타자들과 연합하는 상징이 된다. 그레인저(Grainger, 1992)는 "연극 자체가 분리와 연관(또는 소외와 흡수)의 경험과 포괄적으로 연관되기 때문에, 구조적 역할과 연극치료를 유형화하는 자유로운 상상을 혼합하는 것이 이 과정에 결정적"이라고 밝힌다.

이 사례들은 환자가 위협을 느끼는 장소에 있을 때, 드라마나 창의적 공간을 무너뜨림으로써 반응한다는 것을 보여 준다. 그러나 아래 기술한 사례들처럼, 연극치료사는 파괴성이 일어나는 그런 순간에 무심코 놓이게 된다.

큰 체구의 흑인 남성 칼은 내 뒤에서 연극치료실을 향해 걸어가고, 수갑과 사슬을 차고 있는 몸짓을 한다. 그 공간에 들어가면서 그는 "부인, 내게 뭘 시킬 겁니까?"라고 물었다. 나는 "이 방을 청소하세요!"라고 대꾸하는 대신 "뭘 하고 싶은데요?"라고 말하면서, 그와 협력할 수 있었고, 그가 표현한 '부인'의 역할에 응할 수 있었다. 나의 모호한 반응으로 인해 그가 탐색하게 된 우리의 역동은 전환되었다. 흑인 노예와 그의 백인 여주인의 잠재적 이미지 때문에 혼자 불편했던 필자는 연극이 진행된 그 잠재적 순간을 파괴했던 것이다. 백인 여주인처럼 키를 쥔 연극치료사에 의해 '머리가 잡혀서' 그녀의 방으로 끌려가는 흑인 남성의 연극은 '그를 춤추게 하고' '친밀하게 위협하고' '그의 문제를 해결하였다'.

맨 끝의(다음 오른쪽) 그림에서 파괴성은 매체와의 놀이를 하지 않고 그 순간을 파괴하는 나의 형상을 보여 준다. 이러한 그림은 체포자와 '구속된'

포로, 가학 피학성 음란증 환자의 '속박' 같은 식민주의와 인종차별이라는
문화적 유산을 불편하게 상기시키고, 결국 공간 속에서 누가 누구를 인질화
하느냐의 역설적 문제까지 수많은 관계 조합을 담고 있다.

　위의 세 가지 사례들이 보여 주듯이 서로 다른 순간에 환자나 치료사 또
는 매체는 모두 인질의 위치에 놓이게 된다.

가능성의 예술

　연극치료사로 활동하면서, 필자는 모든 연극, 모든 연극 공간, 모든 연극
의 만남 속에는 상당히 겉치레로 행위화될 수 있는 모순이 놓여 있는 것도
알게 되었다. 이것은 융Jung의 그림자와 페르소나, 프로이트Freud의 삶과 죽
음 본능, 자아와 초자아, 클라인Klein의 선과 악의 분열과 투사, 그루엔Gruen
의 내부와 외부의 힘, 글래서Glasser의 자기보존과 가학적 공격의 '핵심 콤플
렉스', 위니컷Winnicott의 '참 자기'와 '거짓 자기', 가학성 음란증 환자와 피학
대 음란증 환자, 로젠펠트Rosenfeld 지도자들(1971)의 내부 마피아 갱, 그린우
드(Greenwood, 2000)의 체포자와 인질 그리고 가해자와 희생자의 역할을
포함하고 있다. 이것은 '편집성 조현병' 자리에서 '우울 자리'로 이동하는 클
라인의 대상 관계의 세계든지, 융의 개성화를 지향하는 그림자의 통합으로

경험의 구별되지 않는 극한의 세계에서, 정신적 변화를 일으키는 이러한 양극들을 인정하고 통합시키는 것이다.

우리 모두가 우리 자신의 파괴성과 마주치는 동일한 연속체 위에 있다는 것을 인정할 가치가 있으며, 다른 사람들이 그들의 저항의 문턱을 마주 대하도록 돕거나, 아니면 적어도 그 문턱에 같이 있어 주는 것을 이해하고, 인내하고, 어쩌면 우리 자신의 충동에 대한 연민을 발견할 수 있게 한다. 우리가 참여자의 파괴성을 우리 자신처럼 직시하게 되는 것은 전이와 역전이를 통해서 가능하다.

이 역학은 치료사와 환자와 마찬가지로 그들 사이에서도, 각자의 내부에서 무엇이 일어나고 있는지 관찰한 것을 그려 봄으로써 중요성을 높인다. 치료사나 환자는 어떤 순간에 공간 안에서 인질의 위치에 놓여, 위협과 당황, 긴장을 느끼는 곳에 처하게 된다. 치료사나 환자는 경험의 강도에 따라, 놀이 공간에서 물러나거나 또는 그것을 무너뜨리고, '핵심 콤플렉스'의 순환을 시도함으로써 파괴성이라는 원초적 방어로 대응하게 된다.

그런 순간이 생기면, 치료사의 임무는 '놀이'가 파괴되었다 하더라도, 마음속으로 '놀이'를 지속시키는 것이다. 행동이 참을 수 없는 내면의 상태를 표출하는 원초적 방어로 구성되었듯이 파괴성은 하나의 중요한 소통이다. 매체나 마음의 전적인 부정—무력감—이 더 이상 없다는 것을 의미하더라도, 파괴성 그 자체의 행위는 누군가가 참을 수 없는 그 무엇을 알도록 하는 방법이다. 위니컷 등(1984)이 믿었던 것은 외부 세계에 구조를 요청하는 것이었다.

매체와의 삼각관계를 통해, 가끔 예술치료에서, 이전에 참기 힘들었던 그 무엇이 중재되기도 한다. 매체가 공격을 받으면, 관계가 지속된다는 것이고, 관계가 공격을 받으면, 생각할 공간이 남아 있다는 것이다. 생각할 공간이 공격을 받으면, 물리적 존재라도 있다는 것이다. 에스트라공이 "나와 함께 있어 줘."라고 말하듯이(Beckett, 1956).

연극치료가 제공하는 여러 가지 억제 방법들과 함께 마음과 몸, 이미지,

물체, 이야기를 사용함으로써, 연극치료사는 각각의 시기에 따라 체포자, 인질 그리고 방관자의 세 가지 역할이 치료사의 의식 속에 자리 잡고 있다가, 그 세 가지 인물로 등장할 준비를 해야 한다. 배우들이 그 인물들 중 아무나 되어 계속 충격을 받는 것으로부터 자유로워질 수 있는 것은 이 서로 다른 역할들에 다가가 행위화함으로써 비로소 가능해진다. 테리 웨이트Terry Waite 는 1991년 베이루트에서 그가 탈출하도록 해 준 협력에 대해 다음과 같이 기술하고 있다.

> 인질에서 풀려 나는 것은 당신이 체포자들과 함께 무대 장치를 세우 는 것과 같으며, 당신이 서서히 그것을 함께 세워 나가듯, 각 작품에 동 의하는 것과 같다. 그리고 나서 체포자와 포로 둘 다 진지하고 근엄하게 걸어간 출구를 통해 당신은 빠져나간다.
>
> www.whatquote.com (seen, 2007)

파괴성은 고립된 현상이 될 수 없으나 파괴적이기 위한 하나의 맥락이 있어야 할 것이다. 파괴성의 행위가 어떤 참을 수 없는 것의 분출, 내부에 있는 무언가를 밖으로 내보내는 동작이라면, 그것 역시 잠재성의 행위다. 그러나 이 행위가 해를 끼친다면, 그것이 우리를 이용하기 전에 어떻게 이용할 수 있을까? 이 문제는, 정말 위험하고 위협적인 (단지 환상이 아닌) 특별한 순간 에 놀이와 창의성이 불가능해 보일지라도, 모든 치료 과정 속에서 '놀이'를 가능하도록 지속시킬 방법을 찾아내는 연극치료사에 의해 해결될 수 있다.

잠재적인 '놀이'를 지속함으로써 그것이 공간 안의 마음에 있든지 아니면 몸에 있든지, 연극치료사가 창의적 가능성을 마음에 품고, 파괴되었거나 죽은 것으로 보이는 어떤 것을 계속 살아 있도록 함으로써 파괴성을 이용할 수 있다. '무엇인가 마음에 품을 수' 있는 연극치료사의 가설은 선별된 정신역학, 정신분석학 개념과 마찬가지로 다른 예술치료사들과 함께 수반된다. 이

가능성이 위협을 받으면, 포로의 위치에서 체포된 치료사는 환자-인질과 협력하게 될 치료사-인질을 풀어 주는 슈퍼바이저의 마음에 의지해야 할 수도 있다.

결 론

이 장을 통해 법정신의학 환경의 연극치료 공간에 있는 파괴성에 대해 살펴보았다. 파괴성은 환자가 상호적으로 체포자이거나 포로일 경우, 치료사를 인질이나 가해자의 위치에 놓이게 하는 방식을 보여 준다. 예술 매체는 앞에서 살펴본 세 가지 사례로 예시되었듯이, 그러한 파괴성에 의해 붕괴될 수도 있다. 연극치료사는 매체를 통해 상담을 하거나 공간과 관련된 보다 협력적인 방법을 찾아내어 파괴성을 변형시키고 이용할 수 있는 가능성들을 보유하고 있다. 이것은 환자와 함께 있으면서, 그들이 자기 자신에 대해 좀 더 참을성을 느낄 수 있도록 하기 위해, 그들에 대해 참지 못하는 것을 참아 내는 걸 의미한다. 힘든 감정을 억제하고 자기 자신과 다른 사람에 대한 감정 대입을 키워 나가는 것은 연극치료에서 법의학적 환자를 위한 중요한 목적이 된다. 그렇게 되면 그들은 (생각 없이) 행위화하고, 다시 화를 내며 자신이나 타인들에게 해를 입히는 위험을 감소시켜, 참지 못하는 감정을 분출할 필요가 없을 것이다.

　임상 공간에서 관찰을 활용하고 그것들을 이론적 개념으로 연결시킴으로써, 가능성의 예술을 지속시키는 창의적 공간의 환자와 치료사가 치료적 목조르기를 하고 있는 것 같은 느낌을 받게 될 때, 과연 연극치료사는 어떤 선택을 해야 하는가를 고찰할 수 있다.

10

설탕과 향료 그리고 모든 멋진 것들: 법의학적 환경에서 한 흑인 여성의 분노

Rose Thorn

개 요

이 장의 내용은 중대범죄인 방화 용의자이며 조현병 진단을 받은 30대 후반의 흑인 여성 아우리엘이 7주간 중간위험군 보호병동에서 받은 연극치료에 대한 평가를 중심으로 다루고 있다. 필자는 연극치료 공간 내부와 다학제간 전문치료팀multidisciplinary team: MDT(Stamp, 2000) 내부 모두에서 나타나는 은유들, 이야기들 그리고 역할들을 연구하였다. 연구 환경을 제한하고 그 안에서 위탁 과정을 행하고 임상 사례들을 활용하면서 해당 회기의 시간적 순서를 그대로 따랐다. 필자의 역전이를 분석하고 그것을 이론상의 자료와 연관시켰다. 환자의 정보 보호를 위해 구체적인 내용들은 변경되었으며 직접 인용한 부분은 인용부호로 표시하였다.

서 론

이해를 위한 기본 틀

필자는 외부 슈퍼비전의 기록들과 과정을 적은 기록을 이용한 사례 연구 접근법(Grainger, 1999; Edwards, 1999)을 활용하였다. 이 조사를 뒷받침하는 모델과 이론에는 다음과 같은 것들이 포함된다. 놀이–드라마 연속체 play-drama continuum(Jones, 2007), 애착이론(Adshead, 2002), 트라우마 모델 (Rothschild, 2000; Levine, 1997), 정신역동적 접근법(Bateman & Holmes, 1995; Gomez, 1996), 그리고 페미니즘 이론(Hooks, 1990; Lorde, 1984; Orbach, 1998; Welldon, 1992) 등이다.

환경과 환자 집단

필자가 연구한 중간위험군 보호병동은 68명의 남성과 12명의 여성 입원 환자를 위한 침상 시설을 갖추고 있다. APT(예술심리치료팀)에는 연극치료사 3명, 미술치료사 2명 그리고 음악치료사 3명이 속해 있다. 각 요법별로 충분한 시설을 갖춘 치료실이 주어졌다. 우리는 MDT가 합의한 서비스(요양보호) 경로와 환자의 요구에 따라 일대일, 집단, 단기 혹은 장기 치료와 같은 다양한 방법들을 원활히 수행하면서 남성과 여성 서비스 전반에 걸쳐 연구를 하였다. 여성 요양보호는 선임 컨설턴트, 심리학자들, 작업치료사들, 사회복지사 그리고 간호팀으로 구성된 자체의 MDT를 보유하고 있다. 필자는 주례 회진에 도움을 주면서 3개월마다 통합 보호 계획 평가integrated care plan assessment: ICPA를 위한 보고서를 작성하여 제출하였다.

법의학적 환경 내에서 인종차별

2008년 '나를 끼워 주세요Count Me In'에서 시행된 환자 수 조사는 입원 환자의 23%가 흑인과 소수 인종black and minority ethnic: BME 집단에 해당됨을 확인하였다. 그들은 중간 또는 고위험군 보호병동에 있을 가능성이 더 많으며 형사사법제도에서 위임률rates of referral이 평균보다 3배 혹은 그 이상으로 높다.

> … 사회가 '위험한' 인물로 간주하는 사람을 통제하는 것은 법정신의학의 분야가 되었다. 그리고 조현병은 흑인의 저항, 절망 그리고 분노를 치료하는 데 당연히 사용되는 진단이다.
>
> (Fernando et al., 1998: 66)

식민주의와 노예제도의 유산은 서구 법정신의학의 발전을 이루어 왔다. 사회에서 흑인과 소수 인종들이 조현병으로 받아들여지고 치료를 받고 그리고 더 흔하게 진단받는 것을 볼 때, 제도적으로 관행화된 인종차별이 여전히 나타나고 있다(Littlewood & Lipsedge, 1997). 개인의 고통이 그들의 '내적인 심리적 현실' 혹은 '병리'로 인해 감소하지는 않는다. 그들의 민족성, 문화, 성, 계급 그리고 연령 역시 고려되어야 한다. 그들의 고통이 그들에게 어떤 의미가 있는가를 이해하는 것은 환자들을 '건강'과 '질병'에 대한 유럽 중심의 백인 중산층의 지배적인 규범에 맞추는 것이 아니라 여러 의미들을 조율하고 합의해 가는 하나의 과정이다(Kareem & Littlewood, 2000).

환자-치료사 결합에서 흑인성

… '흑인'이라는 단어는… 인종적 그리고 문화적 정체성에 대해 선택

되고 부여된 개념으로서 사회적 · 정치적 의미를 지닌다. 하지만 사람이
단순히 흑 혹은 백이 아니라… 지위나 위치 사이를 이동할 수 있는 능력
을 지닌 복잡하고 다층적인 존재라는 점에서 그 역시… 제한적이다.

(Barber & Campbell, 1999: 25)

필자의 경험상 '흑인'이라는 단어는 대부분 백인의 맥락에서 갈등을 초래
한다. 필자는 예술심리치료에서 유일한 흑인 예술심리치료사다. 필자는(부
모가 백인과 흑인인) 혼혈이다. 옅은 피부색으로 인한 인종차별의 경험은 사
회적 상황에 따라 달라졌다. '백인' 회사에서 근무할 때는 종종 백인이라고
생각되었다. 필자는 '충분히 검지' 않게 혹은 '너무 희게' 보이거나 불리는
것에 대해 그들이 보여 주는 불편함/인종차별이라는 투사를 당하였다. 인종
차별은 개인의 자의식에 깊은 영향을 미칠 수 있다.

치료사와 환자를 동일한 인종으로 배치하는 것이 필수적인 것은 아니다
(Kareem & Littlewood, 2000). 심리치료에 관여한 아프리카계 미국인에 대
한 연구 결과는 인종적 결합이 치료 결과에 영향을 미치는 것은 아니지만
치료 회기의 횟수에 영향을 미친다는 것을 보여 준다(Zane et al., 2004). 모
든 치료사들은 자신의 정체성 문제를 분석하고 역사적으로 권력이 어디에
존재하였으며 현재는 어디에서 작동하고 있는지를 이야기할 필요가 있다
(Dokter, 1998).

노예제도의 결과인 필자는 더 밝고 옅은 톤의 피부를 가진 흑인들에게 여
전히 부과되고 있는 그 '특권'과도 같은 것을 잘 알고 있다. 필자는 아우리
엘이 권력이라는 입장에서 필자를 어떻게 받아들일지 몹시 궁금하였다. 필
자는 또 한 명의 흑인 여성의 체험이 하나의 병으로 표현되지 않도록 해야
할 책임과 공유 가능한 경험 때문에 그녀와 함께하는 데 내 · 외적 부담감을
느꼈다.

관찰, 숙고 그리고 토론

아우리엘의 예술치료 의뢰

그 여성의 MDT는 아우리엘의 애착 형식을 축소된 공감 능력과 외부적 도움이 필요한 감정 상태를 무시해 버리는 경향인 '불안정 회피insecure avoidant' 유형으로 설명하였다. 그녀는 최근까지 10주간의 여성 연극치료 집단에 참여하다가 그만두었다. 임상적으로 비만인 아우리엘의 체중이 계속 늘어나자 그녀에게 접근할 방법을 찾지 못한 MDT는 고민이 가중되었다. 그들은 그녀가 병동에서 유일한 흑인 환자라는 점 때문에 그녀가 소외되고 있지 않나 걱정하였다. 필자는 MDT와 APT가 아우리엘이 필자가 흑인이기 때문에 함께 작업하기를 원할 것이라고 생각한다는 것을 알게 되었다.

아우리엘의 사례

아우리엘은 30대 후반의 아프리카계 카리브인 여성이다. 그녀의 부모는 10대인 오빠와 언니를 카리브해에 있는 외할머니에게 맡겨 두고 그녀가 태어난 영국으로 이주하였다. 나중에 그녀의 형제자매들은 주로 백인들이 거주하는 영국 시골지역에서 함께 살게 되었다. 아버지는 엄마에게 폭력적이었다. 아우리엘의 언니는 아버지가 자신을 성적으로 학대하였다고 고소하고 보호 관리를 받았다. 아버지는 아우리엘이 3세 때 집을 떠났다. 그녀는 아버지를 매우 좋아했다. 아우리엘은 엄마가 육체적·정서적으로 자신을 학대했다고 주장하였다.

아우리엘은 어릴 때부터 여러 남성 친척들로부터 강간을 당해 왔다고 말했다. 그녀는 중학교에서 인종차별적인 괴롭힘을 겪었으며 10대 때 나이가 많은 남자들과 성관계를 가졌다. 18세에 아들을 가졌고, 20세가 되었을 때는 자신에게 육체적, 성적으로 폭력적이었던 계부의 딸을 갖게 되었다.

아들이 태어날 무렵, 아우리엘은 정신건강 상담서비스로부터 산발적인 도움을 받았다. 환청이 들리는 시기가 있기는 했지만 자신의 주된 어려움은 우울증이라고 느꼈다. 그녀는 제한된 상담을 받았으며 항정신병 약물치료를 받았다. 30세가 되었을 때는 여러 번 비공식적으로 정신과에 입원을 했고 자녀들은 보호소로 보내졌다.

아우리엘의 범죄 이력에는 (대마초 사용으로 일어났을) 정신증 에피소드에 대한 애매한 설명들이 있다. 그에 따르면, 그녀는 자신을 성적으로 폭행하고 엄마를 육체적으로 공격하고 아들에게 폭력을 행사했다고 고소한 이웃을 폭행한 일이 있다. 중범죄를 저지른 시기에, 아우리엘은 정신과 병원에 비공식 환자로 입원했다. 그녀는 자살 충동을 느꼈으며 아들에게 해가 되지 않을까 걱정하였다. 퇴원이 가까워지자 그녀는 자살 충동을 느꼈다. 그녀는 자신의 집에 불을 지르고 병원으로 되돌아오자마자 침상에 불을 질렀다. 그녀는 체포되어 중간위험군 보호병동에 구류되었다.

치료 목표

아우리엘은 7회기의 연극치료와 작업 평가에 동의했다. 필자의 목표는 치료 관계를 형성할 수 있는 그녀의 능력을 평가하고 연극치료에 참여시키는 것이다. 필자는 주 1회 한 시간씩 연극치료실에서 그녀를 만났다.

회기 1

인계 과정에서 간호사는 아우리엘이 아들이 가져온 대마초를 피우다 적발되었다고 전해 주었다. 우리는 말없이 병실로 걸어갔다. 필자는 그녀와 보조를 맞추기 위해 서두르지 말아야 할 필요가 있음을 잘 알고 있었다. 그녀는 쿠션에 눕기를 선택하였다. "내 즐거움을 전부 빼앗기고 있어요." 그녀는 당뇨와 체중 증가 때문에 간호사들이 콜라를 마시지 못하게 한다고 말했다. 그녀는 주의 깊게 살펴보며 필자의 반응을 기다렸다.

필자는 체중 유지와 책임감이라는 주제가 담겨 있는 "하늘 들어올리기 Lifting the Sky"(Gersie, 1992: 49)를 소리 내어 읽었다. 아우리엘은 관심 있게 들었다. 그녀는 그 이야기가 '함께 일하는 사람'에 관한 것이라 생각하였다. 필자가 쿠션에서 내려오면 좋겠다고 하자 아우리엘은 머뭇거리며 필자의 움직임을 따라 했다. 우리는 하늘을 표현하기 위해 푸른 천을 들고 큰 소리로 이야기하였다. 우리는 공간의 경계를 탐험하면서 손을 벽에 대고 밀었다.

그녀는 갑자기 하던 행동을 멈추고선 테이블에 주저앉았다. 같이 하기를 요청하자 그녀는 바라보던 검은색 공작용 점토를 굴렸다. 그녀는 '하기 어렵다'면서 검은색 점토로 하나의 형상을 만들어 그것이 자신이라고 말했다. 그녀는 노란색 점토층을 평평하게 하여 하늘이 되게 하고 이것을 검은 형상 위에 올려놓았다. 그녀는 청록의 야자나무를 만들고 위에 노란색 하늘을 놓아두고는 이야기에서 '벗어나'도 되느냐고 물었다.

그녀는 마치 필자를 기다리는 것처럼 조용하였다. 그리고는 그 나무가 가족의 '부양자'인 아버지와 같다고 말하였다. 그는 그녀에게 콜라를 주곤 했고 그녀를 보호해 주었다. 그녀는 또 간호사의 제약을, 그녀가 하고 싶어하는 것들을 방해하던 엄마에 비유하였다. 그녀는 대마초 사건은 언급하지 않았다.

필자의 역전이

마치 '우리'가 병동에서 벗어나 함께 시간을 보내는 '아웃사이더' 같은 공모의식이 있었다. 필자는 '좋은' 치료사였고 간호사팀은 '나빴다.' 침묵하는 동안 아우리엘은 필자가 앞장서서 주도하기—하늘의 무게를 지탱하여 그녀가 자신의 비밀을 계속 유지할 수 있도록―를 기다리고 있다는 생각이 들었다.

임상 사례 논의: 팀을 둘로 나누기

그녀가 갖고 있는 이상적인 '좋은' 부양자인 아버지와 '나쁜' 엄마라는 분열은 무의식적으로 보호팀에 투사되어 영향을 미치고 있다. 첫 회기에서 필자가 그녀의 압박감에서 멀어져야 한다고 느꼈던 것처럼, 간호사팀 역시 그녀의 정서적 요구들을 감당하기 어려워 대신 식이요법과 신체적 건강에 집중하기를 택한 것인지 궁금하였다. 애드쉬드(Adshead, 2002)는 '통제와 보호'라는 상충되는 간호사의 역할이 얼마나 쉽게 환자들의 어린 시절 폭력적이거나 태만하였던 보호자를 모사하고 되풀이하는지를 강조하였다.

네 번째 회기 동안에, 아우리엘은 그녀를 맡고 있는 남자 의사와 일대일로 상담을 시작하였고, 연극치료를 취소했다. 필자의 역전이는 질투였다. 나중에 아우리엘은 엄마가 질투하게끔 하기 위해 아버지에게 어떻게 사랑을 쏟았는지 말해 주었다. 법의학적 환경에서 정기적인 반성 활동은 스태프가 행위화하거나 분열되기보다는 오히려 함께 생각하도록 도움을 준다(Stamp, 2000).

회기 2

아우리엘은 다이어트 콜라를 마시고 있으며 대마초를 피우지 않고서도 '맘이 느긋해지고 차분해'지는 것을 느꼈다고 말했다. 그녀는 병동의 유일한 흑인 여성이라 소외되었다고 느꼈으며 지역사회에서도 이를 경험하였다. 필자는 이러한 소외감을 탐색해 볼 수 있는 물건을 선택해 보라고 제안하였다. 이것이 4세에서 18세 사이 그녀의 경험을 그리는 하나의 인생선이 되었다.

아우리엘은 줄자를 따라 바닥 위에 물건들을 내려놓았다. 줄자는 그녀의 체중에 대한 엄마의 계속된 비난—"한 번도 표준에 도달한 적이 없어."—과 관련 있는 것이다. 칠면조는 가족의 행복한 크리스마스 모임을 떠올리게 했다. 아우리엘은 두껍고 진한 파티용 장난감 안경이 어떤 식으로 그녀가 흑인이고 '고글 같은 커다란 안경'을 쓰고 있다는 이유로 학교에서 따돌림을 당했던 기억을 떠올리게 하는가를 차분하게 말해 주었다.

그다음에 그녀는 매우 생기를 띠었다. 그녀는 '시간이 중요한 문제가 되지 않는' 카리브해의 평안한 환경에서 외할머니와 함께 살던 기억을 돌고래와 시계로 나타냈다. 그리고 사촌들과 놀고 망고를 서리하고 외할머니에게 맞았던 이야기를 들려주었다. 그녀는 "나는 거기에서 '영국인 소녀'라고 불렸고, 사람들의 관심을 끌어 관광객들을 통제하고 속였어요."라고 기억을 말하면서 한껏 기분이 좋은 목소리를 냈다. 필자는 이에 흠칫 놀랐다.

카리브해에서 보낸 시기는 영국으로의 복귀와 함께 막을 내렸다. 계산기는 그녀가 수학을 잘하던 기억을 떠올리게 하였다. 도끼와 총을 든 아메리칸 인디언 인형으로는 남아프리카공화국 출신의 백인 학교 친구가 자신의 '인디언' 발음을 어떻게 고쳐 주었는지를 설명했다.

필자의 역전이

필자는 '장밋빛' 안경 너머의 그녀 눈을 볼 수 없었고 그녀가 이상적으로 그리는 카리브해에서의 '행복한 가족들' 이야기를 믿을 수 없었다. 그들은 그녀가 이곳에서 경험한 인종차별과 따돌림에 관해 이야기할 때 필자가 느낀 슬픔과 너무 대비되었다. 필자는 '소속되고 싶은' 그녀의 욕망에 공감되었다. 설령 카리브해에서 그녀가 '달리' 느껴졌을지라도 말이다. 그녀가 필자를 자신을 이해하지 못했던 학교 친구와 같이 한 명의 백인 여성으로 보지 않을까 걱정되었다.

임상 사례 토론: 내면화된 인종차별과 거짓 자기

아우리엘이 실제로 카리브해에서 살았든 그렇지 않았든 간에, 그녀는 흑인 여성으로서의 자신의 정체성, 인종차별의 경험, 가족과 지역사회에 소속되고자 하는 욕망에 관하여 이야기하였다.

> 기본적으로 백인 문화에서 흑인 여성은 두 가지 역할을 할 준비를 해야 한다. 우리는 위협적이라 간주되어 형편없는 대접을 받는 불량한 소녀, '매춘부', 미친 여자(사람들이 특히 자기주장이 강한 흑인 여성을 '미쳤다'라고 말하는 것을 얼마나 많이 들어왔나)이거나 있는 그대로 말하고 모두를 돌보면서 가는 곳마다 특별한 마법을 퍼뜨리는 슈퍼마마들이다.
>
> (Hooks, 1990: 91).

인종차별적인 고정관념에 '맞추거나' '맞서 싸워야' 하는 부담은 우리가 생각하고 느끼고 원하는 것을 유지하기 어렵게 한다. 백인들이 흑인성black-ness을 '이국적인' 것으로 구별하면서, 그들은 식민주의/인종차별주의적 사유라는 안전한 경계 내에서 머무른다. 아우리엘은 흑인이 갖는 '이국적인' 측면을 보여 주었다. "흑인들이 자신들의 흑인성에 대한 긍정적 견해를 지켜 내야 할 필요성을 느낀다면, 흑인 1명이 자신들에 관한 부정적 감정들을 살펴보는 것은 어려울 것이다."(Barber & Campbell, 1999: 26)

필자가 이상하고 우스운 '슈퍼마마'라는 고정관념에 이끌린 백인 관광객 가운데 1명인지 아닌지를 아우리엘이 시험하고 있는 것일까? 필자는 '인드－엔Ind-yan'이 자신의 부족이 살해되는 것을 막기 위해 지니고 있던 무기들에 주목하였다. 아우리엘이 인종차별주의의 적대감에 맞선 방어물로서 이러한 고정관념을 유지하고 드러내는 것은 아닐까? 이러한 '퍼포먼스'는 그녀의 '거짓 자기'였다. 위니컷은 아이의 요구들이 존중되지 않을 때, 어떻게 그 아이가 인정받기 위해서 '참 자기'를 부끄러움으로 가린 채 '거짓 자기'

를 선택하는지를 설명하였다(Gomez, 1996).

회기 3

　인생선으로 돌아가서, 아우리엘은 자신이 '이상한'이라 부른 인물을 창조하기 위해 두껍고 진한 파티용 장난감 안경을 선택하였다. 그리고 필자는 그 '이상한 행성에서 온 이상한 사람'과 인터뷰를 하였다. 아우리엘은 갑자기 역할에서 벗어나 테이블에 앉았다. 필자는 연기 과정에서 그녀가 압도된 것이 아닐까 걱정되었다. 상황을 이해하고 어느 정도 거리감을 두기 위해서, 필자는 그녀가 이상한 것에 관하여 글을 써 볼 것을 제안하였다.

> 이상한
> 다른
> 불쾌하게, 편안한
> 기묘한, 긴장한
> 은밀히 시끄러운
> 일반적 사회규범을 따르지 않는 자

　다음에 그녀는 시에 '우스운' 그리고 '열심히 노력하는 사람'이라고 덧붙였다. 그녀는 병동에 어울리지 못하고 너무 튀지 않기를 바랄 수도 없고 자신이 무엇을 먹는지, 얼마나 많이 씻는지 감시당해야 하는 좌절감을 표현하였다. 할 말이 많은 것처럼 보였지만, 그녀는 말을 멈추었다. 그녀는 자신을 포옹하듯 감싼 채 시계를 보면서 회기가 끝나기를 기다리며 앉아 있었다.

필자의 역전이

그녀가 자신을 이해하지 못한 필자에게 화가 나 있다는 느낌이 들었다. 필자와 그녀는 그 자체의 문화를 가진 하나의 '이상한 행성'인 병동에 적응(그녀는 8개월 동안 감금되어 있었고 필자는 그곳에서 6개월간 작업을 하였다)하고 있었다. 아우리엘은 병동의 유일한 흑인 환자로 '외계인'처럼 느꼈고, 필자 역시 연극치료가 의료모델만큼 중요한 것으로 여겨지지 않음을 알고 있는 여성으로 구성된 다학제간 전문치료팀에서 '이방인'에 불과하였다.

임상 사례 논의: 내적 과정으로서 인종차별과 분열

인종과 문화의 차이가 선하고 악한 감정들이 투사되는 매개물이 될 수 있다(Lowe, 2008). 1회기에서 나는 '좋은' 대상이었고 팀은 '나쁜' 상대였지만 그 후에는 의사가 '좋은'이고 나는 '나쁜'이 되었다.

> … 사회적 세계의 층위에서… 인종차별은 인종 개념을 활용하여 사람, 상품 그리고 그들 사이의 관계를 조직하고 분류하는 하나의 형식이다. 두 번째 설명은 정서적 세계에서 시작되고 인종차별은 한 집단이 다른 집단에 대해 느끼고 표현되는 증오, 역겨움, 혐오 그리고 다른 부정적인 감정들로 구성되어 있음을 말한다.
>
> (White, 2006: 11).

이러한 분리 과정은 식민주의와 백인에 의한 흑인들의 노예화에 의해 흑인과 백인들에게 한층 더 강화되었다. 필자는 아우리엘이 병동에서 인종차별을 겪으며 자신의 분노를 인정하려 노력하였는지 궁금했다. 그녀의 분노는 전이 과정 내에서 억압적인 시스템의 일부인 스태프로서의 필자에게 피동적으로 향하였다. 환자에게 직접적으로 분노를 다룰 것을 권유하기 전에, 윌트(Wilt, 1993)는 어릴 적 엄마와 아이의 초기 애착과 부정, 분리, 투사와 같은 아이의 방어 기제 발달을 평가하는 발달 접근법을 이용한다.

> 아기가 엄마를 위협적인 대상이라 느꼈을 때 아기는 자신이 완전히
> 믿고 따랐던 엄마와 관련된 분노와 두려움의 감정에서 '자신을 고립'시
> 킨다. 아기는 분리해서 생각하는 것을 배우게 된다.
>
> (de Zulueta, 1998: 179).

분리와 분열은 어린 시절에 성폭행을 겪어 자신이 사랑한 누군가가(좋은)
자신에게 해를 끼칠 수 있음(나쁜)을 이해하려 노력하는 피해자에게 일종의
생존 기제가 되곤 한다. 이러한 이상화와 모욕은 치료 관계 안에서 일어날
수 있다(Adshead & Van Velsen, 1998).

회기 4

아우리엘은 처음에 잠들어 있었으며, 머리에 신경을 쓰지 않아 흐트러져
보였다. 그녀는 자신의 침대를 '좋은 친구'라고 묘사하면서 억지로 복도를
따라 걸어갔다. 그녀는 병동에서 연극 보기를 좋아하고 자신을 연극 연출가
라고 믿는 망상 환자에 대해 말해 주었다. 그의 상담사가 비서 역을 맡아 해
주었다. 필자는 혹시 그녀에게도 하고 싶은 역할이 있는지 물어보았다. 그
녀는 즉시 찰스 왕자의 여자 친구가 되고 싶다고 말하였다. 그녀는 '연출'을
맡았고 필자는 '보조' 역할이 되었다.

비즈로 만든 머리 장식과 숄을 걸친 그녀는 '열대지방'에서 태어났지만
영국에서 교육을 받은 피피라는 이름의 인물을 만들어 냈다. 피피는 세계를
여행하다 게이샤 집에서 찰스 왕자를 만나게 된다. 피피는 멋지게 가지가
처진 정원수, 잔디, 샴페인과 카나페가 놓인 테이블로 꾸며진 전형적인 영국
식 가든 파티장에 있다. 그녀는 의기양양하고도 섹시하게 걸으며 대략 10분

동안 그 역할을 표현하였다. 그러더니 갑자기 행동을 멈추고 '수줍고 바보 같은' 생각이 든다며 의자에 풀썩 주저앉았다.

아우리엘은 남들을 즐겁게 하고 싶은 마음이 얼마나 자주 드는지 말하고 는, "나는 그저 찰스 왕자와 달아나서 같이 자고 싶었다."고 말하였다. 그녀 는 '벗어나고 싶은 곳은 수도 없지만 갈 곳이 아무 데도 없었음'을 곰곰이 되뇌었다. 그녀는 그녀가 맡은 피피 역이 찰스 왕자의 '외설적이고 반항적 인 면'을 나타나게 했다고 말하면서 큰 소리로 웃었다. 여러 남성들과 잠자 리를 했지만 그들은 곧잘 그녀를 배신했다고도 덧붙였다.

필자의 역전이

필자는 백인 스태프가 아우리엘의 다루기 어렵고 '헝클어진' 머리를 보고 미친 것으로 여기는 데 관심을 가졌다. 그녀의 머리를 매끄럽게 땋아 주고 그녀를 보호하고 싶은 생각이 들었다. 연극 내용을 이야기하면서 필자는 아 우리엘이 환자와 치료사로서 우리의 역할을 의심하고 있다는 것을 느꼈다. 연극을 시작할 때 그녀의 갑작스러운 에너지 분출에 필자는 많이 놀랐다. 그녀가 회기를 지배하면서 권력이라는 주제는 매우 생동감을 띠었다.

임상 사례 논의: 성역할, 섹슈얼리티 그리고 권력

참여에 대한 아우리엘의 망설임, 더 심화된 판타지 세계의 산물은 그녀가 자신의 연약함을 다시 돌아보고 싶어 하지 않음을 보여 준다. 대신에 그녀 는 식민지 시대의 백인 상류층 영국인 이미지로 자신을 표현하였다. 그녀의 다름은 '이상'하고 고통스럽다기보다는 '이국적'이고 매력적인 것으로 보일 것이다. 아우리엘은 남성들을 지배하는 데 자신의 섹슈얼리티를 활용하는 것이 효과적이라고 느낄 수 있다. 이것은 비만한 노동자 계급의 흑인 여성 으로서 아우리엘과는 완전히 상반된다. 여러 연구들은 비만이 성적으로 학 대받아 온 사회경제적 하층 출신의 여성에게서 더 흔하게 나타남을 보여 주고 있다.

회기 5

늦게 온 아우리엘이 이야기를 들려 달라고 했다. 필자는 그녀에게 어떤 이야기들을 알고 있는지 물어보았다. 그녀는 『잭과 콩나무』를 기억하였다. 우리는 문장을 번갈아 바꾸면서 『재키와 그녀의 엄마』라는 새로운 이야기를 만들어 내었다.

재키는 너무 가난해서 신발이 없다. 엄마는 게으르다고 나무라며 재키를 때린다. 그들이 만든 옷을 팔러 시장으로 가는 길에, 재키는 그녀에게 세 가지 소원을 들어주겠다는 멋지게 차려입은 여성을 만난다. 재키는 모두가 신발을 신고 있는 햇살 가득한 천국으로 가는 마차를 원했고 그것을 받았다. 레모네이드 분수가 사탕을 흩뿌리고 그것들은 마술처럼 금화로 바뀌었다.

아우리엘은 이야기를 다 완성하지 못하고 잠이 들었다.

회기 6

아우리엘은 신발을 벗어 쿠션에 놓아두었다. 그녀는 막 점심을 먹었다. 그녀는 손을 뻗어 쉬폰 스카프를 잡으려 했고 얼굴을 어루만지고 호흡을 내쉬며 스카프가 흔들리는 것을 보았다. 그녀는 천천히 하나의 리듬을 연주하였고, 필자는 다른 드럼으로 그것을 충실히 따라하였다. 지켜보던 그녀는 주의 깊게 드럼 소리를 들었다. 이야기는 거의 나누지 않았고 잠시 후 필자는 그녀가 잠드는 모습을 지켜보았다.

필자의 역전이

이 회기들에서 필자는 대립적인 모성 반응을 하고 있음을 알아차렸다. 아우리엘에게 또 다른 이야기를 제공하는 것을 거부한 '비판적' 엄마로서, 그녀가 부지런해지길 원했고 자는 동안 그녀의 살찐 복부를 보았다. 또 '양육하는' 엄마로서, 마주 따라하기로써 그녀의 존재를 확증하고 보호하고 싶었다.

임상 사례 논의: 육아, 해로운 식사와 퇴행

놀이-드라마 연속체(Jones, 2007)는 상징적으로 작동하는 데 잦은 어려움을 겪는 조현병 진단을 받은 환자와 관련하여, 구체적인 것에서 상징적인 수준에 이르기까지 일련의 단계들을 명확히 하고 있다(McAlister, 2000). 6회기에서 감각운동 단계와 관련된 경험을 언어 이전의 방식으로 탐험하면서, 아우리엘은 자신의 생각을 말로 표현하고 공유하기 위해 애썼다. 아우리엘은 자신의 입을 '나쁜' 감정들을 먹어치우는 데 사용하였다.

> 정서적 요구 대 음식에 대한 유아의 요구의 차이를 구분하지 못하는 부모의 무능함은 유아가 후에 공포, 불안 그리고 분노와 같은 상태와 굶주림을 식별하지 못하는 원인이 된다고 여겨진다.
>
> (Russell & Shirk, 1993: 176).

오바크(Orbach, 1998)는 한 여성이 자신을 감추고, 보호하고, 감정을 억누르고, 온정을 느끼고 그리고 성적 특성을 제거하기 위해서 무의식적으로 뚱뚱해지기를 원할 수 있다고 말하였다. 여성의 비만은 그들이 자신의 감정, 특히 분노에 관계하는 방식과 관련되어 있다. 뚱뚱함의 상징적 의미는 '제기랄, 망할 놈'이다. 플레치먼 스미스(Fletchman Smith, 2000)는 카리브인 환자들이 어려움을 몸으로 말하는 대신에 '정신적' 개념으로 표현하는 데 어려움을 겪고 있음을 알게 되었다.

회기 7

이번이 마지막 회기지만, 아우리엘에게 계속할 수 있음을 상기시켜 주었다. 그동안 했던 것 중 기억나는 것을 물었을 때, 그녀는 '이상한' 캐릭터, 피피 그리고 침묵의 시간이라고 대답했다. 그녀는 자신이 무언가를 느끼는 것이 참 어렵다는 것을 알게 되었다고 말했다. 그녀는 최근에 병동에서 열리는 자기주장에 관한 심리사회학 모임에 참석하였다. 그녀는 자신이 원하는 것을 얻기 위해 매우 '단호해'져야 함을 강조하였다. 연극치료에서 그녀가 원했던 것이 무엇이었는지를 묻자 그녀는 '수동적이 되는 장소'라고 대답하고 잠들었다.

필자의 역전이

필자는 연극치료사로서 영향력을 상실했다는 생각이 들었다. 어떻게 연극과 치료관계를 계속적으로 유지할 수 있을까? 내가 MDT에게 이 연구를 얼마나 설명할 수 있을까? 필자는 이런 패배감을 아우리엘에게 '나쁜 환자'로 투사하지 않았음을 확실히 해야 했다.

임상 사례 논의: 회피와 분열로서의 수면

필자는 아우리엘의 졸음을 분노의 비언어적 표현인 하나의 '행위화'로 이해하였다. 그녀는 자신도 어찌할 수 없는 수치심, 슬픔 그리고 분노의 감정을 조절하려 시도하는 중이었다.

임상 작업에서 얻은 결론

방화라는 아우리엘의 중범죄는 억제되거나 생각만으로 해결될 수 없는 분노가 투사되어 나타난 것이다. 필자는 분노와 분열의 무의식적 과정이 그저 내면의 과정이 아니며(Dalal, 2006) 개인들과 조직들 내에 존재하는 인종주의적 차별 구조의 일부로 이해될 필요가 있음을 강조해 왔다(Lowe, 2008).

평가 과정에서, 아우리엘은 투사체인 이야기에 참여하여 여러 역할들을 만들어 내고 연기하였다. 역할을 유지하려는 그녀의 노력은 자신이 어찌할 수 없는 감정들이 몸에 그대로 유지되고 있음을 보여 준다. 평가 수단으로서 놀이 – 드라마 연속체를 활용한 필자는 아우리엘이 자신의 내면에 있는 여러 모습을 상징적으로 재현할 수 있으며, 또한 더 구체적인 기능으로 퇴행하였음을 알게 되었다. 그녀는 새로운 경험들을 뿌리칠 방어 기제라 할 수 있는 무의식적인 수면의 공격으로 '드라마'를 서서히 없앴다(Mann, 1990).

아우리엘의 '내면 드라마'는 치료 관계 안으로 들어왔다. 그녀가 퇴행했을 때, 필자는 '양육하는 엄마'를 체현하여 개성화보다 의존 상태를 촉진했다. 필자의 의도는 아우리엘이 '충분히 좋은' 애착을 내면화할 수 있게 하는 것이다. 오직 신뢰가 구축되었을 때만 그녀는 자신의 트라우마가 행동에 얼마나 영향을 미치고 있으며 그 의미가 무엇인지에 관하여 이야기할 수 있을 것이다(Levine, 1997).

11

전이 대상에서 상징으로:
정신장애 범죄자 연극치료 집단에서의
스파이더맨

Maggie McAlister

개 요

이 장은 연극치료 집단을 통해 상징주의 역할을 탐구한다. 집단 구성
원들은 중간위험군 보호병동에 수감된 정신장애 범죄자들이다. 그
들은 자신의 범죄를 직접적으로 언급하기 전에 '스파이더맨'이라는 인물을
만들어 그들의 범죄 행위와 정신병에 관련된 주제를 효과적으로 탐구하였
다. 필자는 스파이더맨에 대한 창의적 작업이 구체적 수준과 상징적 수준의
기능 사이에 놓인 다리와 같은 전이 공간을 만들어 낸다고 생각한다. 연극
치료가 극단적으로 저항적인 참여자들과의 치료 작업을 어떻게 진행해 나
갈 것인지, 정신질환을 앓고 있는 범죄자들이 어떻게 상징적 절차를 회복하
도록 지원할 수 있을 것인지 설명하기 위해, 연극치료와 심리분석이론의 이
론적 연결고리에 대해서도 논의할 것이다.

서 론

이 장은 정신장애 범죄자들을 대상으로 한 연극치료 집단을 다룬다. 이 집단이 보호병동secure hospital에 있게 된 이유(대체로 저항이나 통찰력 부족에 기인함)나 그들의 범죄에 대한 주제를 논한다는 것은 불가능하진 않았지만 그 정도로 매우 어려운 일이었다. 이 연극치료 집단은, 그들이 직접적으로 자신에 대해 말할 수 있거나 말하려는 의지가 생기기 전에, 그들의 정신질환과 폭력적 범죄를 탐구하기 위해 수개월에 걸쳐 스파이더맨이라는 인물을 사용했다. 이 글은 참여자들이 집단적으로 스파이더맨을 사용한 것이 위니컷Winnicott이 정의했던 의미에서의 '전이 대상transitional object'으로 기능했다고 제안한다. 위니컷(1971: 2)은 전이 대상을 "외부, 내부, 그리고 그 경계"에서의 어떤 것, 경험의 중간적 영역, 상징화의 전 단계라고 정의하였다. 이 개념은 이 참여자 집단에게 특히 중요하다. 그들이 자신의 정신질환과 범죄 행위에 대해 생각하는 방식이 바로 상징화 능력의 붕괴를 나타내기 때문이다. 그러므로 이 장은, 상징화 능력이 붕괴된 집단을 대상으로 하는 심리치료의 한 부분으로 연극치료를 활용하기 위하여, 그 근거를 탐구한 것이라고 할 수 있다.

참여자 집단과 치료 환경에 대한 소개

참여자들은 국립보건서비스National Health Service: NHS의 중간위험군 보호 정신병동에 정신보건법(2007)의 법의학 영역에 의거하여 구금된 정신장애 범죄자들이다. 그들은 대개 폭력적이고, 중범죄index offence[1]를 지은 범죄자들로 법정에서 정신질환으로 인한 한정책임능력/항소부적합으로 다루어지거나 선고받았고, 또는 선고 후 교도소에서 급성 정신건강 문제로 이송되었다. 종종 그들은 범죄나 심각한 정신질환으로 여러 해 동안 이 치료 서비스 기관에 남아 있었다. 이러한 사실에 비춰 볼 때 그들이 타인에게 얼마나 위협적인지 그 위험 수준을 알 수 있다. 장기치료의 필요성과 위험성에 대한 평가에 따라 법무부Ministry of Justice가 자문 정신과 의사의 권고하에 그들의 치료종료를 허가하기까지는 수년이 걸린다. 이들에 대한 다학제간 전문치료팀multidisciplinary team: MDT의 중요성이 강조되는데, 팀은 정기적으로 병동을 순회하고 임상 토론을 한다. 예술치료는 그중 한 분야로, 범죄심리학이나 심리치료와 더불어 참여자에게 제공되는 형식적 심리치료의 한 부분을 이룬다.

참여자들은 주로 정신질환에 시달리고 있다. 그들의 심각한 범죄는 대부분의 경우 정신질환의 결과다. 이러한 정신질환의 회복을 위해서는 자신의 범죄에 대한 '통찰insight'과 '후회remorse'라는 두 요소가 어디까지 나타나는지 그 정도가 중요한데, 이 두 마음 상태는 모두 '제3의 자리third position'에 대한 이해 능력에 달려 있다. 여기서 '제3의 자리'란 또 다른 관점이 제공될 수 있는 공간을 가리킨다. 심리적 정신질환을 앓고 있는 대상자들과 '제3의 자리'에 도달하는 것은 매우 어려운데, 이 어려움의 핵심에는 상징화 과정이 있다. 참여자 집단은 상징화 능력이 거의 전적으로 붕괴되어 있기 때문에, 매우 구체적인 상태의 조현병으로 이어지고, 나아가 중범죄로까지 이어지기도 하는 것이다(Cordess & Cox, 1996). 법의학적 환경에서의 치료가 갖는 특성은 정신병적 · 살인적 환상이 환상에 그치지 않고 이를 실제 행동으로 실현시키는 사람들과 작업한다는 것이다. 머레이 콕스(Murray Cox, 1978: 13)는 "범죄자 치료는 사실과 환상이 합쳐지는 독특한 임상적 무대를 제공한

---

1) 중범죄index offence는 사기, 마약 등과 같이 신체를 직접적으로 해하지 않은 비교적 중하지 않은 범죄non-index offence와 대립되는 개념으로 살인과 같이 신체를 위해한 가장 심각한 범죄를 말한다-역주.

다."고 말한다. 범죄는 수많은 형태로 나타날 수 있지만 항상 행동을 수반한다. 사고 혹은 상징화보다는 행동 혹은 실현이 강조된다. 그래서 범죄 행위 그 자체는 극도로 참을 수 없는 마음 상태로부터 대피하려는 소망 혹은 그 실행으로 보일 수 있다(Morgan & Ruszczynski, 2007).

5명의 연극치료 집단 구성원들은 모두 망상적 조현병으로 진단받았으며 그들의 중범죄는 망상에 의한 심각한 정신병적 폭력을 수반했다. 이들 중 2명은 피해자를 살해했다. 집단 구성원들은 이미 2년이 넘게 연극치료 집단에 참여해 왔던 사람들로 보안병동 내의 지정된 공간에서 주 1회 한 시간 동안 진행되는 연극치료 집단에 참여하기 위해 각기 다른 재활병동에서 왔다. 필자와 음악치료사 1명이 정신역동에 초점을 두고 장기적 집단치료를 진행했다. 치료목표는 그들의 파괴적 행동에 대한 통찰을 증가시키는 것이었다. 이를 위해 본 작업은 전이transition, 연극치료 매체medium, 대상관계를 이용한 집단의 치료 과정에 대해 탐구하였다.

이해의 틀

조사 절차

이 장은 단일 사례 연구로 설계되었다(Yin, 1994). 필자는 상징화의 역할 때문에 연극치료가 정신질환을 가진 폭력적 범죄자들의 정신 건강 회복에 유용할 수 있다고 생각한다. 작업의 결과를 해석하기 위해 이 연구에서 사용한 준거는, 자신에 대한 드러내기가 얼마나 증가하는지, 치료목표에 부합하는 참여도의 증가는 어떠한지 등과 같은 집단 자체 내의 임상 결과에 의거한다. 이 연구는 집단 연극치료가 유사한 치료 환경에서 다시 사용될 수도 있고 정신질환을 앓는 범죄자들에게 광범위하게 적용될 수 있는 결정적 사례를 보여 준다는 관점에서 상세한 탐구와 기술에 초점을 두고 이루어졌다.

임상 이론과 실제의 구조

　필자는 위니컷의 전이 대상이나 연극치료 실제와 상징화 발달 간의 관계를 다루기에 앞서, 정신병과 상징화의 중요성을 이해할 수 있도록 정신분석 이론을 간단히 기술하고자 한다.

　정신분석 분야에서 많은 글들이 '제3의 자리'라는 개념을 다루어 왔다. 이 개념은 론 브리튼(Ron Britton, 1989: 87)이 처음으로 연구하였다. 브리튼은 그의 경계선급 환자가 브리튼의 사려 깊은 침묵을 더 이상 견디지 못하고 "생각하지 마, 제길Stop that fucking thinking"이라고 말하는 것을 듣고 이 개념을 발전시키기 시작했다고 한다. 브리튼은 이러한 환자의 반응을 정신분석 이론에 의거하면 창조적인 중간단계intercourse에 머물고 있는 상담사의 생각을 환자가 있는 그대로 받아들이지 못하는 것으로 이해된다고 말한다. 이 사례는 브리튼의 '삼각형 공간'이나 대상관계의 '제3자'에서 하나의 요소가 제거되는 것이 어떤 환자들한테는 얼마나 어려운 것인지를 보여 준다. 이 근원적 삼각형은 오이디푸스 콤플렉스의 핵심을 형성한다. 영아는 부모 – 자식 관계에서 아직 분리되지 않은 자신을 받아들여야 한다. 그러니까 자신이 아직 부모의 한 부분을 이루고 있다. 이로부터의 분리는 곧 상징으로 이어지게 되는데 이때 좌절감, 즉 부재를 견디어야 하고, 이 과정에서 생각이 발달하게 된다(Bion, 1962). 비온은 그의 『생각하기 이론A Theory of Thinking』에서 좌절감을 동반한 '짝짓기mating'의 전개념화preconception와 같은 성적 이미지를 사용하여 이를 설명한다. 정상적 오이디푸스 콤플렉스 발달에서, 비온Bion은 언어적 사고의 발달과 상징형성 능력을 오이디푸스적 '짝짓기pairing' 관계에서의 상실감 상태를 견디는 능력과 연결시킨다. 왜냐하면 삼각형 관점에서 보면, 주관적인 관점과 객관적인 관점 양측에서 현실을 지각할 수 있고, 이것이 현실 검사[2]와 상징화에 결정적이기 때문이다. 삼각형 공간에는 분리가 생길 수 있다. 이 분리는 또 다른 관점과 '가장as if' 속성으로 이어질 것이다. 이러한 아이디어들은 베이츠먼과 포나기(Bateman & Fonagy, 2004)의 '정신화mentalisation' 개념과 관계가 매우 깊다. 여기서 정신화란 자신의 마음과 타인의 마음에 대한 이론을 발달시키는 과정이다.

　　정신병은 상징화 능력이 결여되어 있다. 이는 조현병과 같은 병적 상태에서 보이는 현실에 대한 전능성omnipotence과 파괴적 공격으로 이어진다. 러스브리저(Rusbridger, 1999: 491)에 따르면, "정신병적 상태에서 부모를 공격하고, 그런 다음 자신을 이러한 파괴적 연합관계와 동일시하게 된다. 바로 이 때 정신mind을 사용하는 능력이 파괴된다." 이는 다시 분열로 이어지며, 구체적인 생각, 절대적 믿음, 마음의 망상 상태로 이어졌다가, 결국은 극단적 구체성으로 이어진다. 분리의 경험은 없다. 오직 생각이 행위화이고, 사랑은 미움과 같으며, 주체와 대상이 교체될 수 있는 무대가 있을 뿐이다. 거기서 정신병자는 시갈(Segal, 1957)이 '구체적 상징concrete symbols' '상징적 동일시symbolic equation'라고 부른 그 세계로 들어가는 것이다. 예를 들어, 필자가 환자에게 집단 연극치료dramatherapy 시간임을 알리기 위해 문을 노크했던 바로 그 시간을 상기해 보자. 그는 필자가 방문을 두드리는 것을 극도로 거슬리는 피해망상적 방식으로 받아들이는 듯했는데, 그래서인지 "내가 당신 똥창 속으로 빨려들어 갈 것 같아요."라고 말했다. 그에게는 필자가 그에게 요구를 하며 그의 영역을 침범하는 것이 항문과 관련된 가학적 방식으로 그를 빨아들이려고 시도하는 것과 같았던 것이었고, 이는 구체적 상징으로 변환되었던 것이다. '가장as if'이 되는 것이 아니라 아예 다른 것이 되었다. ('나의 문my door'은 내 몸의 확장처럼 느껴지고, 마치 내가 너의 요구에

---

2)　현실 검사란 외계와 자기를 구분하는 검사를 말한다-역주.

의해 전멸되어 가는 것처럼 그것을 두드리는 너는 나에 대한 더러운 공격을 하는 것처럼 느껴진다.') 퀴노도즈(Quinodoz, 2008)와 함께 시갈(Segal, 1991)은 상징적 동일시가 구체적인 조현병적 생각을 잘 보여 준다고 한다. 환자는 '가장as if' 없이 구체적인, 흑백만 있는, 양면가치가 존재할 수 없는, 그래서 오직 사랑과 미움이 우연히 일치하는, 그런 세상에 살고 있는 것이다.

이 분야에서 위니컷(1951, 1971)의 특이한 공헌은 상징화[삼각형 공간]가 일어나기 전에 전이 대상, 즉 상징의 전신pre-curser이 있다고 제안한 것이다. 전이 대상은 여전히 연결된 두 인격의 범위 안에 있다. 영아와 엄마 사이에 있는 중간적 경험의 영역이다. 전이 대상에 대한 위니컷의 설명에 따르면, 영아가 '내가 아닌not-me' 것을 처음으로 소유하는 것과 같다. 근본적으로, 그것은 대상의 창조를 통하여 불안에 대해 방어하는 것이고 영아가 엄마의 부재에 대항하는 것이다. 그 대상은 나일 수도 있고, 내가 아닐 수도 있으며, 엄마일 수도 있고, 엄마가 아닐 수도 있다. 대상의 창조는 분리의 과정에서 경계가 흐릿해지는 것을 허용한다. 거기에 존재할 수 있는 것은 실제 세상에 있는 외적 대상이지만, 영아의 완전한 통제 안에 있다. 이 장의 목표를 위해 강조하고자 하는 것은, 대상 창조는 '충분히 좋은 엄마good enough mother-ing' 상태에서 영아가 스스로 통제하고 다룰 수 있도록 해 준다는 것이다. 그것은 도전받지 않는 경험의 중립적 영역이다. 그것은 창조성과 직접적인 관계를 가지며, 성장하면서 점차 기억에서 멀어져 그 의미를 상실하게 된다.

연극치료에서 이러한 정신분석적 개념들은 가치가 있다. 연극치료의 작업은 참여자가 그들의 내적 세계를 상징적으로 나타내는 능력을 기르도록 하는 것이기 때문이다[클라인과 위니컷의 이론과 연극치료의 연결에 대해서는 매칼리스터, 독터, 젠킨스(McAlister, 2000, 2002; Dokter, 1994; Jenkyns, 1996) 참조]. 제안하건데, 연극치료에서 예술 형식의 사용은 전이 대상으로서 기능하기 위해 허용되며, 여기서 전이 대상은 꼭 나이거나 내가 아니어도 되는 어떤 것이고, 구체적일 필요도 없으나 전체적으로 상징화되지 않은 어떤 것이다. 파괴적이며 위험한 환상은 매체의 통제를 통해 안전하게 관리될 수 있다. 이것은 파괴성에 대한 그들의 능력에 대해 불안해하는 참여자, 특히 과거에 그것이 대재앙의 행위로 이어졌던 경험이 있는 참여자에게 중요하다. 투사를 위한 틀을 만들면서 했던 것처럼, 우리는 치료사와 참여자, 그리고 드라마 매체 간의 삼각 구도 관계와 공간을 제공한다. 이 공간은 안전함과 거리를 제공할 수 있다. 그러나 법의학적 환경에 있는 참여자와의 치료에서 이러한 간접 표현의 양식은 어려운 문제를 우회해서 빠져나가게 할 위험, 즉 '가장양식pretend-mode'의 치료가 되게 할 위험이 있다. 여기서 '가장양식'이란 정신화에 근거한 용어로, 치료에서 겉으로는 의미 있는 접촉이 일어났음에도 불구하고 참여자가 여전히 피상적인 상태로 남아 있을 때의 마음 상태를 묘사하기 위해 사용된다(Bateman & Fonagy, 2004: 85). 이런 경우, 연극치료는 참여자의 방어를 위한 서비스를 하게 된다. 이러한 까닭에 필자는 치료사의 주요 의무 중 하나가 창조적 재료에 대한 해석을 제공하고 그것을 지속적으로 예민하게 작업과 연결시키는 것이라고 생각한다.

임상적 관찰 및 논의

이 연구의 대상이 되는 연극치료 집단은 장기 회원으로 구성되었다. 그들은 이미 집단치료 구조에 익숙했고, 점차 무슨 아이디어를 탐구해야 할지, 또 무슨 역할을 연기해야 할지 책임지고 결정할 줄 알았다. 치료사들은, 연극치료에서 상상적 작업을 한 다음에 항상 환경, 타이밍, 개인정보 비공개 등과 같은 분명한 경계선을 지키면서 역할 벗기de-roling 훈련과 기초교육 기술을 사용하였다. 우리는 회기에서 사용한 모든 것을 치료 작업의 재료로 간주했다. 집단 구성원 어느 누구도 그들의 정신질환이나 범죄와 관련된 문제를 자발적으로 꺼내지 않았고, 그러한 문제에 대해 생각하기를 극도로 거부했다. 그러나 법의학 심리치료의 기본 전제는 중범죄index offence가 참여자와의 전이와 역전이 안에서 역동적으로 표현된다는 것이다. 필자와 동료 치료사는 큰 틀에서 집단역동과 불안, 전이와 같은 주제에 대한 편집적 사고에 대하여 작업했다. 그들의 신분을 보호하기 위해 이 글에서는 참여자를 레스, 토미, 조, 크리스로 부를 것이다.

이 일련의 회기를 시작하기 전에, 집단은 다양한 신분의 두목이나 우두머리를 연기하는 장면을 좋아했다. 필자와 동료 치료사는 종종 이것을 집단의 서열에 대한 그들의 불안과 연결 지었다. 실제로 집단 구성원(구체적으로, 레스와 토미) 간에 권력투쟁이 종종 있었다. 레스의 정신적 상태는 집단 구성원 중에서 가장 불안정했다. 그는 종종 과장했고 모든 여성이 그를 사랑한다는 망상을 갖고 있었다.

연극치료 초반에 레스는 그가 '인크레더블 헐크Incredible Hulk' 역할에 대해 아이디어가 있다고 말했고, 다른 사람들은 그의 제안에 흥미를 보였다.

핫시팅 훈련hot-seating exercise에서, 조가 레스에게 "네가 변할 때 기분이 어때?"라고 물었다. 레스는 "(그 역할을 할 때) 느낌 좋아. 내 옷이 찢어지고 내가 사람들을 여기저기 던지거든."이라고 대답했다.

토미는 "전에 울어 본 적 있어?"라고 물었다. 레스는 "전혀. 난 화가 난 적이 있을 뿐이야."라고 말했다.

이것은 다른 구성원들에게도 그들이 맡을 인물에 대해 생각하게 했다. 조가 "슈퍼히어로끼리 싸울 수도 있어."라고 말했고, 이로 인해 우리는 집단 안에서의 힘겨루기에 대해 느끼게 되었다. 집단은 몇 주 동안 계속해서 헐크에 대해 탐구했다. 조는 실패한 감마선 과학 실험이 데이비드 배너(헐크의 주인공)를 변하게 했음을 상기했다. 그들은 술집에서 거칠게 밀리지만 헐크로 변하기 전에 멀리 달아나는 배너의 이야기를 창작했다. 레스와 토미 사이에 조용한 긴장이 흘렀다. 이러한 긴장의 흐름은 그들이 언어적으로 대립하기 시작할 때까지 계속됐다. 그들의 대립은 토미가 자신을 쳐다봤다는 레스의 편집적 지적에서 시작되었다. 토미는 화가 났고 병실로 돌아가겠다고 했다. 필자가(토미를 보내고) 돌아와 방금 전에 있었던 일에 대해 지적했을 때 집단은 반응을 보이지 않았다. 크리스는 데이비드 배너가 테러리스트들에 의해 피랍된 비행기에 있었고 탑승객들을 구하기 위해 헐크로 변하는 장면에 대한 아이디어를 제안했다.

3주 동안 토미는 집단으로 돌아오지 않았다. 그가 없는 동안 우리는 피랍된 비행기에 대한 줄거리를 계속해 나갔다. 이 작업의 핵심에는 두 가지 부류의 집단 감정이 있었는데 '공격'과 '두려움'이었다. 필자와 동료 치료사는 이 두 감정을 '직면하기confrontation'와 연결시켰다. '좋은' 역할과 '나쁜(사악한)' 역할이 서서히 드러나기 시작했다. 레스는 점점 갈수록 그가 '나쁜' 역할로 묘사한 역할을 연기하는 것을 참기 어려워했다. 이는 그의 정신 상태가 뚜렷하게 악화되고 있음을 잘 보여 준다. 한 회기 이후, 그는 자신의 바짓가랑이가 얼마나 팽팽한지를 봤느냐고 하면서 과장된 성적 농담을 던졌다. 간호사들이 이를 볼까 봐 다른 구성원들이 계속 걱정하자 레스의 전임 상담사가 그의 일탈행동을 중단시켰다. 우리는 집단 내에서의 이러한 사건들에 대해 곰곰이 생각했다. 필자와 동료 치료사는 직면하기 이후에 남아 있는 어려운 감정에 대해, 그리고 레스가 헐크 역할을 하면서 다른 사람들에 대해 갖고 있던 감정에 대해 논의했다. 조는 헐크의 역할을 서로 바꿔 가며 하자는 유익한 제안을 했고, 레스는 이 제안에 매우 안도하는 모습을 보였다. 집단은 '변신'에 대한 아이디어로 돌아갔다. 토미가 참석하지 않은 세 번째 회기에서, 참여자들은 개별적으로 슈퍼히어로를 선택하고 각기 이에 대한 아이디어 작업을 했다. 치료실의 서로 다른 영역에서 종이와 펜을 사용하면서 개별 작업을 한 후, 다시 제자리로 돌아와 그들의 아이디어를 돌아가며 소리 내어 읽었다. 모두가 놀랍게도 그들은 정확히 동일한 슈퍼히어로를 선택했다.

"스파이더맨: 용감하고 도움을 주는 자. 강하고 똑똑하고 조용하며 주관이 뚜렷하고 친절한 자. 그러나 돈에는 관심이 없는 자다."

"어렸을 때, 나는 스파이더맨을 즐겨 시청했다. 내가 기억하는 것은, 그가 거미에 물렸을 때 거미처럼 변해서 건물을 기어오르게 되었다는 것이다. 그는 거미 옷을 입었다. 그 일이 있기 전에는 정상적인 사람이었다."

"스파이더맨은 빠르고 날렵하며, 곡예사 같고 영리하며, 매우 차분하다. 도둑 두 명이 보석 상점을 털었을 때, 스파이더맨이 거미 옷을 입고 나타나 도둑을 잡았다."

그다음 회기에 중대한 발전이 있었다. 회기 초반에 크리스는 "한 주 내내 생각했는데 그가 항상 스파이더맨이었던 것이 아니었어."라고 말했다. 집단의 나머지 구성원들도 이 새로운 인식에 동의했다. '피터 파커'가 모습을 드러낸 것이다. 처음에는 흐릿하게 반은 사라진 듯한 모습으로 나타나다가 점차 분명해지고 더욱 명확해진 것이다. 크리스는 피터 파커의 구불구불한 머리카락과 가죽점퍼를 기억해 냈다. 다른 구성원들은 피터 파커가 사진작가였으며 뉴욕시에 살았다는 것을 기억해 냈다. 피터 파커 줄거리가 시작된 것이다. 조는 다음과 같이 썼다.

모든 것은 피터 파커가 생물학 시간에 방사능에 오염된 거미에 물리면서 시작되었다. 그는 초인간적 힘을 얻었고 곡예사처럼 날랬으며 벽과 천장에 매달릴 수 있었다. 그는 TV 쇼에 나와 그의 힘을 보여 줄 수 있는 기회가 있었다. 쇼 이후에 도둑들이 스튜디오에서 돈을 훔쳤다. 그는 그가 벌 수 있었던 돈에 좀 더 관심이 있었기 때문에 도둑들에 대해 주의를 기울이지 않았다. 피터 파커가 집으로 갔을 때, 그 도둑들이 피터 파커의 삼촌과 숙모에게 강도질을 하고 삼촌까지 죽였다는 것을 알았다. 그날부터 그는 거미줄을 개발했다. 그는 이미 의상을 갖고 있었고 슈퍼 히어로 스파이더맨이 되었다.

그 순간에 집단은 스파이더맨보다는 피터 파커에 더 관심을 보였다. 그들은 전체적으로 파커가 가난했고, 학교에서는 인기가 없었으며, 부모가 없었고, 여자 친구 문제도 있었고 등의 많은 세부 사항을 기억해 냈다. 필자와 동료 치료사는 결핍loss이라는 주제에 꽂혔다. 우리는 피터 파커가 스파이더맨을 통하여 전능한 방어를 하는 자이기보다는, 결핍에 대해 생각하거나 그 결핍을 처리할 수 없는 존재로 간주될 수도 있다는 생각에 골몰했다.

그다음 주, 토미가 돌아왔다. 그러나 토미와 레스는 그들의 대립에 대해 말할 수 없었다. 토미는 스파이더맨 작업에 관심을 보였고 자진해서 아이디어 토론에 합류했다. 그들은 도둑이 들었던 보석상점에 대한 줄거리를 창작했다. 레스는 부관리인 역할을 하고 싶다고 말했다. 그는 누군가 다른 사람이 관리인 역할을 하면 좋겠다고 제안했다. 토미는 레스에게 자신이 '악당' 역할을 하겠다고 말했다. 필자는 그들 스스로 혹은 다른 사람을 위해 그들이 선택한 역할에 대해 설명하면서, 이것을 집단 안에서 일어나고 있는 일과 어떻게 연결 지을 수 있을지 생각하면서 중재를 해나갔다. 참여자들은 이에 대해 특별한 관심을 표하지는 않았지만 어쨌든 토미는 악당을 연기하겠다고 했고, 레스는 상점주인 역을 선택했다.

그런 다음 레스와 토미는 짜인 싸움 장면을 연기했다. 레스는 폭발적으로 웃었고 스파이더맨 역할을 하는 크리스가 와서 자기를 구해 주기를 원했다. 토미는 "이제 그를 구하러 와. 와서 그를 구해."라고 불안하게 말했다. 드디어 크리스가 왔다.

역할 벗기를 하면서 우리는 무대 위에서의 '폭력'에 대해 깊이 생각해 보았다. 레스는 "그냥 단지 연기일 뿐이죠… 하지만 내가 나쁜 역할을 안 해서 좋아요."라고 말했다. 필자는 비록 폭력이 단순한 연기였지만 아마도 집단에서 싸움이 일어난 것같이 느끼게 하는 다른 방법이 있었을 것이라고 제안했다. 토미와 레스는 고개를 끄덕였다. 필자는 이때 집단에서 무엇인가 슬그머니 사라지고 있다는 생각을 포착했다. 필자는 이 생각을 다시 직면하기와 연결시켰다. 토미와 레스 둘 다 동의했지만 더 이상 말하지는 않았다. "무엇인가를 해결하는 것이 좋았어요. 좋은 사람을 연기하는 것도 멋졌어요."라고 크리스가 말했다.

그다음 몇 회기가 진행되는 동안, 우리는 피터 파커와 스파이더맨의 좋은 면과 나쁜 면을 분리하면서 계속 작업을 하였다. 스파이더맨의 '좋은' 점과 '나쁜' 점을 대표할 사람을 선택하면서, 스파이더맨 내부의 분열에 대해 좀 더 깊이 있는 탐구를 시작했다. 좋은 점으로는 '건물과 건물 사이를 매달리며 옮겨 다니기' '가난한 자에게 기부하기' 등과 같이 스파이더맨의 힘과 관련된 것을 강조했다.

하지만 스파이더맨의 나쁜 점이 좋은 점에 비해 훨씬 많았다. 구성원들은 '경찰과의 트러블' '경찰은 그를 경계 대상으로 생각한다.' '경찰은 그가 도시를 위협했다고 생각한다.' '그는 비도덕적인 인물들을 상대해야 한다.' '거미에 물리게 된다.' '그는 슈퍼히어로로 힘 때문에 너무 예민하다.' 등과 같은 점들을 나쁜 점으로 강조했다.

치료사들은 스파이더맨과 경찰과의 관계에 대해 좀 더 탐구해 보라고 제안했다. 집단은 이를 받아들여, 피터 파커가 그의 여자 친구 그웬과 식당에 있었던 장면에 대해 의견을 나누었다. 식당 밖 거리에는 노상강도가 있었다. 피터 파커는 화장실에서 몰래 스파이더맨으로 변하여 경찰이 올 때까지 강도를 저지하고 있었다. 참여자들은 이 장면을 매우 즐거워하며 연기했다. 피해자 역할을 한 사람이 경찰 역할을 한 사람에게 강도에 대해 말하면서 '미친 사람crazy man'이라는 표현을 쓰기도 했다. 역할 벗기에서, 우리는 이 장면을 다시 생각해 보았다. 토미는 좀 더 사려 깊게 피터 파커가 법의 손을 빌리지 않고 제 멋대로 법을 어겼다고 말했다. 필자가 그에게 무슨 의미로 말한 것인지 물었을 때, 그는 "피터 파커는 슈퍼히어로이지만, 경찰과 잘 지내지는 않아요."라고 말했다.

이 단계에서, 필자와 동료 치료사는 처음으로 이 소재를 참여자들의 삶과 분명하게 연결 지을 수 있겠다고 느꼈다. 사실, 앞서 이러한 연계를 생각해 본 적이 없기 때문에 바로 이때가 결정적인 전환점이었다. 그다음 주에는, 레스가 회기 초반에 스파이더맨이 피터 파커였을 때는 '정상적'이었다는 말을 했다. 레스는 이어서 그가 고향을 막 떠나려고 했을 때가 좋았는데, 그건 자신이 정상이라고 느낄 수 있었기 때문이었다고 말했다. 다른 구성원들도 이에 동의했다. 그들은 떠나는 것과 '정상'이라고 느끼는 것이 좋았다고 말했다. 우리가 지금까지 탐구해 왔던 것이 '슈퍼히어로 상태' 대 '정상적 상태'였다는 점을 다시 생각하면서 이 주제를 집단 작업과 연결시켰다. 필자는 병적 상태와 정상적 상태, 내부와 외부를 연결시켰다. 크리스가 집단 구성원에게 외박이 허용됐다고 말하자, 그들은 크리스의 출소가 틀림없이 가까워졌다며 환호했다. 크리스는 출소를 위한 계획과 병이 재발하지 않았으면 하는 그의 바람에 대해 감동적으로 말했다. 집단 구성원이 얼마나 자신의 질병과 범죄 경험에 대해 두려움을 갖고 있는지에 대해 자발적으로 이야기한 것은 그것이 처음이었다.

그다음 주, 집단 구성원들은 피터 파커에 대한 개인적·내적 생각에 대해 글로 쓰고 그것을 차례로 나누었다.

"사람들이 스파이더맨의 진가를 알아주면 좋겠어요."

"왜 경찰은 스파이더맨을 위험한 자로 생각하는 거지?"

"때로 나는 스파이더맨이 아닌 게 더 좋았어요."

"피터 파커는 그가 영웅이라고 생각하고 경찰에 대해 나쁜 감정을 갖고 있었어요. 그는 허풍쟁이에요."

이후 몇 주 동안, 이 작업은 계속되었다. 토미가 이 작업을 이끌었고 집단은 가상의 체포 장면을 연기했다. 레스는 이 장면을 병원 입소 전 그 자신이 경찰에 체포되었던 경험과 연결시켰다. 바로 여기서 작업은 스파이더맨을 떠나 그들 자신의 개인적 경험으로 자리를 옮겨 갔다.

논 의

스파이더맨을 사용한 목적이 무엇이었나? 이에 대해 필자는 집단 구성원들이 전적으로 상징화할 수 있기 전의 어떤 지점에서 그들의 장애를 탐구하기 위해 연극치료 매체를 사용하는 것이라고 제안한다. 거기서 그들 자신의 삶과 피터 파커/스파이더맨의 내적 세계 사이에 연결고리가 발견되고, 나와 내가 아닌 것 사이에 패러독스가 나타난다. 위니컷(1971: 2)은 이 지점에 대해 기술하기를, "내적 현실과 외적 현실이 분리되어 있어서, 아직은 상호 관계를 맺지는 않은 인간 삶의 세 번째 부분"이라 했다. 스파이더맨의 출현은 집단 구성원들의 파괴성이 안전하게 통제되고 치료로 옮겨갈 수 있는 전이공간을 가능하게 했다. 레스가 '인크레더블 헐크'를 선택한 것이 첫 번째 증거였다. 그의 정신적 상태의 악화와 맞아떨어진 타이밍이었다. 필자와 동료 치료사가 사용한 기법은 역할 벗기와, 역할 극 이후 집단에 방향을 제시하는 것이었다. 레스가 그의 당당함을 표현하기 위한 역할들을 선택하기 시작했던 것은 주목할 만했다. 그는 분명 환상과 현실을 구분하기 위해 안간힘을 쓰고 있었던 것이다. 치료사들은 그의 문제를 집단의 문제와 연결시켰다. 역할을 바꿔 가면서 해 보자는 조의 제안이 매우 유용했다. 정신적으로 그를 괴롭히던 것을 표현하기 위한 레스의 역할 선택은 비행기를 납치하는 테러리스트에 대한 집단의 극 선택에서 분명하게 나타났다. 이러한 매체의 사용이 투사의 틀로 작동했다. 거기에는 단지 폭력적 · 파괴적 감정이 일어날

뿐만 아니라 결함이 있거나 손상된 내적 대상(데이비드 배너의 감마선, 피터 파커의 거미에 물림)도 있다. 슈퍼히어로에 대한 두 가지 이야기는 외부로부터 주어지는 가학적이고 유독한 요소들과 연관되어 있다. 그것은 정신병적 방어, 선물이자 저주, 과장된, 전능한 상태를 만들어 낸다. 레스는 그가 가장 피해망상적일 때 헐크를 구체적 상징으로 사용했다. 이때 레스의 거창하고도 과장된 상태의 어떤 것이 감마선 이미지에 내재하는 피해망상과 어울려 소통하였다. 필자는 비수에 찔린 듯이 통렬하게 비온Bion을 떠올렸다. 비온의 과대망상증 환자 1명이 헤어나지 못할 것 같은 깊은 불안감에 직면했을 때 '전능한' 자가 됨으로써 그의 불안증을 감소시켰던 것이다(Grotstein, 2007).

작업이 진전됨에 따라, 참여자들은 피터 파커/스파이더맨이 자신의 분열(전능과 무력함, 폭력과 보살핌, 범죄와 치안 사이에서의 분열)을 재연하는 경험의 중간지대에서 전적으로 참여할 수 있었다. 이 시간 동안, 스파이더맨은 본연의 생명력과 현실성을 가졌고, 집단은 심도 있게 연극치료 작업에 참여했다. 그들은 집단 외부에 대해 이야기했고 회기 사이 간극에 대한 아이디어를 계획하려고 했다. 스파이더맨의 전능함에도 불구하고, 집단은 슈퍼히어로가 법 위에서 사회를 위협하는 위험한 자경단vigilante으로 보일 수 있음을 알기 시작했다. 피터 파커는 슈퍼히어로가 되었지만 경찰과 잘 지내지 않았다는 토미의 논평은 중요한 깨달음이었다. '제3의 자리'가 작업으로 들어오고 있었다. 이는 그들 자신의 삶을 매체와 연계시킬 수 있도록 해 주었다. 이 작업의 중요한 속성은 공동치료에서의 관계성에 있었다. 필자와 동료치료사는 서로 솔직하게 드러내 놓고 소통하고 집단에 대해 생각을 나누는 고도로 조율된 관계였다. 작업을 진행하는 것이 일차적 과업이라는 직관적 이해 안에서 실제로 '충분히 좋은 돌봄good enough mothering'이 있었다. 그러나 집단 구성원들이 전이 대상으로서의 스파이더맨을 충분히 경험하기 전에 '지나친 현실성too much reality'이라는 시기상조의 주사를 주었다고 해석할 수도 있었다. 위니컷(1971)은 이러한 문제가 있을 수밖에 없다고 짚어낸다.

> 우리가 영아에게 "너 이걸 이해했어?" 혹은 "이것이 너에게 없다가
> 나타난 거야?"와 같은 질문을 하지 않는 것은 우리와 영아 사이의 합의
> 사항이다. 문제는 체계적이 아니라는 것이다.
>
> (Winnicott, 1971:12)

전이 대상은 이미 거기에 있었던 것과 새롭게 만들어진 것 사이의 경계
위에 있을 수 있다. 더 이상 필요하지 않을 때까지 주체의 통제하에 남아 있
도록 허용된다.

일단 작업이 시작되면, 집단의 파괴성은 시간이 흐르면서 구체적인 것에
서 상징적인 것으로 이동할 수 있었다. 그래서 치료에 좀 더 이용할 수 있게
되었고 마침내 그것이 무엇인지 명명할 수도 있고, 참아 낼 수도 있고, 그것
에 대해 생각할 수도 있게 되었다. 이 단계에서 스파이더맨은 조용히 빠졌
다. 그는 그의 목적에 부응했다. 집단은 그들이 공유한 현실(그들의 파괴성,
범죄, 병에 대한 직접적인 인정)과 함께 보다 밀접한 관계로 이동했다.

평가 및 향후 연구 영역

이 장을 시작하면서 언급했던 바와 같이, 치료 결과에 대한 해석을 위해
우리가 사용한 준거는 참여자의 사적인 사항에 대한 공개가 증가하는지, 치
료 목적에 부합하는 집단의 참여가 증가하는지, 통찰력이 나타나는지 등과
같은 집단 자체 내의 임상 결과물에 근거한다. 이렇게 연극치료를 이용하는
근거는, 연극치료가 매체의 안전성을 통하여 파괴적 과정이 일어나게 할 수
있고, 또 탐구 수단을 제공하기 때문이다. 이는 매체가 전이 대상으로 기능
하고, 나와 내가 아닌 것의 경계는 분리의 탐구를 허락하기 위해 잠재적 공
간의 영역 안에서 안전하게 희미해질 수 있기 때문이다. 더 나아가, 예술 매

체는 투사의 안전한 틀을 제공한다. 상징화의 장소인 삼각형 공간이 참여자,
치료사, 매체 간 삼각 구도 관계를 통하여 고무될 수 있는 장소를 제공한다.
결정적으로, 예술치료는 초기 손상과 애착장애 병력을 가진 정신병적 참여
자들에게 처음으로 전이 상태에 도달하고 즐기도록 기회를 제공한다. 이러
한 긍정적 경험은 위니컷(1951: 14)이 말하는 개인의 창조성을 위해 필수적
이다. 그것은 상상적 삶에 속하는 강력한 경험 안에서 삶 전체를 통하여 유
지된다.

레스, 크리스, 조는 결국 성공적으로 사회 공동체로 돌아갔다. 물론 이것은
많은 치료적 개입 덕분이다. 연극치료는 단지 그 많은 치료적 개입의 일부분
을 차지했다. 이 분야에서의 향후 연구는 치료 전후에 설문지를 이용하여 상
징화의 역할을 탐구하거나 연극치료 매체를 사용하는 것이 자신의 성찰에
효과가 있었는지에 대한 참여자의 견해를 참고하는 것이 될 것이다.

주요 결과물에 대한 요약

이 장은 정신병을 앓는 범죄자를 위한 정신역동 연극치료 집단에서 어떻
게 연극치료라는 매체가 파괴적 과정을 위한 안전한 틀로 작동했는지를 탐
구했다.

집단에서 점점 더 상징화가 가능해지면서 전에는 다루어질 수 없던 주제
인 폭력과 범죄가 그에 대한 개인적 비밀의 공개로 이어졌다는 것은 이 작
업의 중요한 결과물이다. 이와 같은 능력의 증가는 통찰력의 발달이라 할
수 있다. 또한 이는 치료적 참여의 증가와 밀접한 관계가 있다. 이런 경우 연
극치료를 이용하는 것이, 유사성과 차별성을 분리하고, 참여자들이 안전하
게 그들 자신의 정신장애 양상을 표현할 수 있게 하는 전이 대상과 유사하
다고 주장하는 바다. 하지만 이 작업은 내부와 외부, 환상과 현실 사이의 영

역을 협상하는 것과 관련되기 때문에, 불안이 너무 심할 경우에는 정신병의 보상기전 상실이라는 잠재적인 부작용이 야기될 수 있다. 그래서 치료사들이 작업할 때, 일관성 있는 경계를 제시하고, 어떤 상상력이 풍부한 작업 이후에도 현실로 방향을 제시할 수 있는 구조를 사용하는 것이 중요하다. 이런 의미에서, 연극치료 환경은 놀이playing와 창조성creativity이 통찰과 회환, 역설적이지만 위험과 파괴에 대해 보다 잘 의식할 수 있도록 이끌 수 있는 영역인 '잠재적 공간potential space'이 될 수 있다.

12

자살에서 살아남기: 삶과 죽음의 책

Pete Holloway

개 요

이 장에서는 최근에 자살을 시도했다가 살아난 사람들과의 작업을 위해 적용할 수 있는 연극치료 과정인 『삶과 죽음의 책The Book of Life and Death』에 대해 설명하고 논의하고자 한다. 원래는 병원 입원의 대안으로 제공되는 응급 외래 치료시설에서 개발되었으나, 외래환자 심리치료와 개인과 집단을 대상으로 지역 정신보건시설에서도 사용되고 있다. 이 장에서는 상대적인 체류기간과 입원 비율과 같은 간단한 임상 지표를 활용하고 과정에 참여한 다양한 참여자들의 개인적인 피드백을 참고해서 다양한 환경에서 이러한 작업 형태를 사용한 경험을 시험적으로 평가할 것이다.

임상 과정에 대한 소개

1961년 「자살법」이 제정되고 나서야 비로소 영국 정부로부터 자살 시도가 범죄로 인식되지 않게 되었다. 과거에는 자신의 목숨을 앗아 가는 데 실패한 것 때문에 기소될 가능성이 있는 매우 모순적인 것이 있었던 반면에, 자살을 'sui-cide', 즉 자기 살해로 보는 그런 관점에 대해 은유적으로 설명이 되고 어원적으로 옳은 점도 있다. 캠벨과 헤일(Campbell & Hale, 1991)은 자살 시도를 했던 사람들과 응급병동에서 실시했던 500개의 인터뷰와 자살 시도를 한 사람들에 관한 20개의 분석 사례를 기초로 한 독창적인 논문에서 자살 행동은 (적어도 환상의 단계에서는) 신체를 제거하고자 하는 것과 '살아남은 자기self'에 대한 열망과 연관이 있다고 보았다. 그들은 '자기'의 1개 혹은 그 이상의 요소들이 신체적으로 구현된 '자기'의 또 다른 요소를 살해하려고 하는 시도와 연관이 있다는 설득력 있는 주장을 폈다. 비록 심리학적으로 논쟁을 초래했지만, 이 간단한 아이디어가 이 장에서 자세히 설명된 연극치료 과정에 영감을 주었다. 인간의 죽음과 인간이 언젠가는 죽게 되는 것과의 많은 관련성에 대한 얄롬Yalom의 매력적인 주장과 결부시켜 생각해 보았을 때(Yalom, 1980, 1991, 2008), 그 작업에 관한 더 심도 있는 이론적 토대가 만들어지기 시작했다.

이 장에서 논의되는 임상 과정은 언제나 최근에 자살 시도를 한 적이 있는 환자들이 아주 많은 응급 외래 치료시설에서 작업하는 동안 개발되었다. 그 시설의 주목적은 응급 정신건강문제를 가지고 있는 개인들을 위해 그들이 6~8주간 주 5일의 집중 치료 프로그램에 참여하도록 함으로써 정신병원 입원을 대체할 만한 것을 제공해 주는 것이었다. 그 시설에는 작업치료사, 정신보건 간호사, 예술치료사와 객원 정신과 의사들이 함께 근무했다. 중요한 것은 집단 연극치료 작업이 훨씬 더 폭넓은 집중 환경요법의 일부분이었을 뿐이라는 점이다. 제공되는 치료 프로그램은 단기 집중 개인치료와 병행해서 탐구적일 뿐만 아니라 다양한 심리교육적 · 심리학적 학습능력 평가방법에 기분전환이 되는 집단활동이 포함되어 있었다.

자살에 대한 정의 내리기

'자기 – 살해'라 할 경우, 자살에 대한 어원적 이해는 간단할 수 있는 반면에 무엇이 자살이나 자살 행동에 이르게 하는가에 대해서는 자살연구자들 간에 합의가 거의 이루어지지 않았다. 페어베언(Fairbairn, 1995: 57)은 자해에 대한 언어와 윤리학에 대한 자신의 담론에서 법의학의 관점에서 보자면 자살하고자 하는 행동을 '실제'로 만드는 것이 그 행동의 **결과**(즉, 죽음 혹은 심각하게 거의 죽음에 이름)라고 지적했다. 그러나 리나스(Leenaars, 2003)는 철저한 역사적 · 문화적 · 다양한 검토를 통해 무엇이 자살이나 자살 행동을 만드는가에 대한 명확하고 보편적인 정의는 없다는 결론을 내렸다. 하지만 페어베언과 리나스 두 사람 모두 그런 정의들은 단순히 그 결과의 상대적 성공 혹은 실패에 근거를 두기보다는 행동 이면의 **의도**를 포함해야 한다는 데 동의하고 있다. 따라서 페어베언은 자살의 정의를 아래와 같이 제안한다.

> … 과실 행동이든 태만 행동이든, 그리고 자신에 의해 행해졌든 타인에 의해 행해졌든, 본인이 죽게 되기를 원하기 때문이거나 죽임을 당하길 원하기 때문에, 독자적으로 자신의 죽음을 야기하려고 의도한 것에 따라 본인이 실연한 행동
>
> (Fairbairn, 1995: 84)

리나스는 슈나이드만Shneidman이 이전에 정의한 것을 (연령, 성별, 방법, '시

도자' 대 '실현자', 서로 다른 문화와 서로 다른 시간 등에 대한 언급을 통해) 실증
적으로 증명하려고 시도했다.

> 자살은 저절로 솟는 자발적 소멸에 대한 의식적인 행위로, 자살을 어
> 떤 문제에 대한 최선의 해결책이라고 정의하는 도움이 필요한 개인에게
> 있어 다차원적인 문제로서 가장 잘 이해된다.
>
> (Shneidman, 1985: 203)

앞서 상술되었던 것처럼 인구통계학적으로 표본이 추출된 자살과 관련된
내용들에 대한 그의 실증적 연구를 통해, 리나스는 슈나이드만의 정의를 아
래와 같이 재정의했다.

> 자살은 다차원적인 문제로 가장 잘 이해될 수 있다. 최소한 심리내적
> 인 측면(견딜 수 없는 고통, 인지적 압박감, 간접적 표현들, 조절능력 부
> 족, 그리고 자아)과 대인관계 측면(대인관계, 거절-공격성, 동일시-빠
> 져나감)에 의해 정의된다. 그것은 의식적으로나 무의식적으로나 문제에
> 대한 최선의 해결책으로 여겨진다.
>
> (Leenaars, 2003: 61)

이 세 가지 정의의 요소들은 다음에 이어질 임상적 논의에서 다뤄질 것
이다.

임상 주제

자살과 정신질환

위의 정의에서는 일반적으로 정신질환이나 특히 가장 보편적인 정신질환 진단명(World Health Organization, 2008)인 우울증에 대해 아무런 언급이 없다. 그렇다 하더라도 대중적 상상 속에서나 정신의학의 의료모델에 있어서도 만일 누군가가 죽기를 **원한다면** 그들은 **분명** 우울감이나 정신병적 증상이 배어 있다고 생각한다. 그리고 자살 사고, 계획 세우기나 행위는 정신상태 검사Mental State Examinations에서도 위험과 심각도에 대한 중요한 지표로 여겨지고 있다(Gelder et al., 2005: 171-2 참조). 마찬가지로 전염병과 인구학적 연구(Miles, 1977; Goldring & Fieve, 1984; Weissmann et al., 1989)에서는 일반인들보다 '우울증' '알코올중독' '양극성 장애' '조현병'으로 진단받은 사람들의 자살률이 현저히 더 높다고 한다. 그러한 연구들은 자신의 의지로 죽기를 바라는 것은 분명히 '비이성적'이거나 '정신질환'이 있을 것이라는 대중적 믿음을 만들어 낸다.

생명을 **구하는** 데 종사하고 있는 의료 전문직과 준의료 전문직 종사자들에게 있어 '자발적 소멸'(Fairbairn, 1985: 84)과 같은 그러한 시도들은 그들의 **존재** 이유에 역행하는 것일 수 있다. 그러나 대부분의 주요 자살 연구자들은 자살 사고, 의도나 행위가 정신질환의 **사실상의** 기표라는 그런 확실한 견해를 수용하지 않는다. 리나스의 유서들에 대한 경험적 검토(2003)와 캠벨과 헤일의 임상 인터뷰들(1991) 모두는 자살 행동 이면에 숨겨져 있는 가끔은 세심하게 되짚어 보고 심사숙고되기도 한 매우 합리적인 과정들을 식별해 냈다. 게다가 사마리탄즈Samaritans[1])가 자체 조사를 통해 지적하고 있는 바와 같이 정신질환으로 진단받은 사람들 사이에서 나타나는 더 높은 자살발생률은 진단명 그 자체와 직접적인 상관관계가 있다기보다는 그들 자신의 삶을 끝내는 효과적인 수단인 예전의 항우울제MAOIs와 항정신병 약물에 접근할 수 있다는 것만큼은 관련이 있을 수 있다(Samaritans, 2010).

응급 입원 병동에서 연극치료사로서 필자의 초기 경험 중 하나를 말하자면, 아주 경험 많은 정신과 의사가 필자에게 자살 위험에 대해 걱정할 시기는 누군가가 굉장히 우울하거나 심각하게 정신병적이거나 아주 혼란스러운 조증상태에 있을 때가 아니라고 말해 주었다. 위험하다고 생각해야 할 시기는 그 상태들이 해결되었을 때라고 했다. 다시 말해서, 치료의 결과(즉, 무력감, 무쾌감증, 정신운동 지체와 인지분열 등의 임상 특징들이 이제 막 개선되기 시작했다)로서이거나 '도움이 필요한 한 개인이… 자살을 어떤 문제에 대한 최선의 해결책으로 규정'한 결과이거나 이 둘 중 하나일 때라는 것이다(Shneidman, 1985: 203). 불과 몇 주 후 평소와 달리 상당히 힘든 상태로 개인 연극치료 회기에 처음으로 온 환자로 인해 이 말을 제대로 이해하게 되었다. 그는 평생 동안 버림받음, 트라우마, 우울을 겪은 후에 희망감을 경험하기 시작했다는 사실 때문에 괴롭다고 했다. 그 기대감 이후에는 바로 그런 낙천적인 생각이 예상과 어긋나거나 잔인하게 사라지지 않을까 하는 괴로운 불안감이 엄습해 왔다는 것이다. 역설적으로 그를 괴롭히는 것은 그가 '규정한 어떤 문제'(슈나이드만)나 '인식하는 문제'(리나스)가 되는 세계에 대한 우울한 경험이 아니라 언제 깨질지 몰라 불안한 낙천주의였다. 이 특별한 사례의 경우, 희망과 우울(살고자 하는 욕구와 살면서 그가 새로 발견한 희망과 맞닥뜨릴 수도 있다는 믿음의 부족) 간의 긴장감이 자살 행동을 야기하는 것은 아니었다. 그러나 다른 사람들에게는 그런 긴장감과 모순들이 그들을 '어떤 문제에 대한 급진적 해결책'으로 몰고 갈 수도 있다(리나스).

---

1) 전화로 우울증과 자살 충동에 시달리는 사람들의 고민을 상담해 주는 영국의 자선단체-역주.

자살 그리고 죽음의 공포, 혹은 삶의 공포

앞에서 많은 정신분석학적 견해를 가진 이론가들이 삶과 성장 그리고 죽음과 소멸 간의 사투를 심리학적이면서 동시에 생리적인 기관으로서, 인간 내면에의 총체적 원동력으로서 고찰한 것을 보았다. 태어난 모든 것들은 언젠가 죽게 된다. 그러므로 삶과 죽음의 과정들이 서로 긴장 상태에서 공존하거나, 사무엘 베켓(Samuel Beckett, 1956)이 핵심을 찔러 말했듯이, "우리는 죽음의 양쪽에 걸쳐 태어났다"(Beckett, 『고도를 기다리며』). 얄롬(1980)은 살아서 의미를 만들고자 하는 시도와 우리 인간은 언젠가는 죽는다는 것에 대한 심오하지만 가끔은 전환적인 인식 간에는 근본적인 긴장이 있다고 말한다. 더 나아가 우리가 '세상에 존재하는 것'의 그리고 많은 정신병리학적 표현들의 근본적인 원인의 역할을 하는 것이 바로 이 긴장이라고 제시하고 있다.

실존주의 심리치료 전통에서는 많은 인간의 행위가 우리의 삶과 관계들에 의미를 만들고자 하는 하나의 시도처럼 여겨질 수 있다. 그리고 이것은 우리가 언젠가는 죽게 된다는 것은 연약하고 부족한 상태가 된다는 것이라는 암시에 의해 자극되거나 강조될 때, 실존적 위기에 대한 개인적인 의미와 경험이 와해된다. 이런 아주 위험한 존재론적인 상태를 강조하는 것은 추상적이고 보편적인 지적 수준에서 우리가 알고 있는 것('모든 인간은 언젠가 반드시 죽는다')과 우리가 우리 자신의 인식('나는 언젠가 반드시 죽는다')으로부터 적극적으로 떨쳐 내려고 애쓰는 것과의 사이에 근본적으로 양립할 수 없는 인식론적 모순이라고 그들은 주장한다. 다시 말해서, 얄롬(1980, 1991)은 자아ego는 그저 단순히 그 자체의 비존재non-existence를 상상하도록 설정되어 있지 않다고 설득력 있게 주장하고 있다.

이 앎과 모름에 대한 변증법적 방식은 사랑하는 사람을 잃는 것, 심각한 질병, 관계의 종식과 같이 언젠가는 반드시 죽게 된다는 사실에 직접적으로 직면하게 된다. 이러한 때에 (유한성을 가장한) 죽음은 확실하다는 불안정한 인식을 우리는 더 이상 피할 수 없다. 그러나 자신의 죽음의 방법과 시기는 여전히 불확실성 투성이로 남아 있다. 이 확실성과 불확실성 간의 모순은 존재론적 불안을 낳고, 차례대로 얄롬에 의해 '죽음 거부'(1991)로 가장 잘 묘사된 여러 가지 무의식적인 전략들로 우리를 이끈다. 그러한 전략들은—태어나서부터 우리 자신의 전 생애에 걸친 유전자와 주체성을 나타냄으로써, 그리고 인간 존재의 축적된 지식과 문화에 기여함으로써—대부분 긍정적일 수 있다. 그러나 동시에 '살아 있는 모든 것들은 죽을 것이다. 그러므로 내가 **진정으로** 살아 있지 않다면, 나는 **진정으로** 죽을 수도 없다.'라는 존재론적 불안에 대한 우울 반응과 같이 더 삐딱하거나 자기 스스로를 구속하는 논리를 수반할 수도 있다. 비슷한 식으로 그는 죽음을 부추기는 익스트림 스포츠와 자기성애적 질식상태를 포함해서 가학 피학성 성애자의 성의 더 극단적인 형태들과 같이 통제된 정도만큼 그것을 굴복시킴으로써 죽음에 대한 면역력을 키우는 것이라는 헛된 논리에 의존하는 전략을 알아낸다. 아니면 좀 더 흔한 방식으로는 흡연, 과도한 음주와 자신에게 해로운 다른 유형의 행동들이 우리 몸에 내성이 생기게 하거나 혹은 중화시키는 '가벼운 죽음'을 경험하는 하나의 방식으로 나타날 수도 있다는 것이다. 따라서 우리는 죽음에서 살아날 수 있다는 것으로 재차 안심할 수 있게 된다.

이러한 '죽음 거부'에 대한 생각을 염두에 두고, 우리는 실질적 자살 시도뿐만 아니라 문자 그대로 '자신의 손으로 자신의 목숨을 빼앗음'으로써 존재불안을 해결하기 위한 급진적이고 절망적인 방법으로서의 자살에 대한 환상을 보게 될 것이다. 아주 많은 자살 생존자들이 단정적으로 자신들은 죽음에 대한 두려움이 없다고 말하는 것을 고려하면, 그런 견해가 직관에 반대되는 것처럼 보일 수도 있는 반면에, 임상 관찰과 다음의 소견에서 알 수 있듯이, 그들의 삶이 그렇게 보이는 것만큼이나 그들의 죽음이 자신들의 직접적인 통제에서 많이 벗어났다는 정말 참기 어려운 생각에 대한 심오한 주제가 있을 수도 있다. 임상 공간에서 의미와 죽음, 그리고 저술, 이 세 가지 면에서 그런 위험한 이슈들은 계속해서 생겨날 것이다—아니면 애니 레녹스Annie Lennox가 노래했듯이, "죽는 것은 쉽다. 나를 죽을 만큼 두렵게 하는 것은 바로 살아가는 것이다."(Lennox, 『차가운』, 1992)

자기 살해로서의 자살

'다차원적인 문제'(Shneidman, 1985; Leenaars, 2003), '실연된 죽음'(Fairbairn, 1995) 혹은 정신질환이나 존재위기의 하나의 기표로서 여겨지든 아니든, 자살은 그 어원이 살인의 형태를 띠고 있다. 그러나 살인의 다른 형태들과 달리, 그 희생자와 가해자가 동일 인물 안에 존재한다. 자살 시도를 한 후 계속 살아 있는 사람들에게는 거의 죽을 고비에서 살아났다는 사실도 있다. 이와 같이 우리는 같은 참여자 안에 복잡한 세 가지의 자기self를 경험할 수도 있다. 다시 말해서, 살해되기를 '요구하는' 자기, 살인을 할 의도나 동기를 가지고 있는 자기, 그리고 죽음의 가능성에 직면했다가 (행운에 의해서든 계획적이든) 생존하게 된 자기가 그것이다. 그러나 당분간 필자는 오로지 희생자로서의 자기와 살인자로서의 자기 간의 관계에만 집중할 것이며, 임상 실무에 대해 논의를 하는 데 있어 죽을 고비에서 생존하는 것의 복잡성에 대해 탐색해 나갈 것이다.

파이어스톤(Firestone, 1997)은 닛선(Nitsun, 1996)의 '반대 집단'의 개념화에 공감하면서, 자살 행동은 자기self와 '반자기anti-self' 사이의 잠재적인 사투가 수반된다는 것을 지향하는 움직임과 실행에 대한 생각을 발전시켰다. 파이어스톤은 부모의 모순(그들의 본 모습과 관련해서 서로 간의 관계, 부모로서 그들의 역할과 역량, 그리고 자라는 아이에 대한 관계 등)에 대한 반응으로 정체성에 있어 그런 급진적인 분열을 경험하게 된다고 하였다. 레잉Laing에 의하면, 파이어스톤은 부모의 모순에 대한 그러한 경험들에 대응하여, '잘못된 이중성에 대한 지옥의 춤'을 발전시킨다고 생각했는데(Laing, 1967: 75),

그 내용은 다음과 같다.

> 고통스러운 상황하에서 아이들은 고통스러운 감정을 피하기 위해서
> 몰개성화하는 경향이 있다. 동시에 내면화하거나 그 고통스러운 감정들
> 에 대해 통제된 태도와 감정들을 만들어 낸다. 부모로부터 무의식적으로
> 습득하게 되는 이런 부정적인 것들과 부정적인 목소리들이 인격 안에서
> 근본적인 이중성으로 이어진다. 이 '마음의 분열'은 자기를 표현하려는
> 힘들과 자기에 반대하거나 파괴하려고 하는 힘들 간의 주된 분열을 반
> 영한다. 이러한 경향들은 **자기 체계와 반자기 체계**로서 개념화될 수 있
> 다. 이 두 체계는 독립적으로 발전한다. 다시 말해, 둘 다 역동적이고 시
> 간이 지나면서 계속해서 발전하고 변화한다.
>
> (Firestone, 1997: 24)

파이어스톤은 또한 자살 위기의 순간에는 **반자기**의 상태에서 이런 '부모
로부터 무의식적으로 습득하게 되는 부정적인 것들과 부정적인 목소리들'
이 우세하게 되고 '문제에 대한 최선의 해결책'(Leenaars, 2003: 61)은 결국
은 고통, 즉 연약한 **자기**를 제거하는 것이라고 자신을 설득하게 된다고 주장
한다. 파이어스톤의 가설은 정신역동이론에 그 뿌리를 두고 있는데, 그는 한
개인이 (대부분) 의식하고 있는 '지금-여기' 경험으로서의 반자기를 개념화
했다. 그러므로 그가 제안한 치료상의 초점은 그 목소리들의 내용을 인지적
으로 명료화하고 '부정적 태도와 제한들로부터 벗어나기 위한 방법들을 찾
는 것'(Leenaars, 2003: 265)이다. 이러한 치료 전략은 현대판 '도식-중심 인
지행동치료'에 또렷한 반향을 일으켰다(Rafaeli et al., 2010).
캠벨과 헤일(1991)은 좀 더 명확히 정통의 정신분석이론을 근거로 '분열
된 자기'에 대한 이해를 도출해 냈다. 그들은 '다른 차원에서… 자기의 본질
적인 부분의 즐거운 생존'(Campbell & Hale, 1991: 291)을 목표로 하는 '살

아남은 자기'와 그 모든 것이 나쁘고, 수치스럽거나 거부당할 만한 것으로 가득 찼다고 느껴지는 신체 사이에 일어나는 갈등으로서의 필사적인 갈등을 보게 되었다. 그들은 이 갈등이 투사적 동일시와 초기의 전능한 돌보미와 소멸 그리고/혹은 거부의 결과로 생겨나는 두려움을 통합하고자 하는 욕구로 퇴행하는 유아의 경험과 직접적인 관련이 있다고 하였다. 모든 자살 행동들이 미해결된 유아적 '핵심 콤플렉스'로의 퇴행이라는 주장(Glasser, 1979)에도 불구하고, 캠벨과 헤일은 좀 더 통합적인 연극치료사의 이해를 위한 2개의 중대한 초석을 제안했다. 우리가 더 이상 '마음 속에서 살인'하지 않는 '살아남은 자기'에 대한 발상과 '신체적 장벽'을 뛰어넘는 것에 대한 중요성이 바로 그것이다. 어쩌면 죽음을 초래할 수도 있는 체현으로 신체적 행동을 하는 데 있어, 파이어스톤이 말한 반자기 '목소리'는 살인적 표현을 찾게 된다. 페어베언이 정의한, 자살충동을 가진 사람은 '자기가 실연하는 죽음이 실패하기를 원한다.'라는 이상한 표현에 대한 설명은 바로 마음과 목소리와 신체의 이 극적인 큰 불 속에서 찾을 수 있다.

'살인자'를 실연하는 것에 대한 중요성을 생각하기 이전에, '자기 살해' 행위로부터 이득을 얻고자 하는 자기의 그 부분에 대한 캠벨과 헤일의 결론에 대해 좀 더 자세히 살펴보고자 한다.

살아남은 자기

명백히 정신분석학적 관점으로 설명하자면, 캠벨과 헤일(1991: 295-298)은 글래서(1979)의 '핵심 콤플렉스'에 대한 개념과 관련해서 자살충동이 있는 사람은 빠져들게 하거나 포기하는 것에 대한 욕구가 사라지는 것에 대한 원초적인 불안감을 해결하기 위해 늘 갈등하고 있다고 말한다. 이러한 불안감들이 좀 더 정교한 자아방어들에 의해 감당이 안 될 때에, 우리는 자신의 몸에 대한 폭력적 환상의 신체적 실연에 의존하게 되는데, 이것은 "질식시키거나 굶겨 죽이는 누군가로 인식되는 감정에 휩쓸리거나 포기하는 엄마와 연관이 있어 왔다. 만약 그 자기가 살아남으려면 그 신체는 반드시 죽어야 한다"(Campbell & Hale, 1991: 294) —이런 이유로 **신체적 장벽**을 넘어선다.

> 심리내적 용어로, 이것은 (법적인) 살인, 정당한 살인이다. 좋은 자기와 나쁜 신체 간의 분열이 생길 때, 지금은 신체와 동일시되는 감정에 휩쓸리거나 포기하는 본능에 충실한 어머니와 예전에 나쁜 어머니/신체가 제거되면 그 자기가 융합될 이상적인 대상 간의 분열이 있다.
>
> (Campbell & Hale, 1991:295)

이 이론적 공식을 따라 캠벨과 헤일은 일단 그 나쁜 대상이 제거되면, '살아남은 자기'에게 일어날 수 있는 최소한 다섯 가지의 환상들이 있다고 이야기하고 있다. 그 환상들은 자살충동을 가지고 있는 개개인의 내면에 여러 가지 조합들로 공존할 수도 있다.

융합 환상

이 환상은 고요한 무(無)의 용해된 영원한 상태에서 자기와 다른 것이 구분되지 않는 상태로 더 없이 행복해 인식하지 못하는 상태—어쩌면 자궁으로의 회귀와 유사한 상태—가 되는 것을 목표로 한다. 이러한 환상에서는 프로이트(Freud, 1920)를 연상시키는 것들, '열반Nirvana'(1장 참조)이 들릴 수도 있다. 자살충동을 가진 사람은 '나쁜' 신체를 망가뜨림으로써, '융합 환상을 성취하는 데 방해물'을 제거하고 있다고 믿는다(Campbell & Hale, 1991: 295).

복수 환상

이것은 '그들은 후회할 것이다.'라는 다소 의식적인 사고를 수반하면서,

뒤에 남겨진 사람들에게 주로 가학적인 공격을 할 것을 제안한다(Campbell & Hale, 1991: 295). 캠벨과 헤일(1991: 295)은 이 환상을 '자살하는 아들이나 딸은 그들의 부모로부터 가장 귀중한 소유물을 강탈하는 것이다.'라고 한 메닝거(Menninger, 1938)의 견해에 직접적으로 다시 연결시키고 있다. 그러나 이 환상은 자신의 장례식에서 사랑하는 사람들(부모, 배우자, 아이들이나 다른 관련인들)이 '죄책감'을 느끼며 눈물 흘리는 것을 바라보는 '살아 있는 자기'에 대한 극적인 시나리오가 꾸며질 수도 있다.

자기 징벌 환상

캠벨과 헤일(1991: 296)은 이 "환상은 가끔은 자위와 관련이 있는, 죄의식에 의해 지배되는데, 이것은 환상 속에서 근친상간적 소망과 고통과 죽음에 대한 성적 자극을 충족시키는 데 그 목적이 있다."고 했다. 그들은 이것을 복수 환상과 연결하는 것을 제안했는데, 이로 인해 복수의 대상이 내면화되고 자신의 신체와 동일시된다.

제거 환상

이 환상에서는 신체가 수치스러운 충동들의 저장고가 된다. 그리고 이것은 '살아 있는 자기'가 그렇게 갈등을 겪는 그리고/혹은 싸우는 충동들을 초월하기 위해 제거되어야 한다. 라우퍼와 라우퍼(Laufer & Laufer, 1984)를 인용하여, 캠벨과 헤일(1991)은 아래와 같이 주장한다.

어른들과 마찬가지로 청소년들도 성적으로 성숙한 자신들의 신체에 대해 용인할 수 없는 퇴행적인 어린아이 같은 소망들이 자리 잡고 있다는 것을 느끼게 될 때 미친 행동의 원천으로서 자신들의 신체를 경험할 수도 있다. 그리고 그땐 혼란스럽고, 낯설고, 위협적인 것처럼 보인다. 역설적으로 그들의 자살 환상 속에서 자기는 자신들을 미치게 만드는

신체를 죽임으로써 '살아남는다.'

(Campbell & Hale, 1991: 297)

그들은 복수 환상과 자기 징벌 환상의 가학적이고 악의적인 의도가 아니라 원초적인 자아보존 본능에 대해 이야기를 끌어냄으로써 이 환상에 대해 논의를 계속한다.

목숨을 건 환상

마지막으로 캠벨과 헤일은 다섯 번째 환상을 만들어 냈다(흥미롭게도 이것을 입증하기 위한 이론적 자료와 임상적 자료는 거의 없는 편이다). 이 환상에서 그들은 다음과 같이 말하고 있다.

… 할 수 없이 목숨을 거는 환자는 주요 대상을 끌어들이고 공격하기 위해 능동적으로 자신의 신체나 그것의 상징을 위험에 처하게 한다.

(Campbell & Hale, 1991:297)

살아남은 자기 – 실증적 비평

캠벨과 헤일의 이론적 공식화가 쉽게 이해할 수 있도록 도움을 주긴 하지만, (적어도 이런 통합적 연극치료사에게는) 모든 자살 행동들을 '핵심 콤플렉스'나 '원래의 장면'으로 돌아가 해석하려는 그들의 욕구는 좋아하기 힘든 환원주의적 확신이 있다. 모든 '행위화'를 오이디푸스 콤플렉스적 혹은 전 오이디푸스 콤플렉스적 관심사로 되돌리려는 퇴행 과정으로 보는 분석적 시각에는 명백한 위험 요소가 있다. 그런 시각에서는 그것들이 '지금-여기'에서 드러날 때, 관계적이고 실존적인 경험에 대한 정말 현실적인 딜레마를 하찮게 만든다. 그렇게 완전히 분석 지향적 관점은 치료사가 함께하는 한에서 참여자의 '무의식적' 경험에 대한 많은 지식과 이해를 당연한 사실로 받아들인다. 그러나 자살 생존자들과 함께 작업해 본 필자의 경험을 돌이켜 봤을 때 생존자들은 아주 강한 자신들의 '동기들', 환상, 소망들을 가지고 있고, 더불어 이것들이 중요한 '지금-여기'의 관계들과 연결되어 있다. 그리고 이것들이 자살 행동의 그 순간에 완전히 인식이 뚜렷해지는 상태가 된다는 것이다. 그러므로 임상 과정에서 치료사들은 자살이 더 원초적인 상태로의 퇴행을 수반한다는 이론을 명심하는 것이 중요할 것 같다. 반면에 가끔은 만들어진 살아 있는 자기에 대한 환상 속에서 훨씬 더 '지금-여기'의 내용을 준수하고 정성을 쏟는 것이 '살인'을 계획하고 집행하는 데 확연히 드러나기도 한다.

그러므로 이 장에서 논의되었던 과정을 활용한 직접적인 임상 경험을 통해 보면 이 환상들이 치료사의 해석적 상상 속에서보다는 참여자의 의식 속에 자리 잡고 있기 때문에 명백히 더 의식적이고 즉각적인 관심사를 드러낼 수도 있다. 이와 같이 융합 환상은 가끔 '평화와 고요'에 대한 솔직한 욕구 혹은 '고통과 괴로움의 종식'으로서의 그 자체를 드러낸다. 복수 환상은 가끔 가족 내 학대 혹은 그런 경험에 대해 폭로된 내용에 대한 무시나 축소에 대한 즉각적인 반응으로 들린다. 그 환상 속에서 '그러면 그들이 미안해 할 거야'라는 말은 처벌하는 마지막 말이 된다. 자기 징벌 환상에서는 다른 사람의 신체에 쉽게 범하기 쉬운 범죄(소아성애자들, 아동 포르노제작자들, 아동 살해자들과 기타 같은 종류의 것들)로 법정 소송 사건에 직면해 있거나 복역 중인 사람들에게서 직접적인 표현들을 발견하게 되기도 한다—(보석금을 내고 풀려 난 사람들, 구금 중인 사람들이나 복역 중인 사람들 중에서) 이런 범주에 있는 사람들의 자살 성공률이 통계적으로 엄청나게 증가하고 있다는 사실은 주목할 만하다. 비슷하게, 제거 환상은 한때 일어났던 신체적 욕구나 성적 욕구들을 완전히 자기 소외로서 그리고 사회적 금기들 너머를 경험했던 사람들 사이에서 종종 일어난다—그러므로 그들은 신체를 죽임으로써, 성적 표현, 성적 취향이나 성 정체성과 관련된 정말 현실적인 현재의 혼란스러움을 초월하고자 한다. (아마도 캠벨과 헤일이 말한 환상들 중에 가장 주목을 덜 끌고 개괄적으로 묘사된) **목숨을 건 환상**은 스스로를 죽음에 대한 면역력을 갖도록 시도하는 것에 대한 얄롬의 설명과 뒤에 자살극이라는 항목에서 '러시안 룰렛'으로 묘사된 더 차분하거나 분열된 과정과 직접적으로 연관이 있는 것처럼 보인다.

그런 환상들이 '실연된' 무의식적인 퇴행 과정들의 그 단계에 존재하느냐 아니냐, 혹은 뚜렷한 의식 수준과 연관된 환상들에 좀 더 내용적 초점을 맞추느냐 하는 것이 좀 더 추상적인 이론적 토론의 한 논점처럼 보일 수도 있다. 그러나 우리가 신체와 실연된 죽음의 '미적 정서' 문제에 대해 생각하게 될 때, 자살충동을 느끼는 사람의 의식 수준과 그들 자신의 자율신경기관의 감각에 대한 것이 결코 추상적인 이론적 논점은 아니다.

살해 장면과 '실연된 죽음'

필자는 이 임상 과정 내에서의 경험에서 의식적 사고와 장치, 계획 세우기로 '살아 있는 자기'가 영원히 떠난 신체를 누가 찾을 것인가(혹은 찾지 않을 것인가) 그리고 그것이 어떤 상태로 있을 것인가에 대한 문제에 대해 얼마나 많이 검토해야 하는가를 항상 고심했다. 마찬가지로 영원히 남겨진 것들의 이득을 위해 그리고 그런 물리적 근심들을 초월할 '자기'를 위해 중요한 일들이 순서대로 되도록 하는 데 많은 에너지가 쓰인다.

뿐만 아니라 많은 사례—특히 캠벨과 헤일이 더 가학적이고 악의적인 의도를 표현하는 것으로 언급했던 사례—들에서 살해 장면의 **충격**은 중요한 고려사항이다. 이와 같이 그 행위의 **미장센**에서 복수와 응징 혹은 자기 징벌을 표현하는 것은 죽은 신체의 이미지가 감정을 자극하는 힘을 가지고 있다는 것을 의미한다. 그러므로 우리 치료사들은 공개 전시에서 '교수형 당하는 남자'의 타로 이미지, 혹은 공공광장에 있는 부숴진 몸, 아니면 명백히 가정 폭력으로 인한 열상이나 총격과 같이 '당신이 내게 했던 것을 보여 주는 잔인한 모습', 평화롭게 잠든 듯한 죽음의 고요한 평온(오필리어처럼) 등을 암시하는 계획과 행위들에 대해 듣는다. 내가 신참 연극치료사로서 일을 하던 시절에 자기 집 온실에서 개 줄로 목을 맸던 젊은 흑인 남성의 (백인이며 중류층인) 양부모들을 봐달라는 요청을 받았다. 그들은 하나의 이미지로서 흑인 양아들이 (전선이나 로프가 아니라) 개 줄을 사용한 것이 상징하는 바를 잘 인식하고 있다고 확신하고 있었다. 그들의 마음속에 남아 있던 것이 바로 이런 것이었다.

자살극: 행위화와 양가 감정

이 책의 다른 부분에서 독터(6장)는 자해와 자살 간의 관계를 인식하고 자해 행위가 추후 성공적인 자살 시도를 결정하는 데 있어 명확한 위험 요소라고 지적했다. 자해를 다루는 것에 대해서는 영국국립보건임상연구원의 지침으로 잘 알 수 있지만(NICE, 2008), 긴급사고 및 정신보건부에서 가끔 기피 대상으로 여겨지는 상습적 자해자들에게 있어 이 연관성과 관련해서 의료 종사자들과 준의료 활동 종사자들 사이에 논쟁을 불러일으키고 있다. 그런 행동들에 대한 전문가들의 반응은 좋으면 긍정과 부정 반응이 공존하고, 나쁘면 무시하거나 나무란다. 그러나 만약 우리가 앞서 개론적으로 서술된 그 이론적 관점으로부터 얻게 된 일부 통찰된 내용들을 다 함께 엮어 본다면, 의도된 자해 행동들을 '도움을 위한 간절한 요청'이나 그 사람이 '다음 번에 더 노력'해야 하는 '성의 없는' 시도들로만 이해하는 것이 아니라 양가 감정의 실존적 갈등들의 '탐색 과정' 그리고 '극복 과정'으로 이해할 수도 있다. 이와 같이 파이어스톤에 따르면, 어떤 자해 행동에는 자기를 희생자와 가해자로 구분하는 명확한 자기 분열이 있다. 또한 자해 행동과 이미지에는 페어베언이 말한 '실연된(또는 연습된) 죽음'을 상기시키는 것들도 있다. 그러나 가장 중요한 것은 캠벨과 헤일이 말한 '신체적 장벽'을 넘어서는 실제 내용이 있다는 것이다. 거기엔 심리내적 갈등이 더 이상 감정적이거나 심리적인 독립체로 존재하지 않고 그것의 구체적이고 물리적인 자각이 발견된다. 뿐만 아니라 죽음은 그저 '당연히 존재하는 것'이고 본질적으로 우리의 통제 안에 있지 않다는 얄롬의 개념은 아주 깊이 베이고, 너무 많은 약을 삼키거나 치명적인 결과를 동반해 제때 '구조되지' 못하게 되는 동안, 자해는 때로는 '러시안 룰렛'이라는 것을 이해하는 데 도움을 줄 수 있을 것이다.

이 4개의 이해 영역들이 이전에 자해 경험이 있는 사람에게서 자살 발생률이 높아지고 있는 것을 설명하는 데 어느 정도 도움이 될 수도 있는 반면에, 개인 사례들의 경우 자살 행동은 **결과**보다는 **의도**에 관한 것이라는 페어베언과 슈나이드만, 그리고 리나스의 정의들을 이해하는 것이 중요해 보인다. 그러므로 자살충동이 있는 개인과 자살극을 벌이는 개인을 대상으로 치료 작업을 하는 전문가들이 항상 염두에 둬야 하는 위험 요소에 대해 생각해 볼 때 행위 뒤의 숨은 의도에 대한 명확한 평가와 이해 그리고 행위의 예측할 수 없는 결과 간에 항상 균형 잡기가 힘들다는 것이다. 임상 실습을 설명하는 데 있어서, 지속적으로 위험 요소를 평가하고 (필요한 곳에) 적절한 조치를 취하는 데 다양한 전문가로 이루어진 팀의 역할은 필수적인 요소다. 이는 그 집단 작업의 경우 더 다양한 팀에 의해 분석된 '피해자'인 자기를 향한 그런 행동들의 위험 요소들에 대해 자신이 충분히 인식한 상태에서 바로 '살인하려 하는' 자기의 의도나 '동기'를 탐색하는 데 집중할 수 있었다는 것을 의미했다.

임상의 구조화

집단 구조

이 과정은 4~6명의 참여자를 대상으로 6~8주에 걸쳐 주 2회 폐쇄집단에서 진행되었다. 그들 모두는 최근에 자살 시도를 했던 적이 있었기 때문에 모든 집단구성원들을 대상으로 치료 프로그램의 일환으로 진행된다는 것을 고지했다. 프로그램을 시작하기에 앞서, 필자는 프로그램의 목적에 대해 개괄적으로 설명하고 그들의 자살 시도의 심각성에 대해 인식시키고 더불어 그들의 자살 시도의 '의미'에 대해 생각해 보고 다룸으로써 어떤 의견을 제안하기 위해 각 참여 예정자들을 만났다. 그 의견들은 다음과 같다.

- 사람들이 이 집단에 참여하게 된 이유에 대해 명확한 동의(치료사와 참여자 모두 해당)를 할 것
- 자살에 대한 다른 동기들이 있을 수 있다는 데 대한 이해, 그리고 자기 자신을 비난하고 판단하려고 하는 대신에 정말 솔직하게 자신을 탐색하려는 의지를 가질 것
- 이 프로그램은 그들이 또 다른 시도를 생각하고 있는 경우 위험도 평가나 '그것을 들춰내기' 위함이 아니라는 것(그것은 다양한 전문가로 이뤄진 팀 내의 다른 전문가가 살펴볼 것이다.)

연극치료 과정

이 프로그램의 내용은 상술한 이론적 토대에 따라, 수 제닝스Sue Jennings가 런던병원London Hospital의 불임클리닉에서 진행했던 구조(Jennings, 1987)

를 변형한 것이다. 최초로 연극치료 과정이 포함된 8페이지짜리 책을 만든 것이다. 그 내용은 다음과 같다.

- 책 표지 – 작별인사의 이미지: 자살 행동을 하기 직전의 정서적 '풍경'을 그리라고 한다.

- 1페이지: **눈부시게 아름다운 삶** – 자세한 대상들, 특징들, 사건들, 삶이 별것 아니라고 생각하지 않는 사람들에 대한 단어들이나 문구들을 쓰도록 한다. 참여자들에게 자신들이 쓴 목록을 공유하고 다른 사람들의 아이디어를 자신들의 목록에 첨가할 수 있다고 말한다.

- 2페이지: **죽음에 대한 보편적 느낌** – 상투적 문구, 문화적 연관성, 시에서 발췌한 문구들, 책/노래/영화의 제목들, 죽음의 이미지 등과 관련된 것들을 기반으로 한 단어나 문구들을 쓰게 하는데, 그것이 완곡하게 표현되고 불쾌감이 없도록 하거나 죽음의 현실과 거리를 두도록 한다. 그리고 다시 참여자들로 하여금 서로의 연관성들을 나누도록 한다.

- 3페이지: **사후 세계**(나는 종교적 연관성을 피하기 위해 의도적으로 '내세 after-life'라는 표현보다 사후 세계after-death를 사용했다) – 참여자들은 그들에게 있어 죽은 상태의 경험이 어떤지를 보여 주는 환상들에 초대된다. 그것이 믿음이나 관념의 표현으로서 보여지게 되는 것은 아니다. 그러나 그들이 '살아남은 자기'를 위해 성취하고자 했던 것에 대한 개인적인 사유가 죽음을 초래한 행동으로 나타난 것이다. 이 페이지는 다른 참여자들과 나누지 않는다.

- 4페이지: **간극 메우기** – 참여자들에게 그들이 언젠가는 죽게 되어 있다는 것에 대한 확실성과 그 시기가 언제가 될지 모르는 불확실성 사이의 심리적 긴장 상태에 대해 생각해 보도록 한다. 다시 말해서, 그들이 자신의 삶 속에서 현재와 미래에 대한 어떤 소망, 욕구, 목표 등을 실행에 옮길 수 있는가에 대해 생각해 보도록 한 후, 자신이 원하는 만큼 나

눌 수 있도록 한다.

- '헌정사' – 앞표지 안쪽에 이 책을 헌정하고 싶은 사람이나 사물에게 헌정사를 쓰도록 한다.

- '후기' – 뒤표지 안쪽에 지금까지의 작업 과정에서 경험한 것 혹은 지금 그들이 느끼고 생각하는 것들을 요약할 수 있는 글을 쓰거나 이미지를 그리도록 한다.

- 작별 이미지 다시 보기 – '풍경'에 생명/성장/잠재성과 관련한 느낌을 주거나 제안하기 위해서 더 첨가할 수 있는 것이 있는지 물어본다.

- 마지막으로 완성된 책에 제목을 붙여 준다.

프로그램 초반에는 단어들과 개념적 연관성들에 많이 의존하면서 인지적으로 거리를 둔 상태를 유지한다. 그러나 동시에 집단원들이 자신들의 연관성을 공유하기 시작하면서 생겨난 실제 에너지가 공존하게 된다. 가끔은 이것들이 그들이 처한 최근 상황의 심각성은 잊어버리고 유머러스하고 불손하게 보였다. 집단을 관찰하는 초기에는 그런 유머가 그들이 아주 최근에 느꼈던 '살인하고자 하는 마음'에 대한 방어였는지 궁금했다. 그렇다고 해도, 집단 내에서 관계를 형성하고 집단치료의 시작 단계에 종종 수반되는 느리고 가라앉은, 그리고 뚱한 모습들을 바꾼다는 면에서 그런 에너지가 정말로 치료적 기능을 가지고 있다는 것을 알게 되기 시작했다.

프로그램이 시작된 지 6개월이 지난 후 참여자들의 피드백에 대응하여 우리는 두 가지 후속 단계를 개발했는데, 이것은 간단한 인지 과정 그리고/혹은 투사 과정을 초월하는 것으로, 형사 콜롬보 역할을 맡아서 (다음 과정이 더 중요한데) 참여자들이 제거하려고 했던 신체와의 재접촉을 촉진하는 치료사의 아이디어를 도입했다.

집단의 발전

이 작업의 특정 단계에서 나온 재미있는 반응은 이 구조가 발전해 나가는 것이 진정한 공동제작 과정이라고 인지하게 해 준 점이었다. 따라서 집단 작업을 처음 계획할 때 필자는 참여자들이 그들의 삶에 의미를 부여하는 작업의 첫 단계(눈부시게 아름다운 삶)에서 뭔가를 발견하기 위해서 애를 쓸 것이라고 예상하였다. 하지만 그들이 자신과의 관련성에 대해 이야기하기 시작하면서 나온 것은 영적인 깊은 것에서부터 지극히 평범하고 세속적인 것에 이르기까지 매우 광범위한 범주의 경험과 주제, 관심사들이었다. 예를 들어, '사랑' '아름다운 석양' '기네스 맥주' '멋진 여자 속옷' '천천히 오래 지속한 섹스' 등등이다. 이와 동일한 역동이 작업의 두 번째 단계(죽음에 대한 보편적 느낌)와 관련해서도 일어났는데, 참여자들은 모두 매우 어두운 이미지들을 끄집어냈고, 서로에게 죽음에 대한 보다 기묘하고 멋진 완곡어법과 은유('죽어서 묻히다' '구더기 밥' 등등)를 환기시키기도 하였다. 다음 집단에서는 한 참여자가 '관 기피자(관에 들어가기 싫은 사람)'가 되는 아이디어를 제안하여 우리 모두 동참하였고, 그것은 그 집단 작업의 비공식적인 제목이 되어, 그 과정은 참여자들 간에는 '관 기피자 집단'이 되었다. 이러한 자기 지시적 경멸의 특정 순간은 내게 치료사로서 우리가 잠재적 살인자와 잠재적 희생자 그리고 환상 속에서가 아니라 현실에서 견뎌 낸 '살아남은 자기', 즉 삼위일체의 자기와 작업한다는 생각을 불러일으켰다. 죽음의 위협과 직면하고 살아남았다는 것에 대한 확인, 그리고 그것이 야기한 양가감정(여전히 살아 있다는 후회 그리고/또는 위안, 생존자들이 다른 사람들에게 주는 관계의 재점검을 동반하는 죄책감, 제어할 수 없는 느낌과 불멸/불패의 환상)은 치료사와 참여자들로 하여금 극적 놀이를 통한 긴장을 탐색할 수 있도록 하였다.

참여자들의 피드백과 통합된 아이디어로 과정이 좀 더 정립되고 구체화됨에 따라 극적 놀이로 발전된 이 방식은 자살 행동 그 순간에 대한 탐색을 가능하게 하였다. 이 과정을 세 번째 적용할 때 우리는 늘 그렇듯 '자기 살해'의 아이디어를 한 참여자에게 소개하였는데, 그는 그것이 '범인이 누군가에 관한 추리소설whodunnit'이라기보다는 오히려 '왜 죽었나에 관한 추리소설whydunnit'이라고 응답하였다. 이러한 생각은 다른 참여자들과 치료사에게 자극제가 되었다(나는 모든 임상 작업을 경건한 호기심을 가진 입장에서 접근하려고 한다). 집단은 잠시 동안 탐정과 살인사건극에 대한 아이디어를 가지고 연극을 하다가, 피터 포크가 열연한 〈형사 콜롬보〉라는 작품의 인물과 구조를 떠올렸다. 좀 더 고상하고 박식한 모스 경위나 〈크래커〉에 등장하는 작품들의 도발적인 피츠(두 사람 다 이 집단들이 작업할 때 최고의 TV 시청률을 자랑하는 인물들이다)와 달리, 콜롬보는 훨씬 더 매력적이고 관계중심적인 것 같다. 되풀이 방영되는 영화들과 TV 프로그램의 구성방식을 보면 콜롬보는 '주요 용의자'에 대해 존중하면서 단순한 호기심 수준에서 사건을 처리해 나간다. 그는 범죄사건을 해결하는 데 있어 살인자가 자신과 공범자가 되는 그 지점에까지 이른다. 이야기가 전개되는 동안 두 인물 사이의 관계에는 매우 인간적인 뭔가가 있는데, 콜롬보는 때론 사랑스럽고 때론 짜증 나게 하지만 항상 사건 전개에 대해 살인자와 열린 맘으로 정말 솔직히 혼잣 말하듯이 대화를 나눈다. 이러한 관계를 통하여 표면적 현실들과 근거가 서서히 풀리면서 진실은 밝혀진다.

이와 같은 구성의 주요 특징들은 내게 살해자로서의 자기파괴적인 현실과 연관된 치료사로서의 잠재적인 위치를 분명히 해 주는 것 같았다. 즉, 똑같은 호기심과 존경심을 유지하는 것 그리고 '전문가'적 입장을 취하거나 누군가의 자살 행위에 특정 현실이나 해석을 부과하는 것을 피하는 것이야말로 가치 평가적이면서 위험 평가적인 태도를 적용한 것보다도 좀 더 표현된 행위에 대해 일견 정직하며 더 솔직한 공감이 될 수 있다. 이 단계에서의 공동의 탐색 작업은 점차 **사후세계**와 **간극 메우기** 사이의 구조에 놓인 주요 요소가 되었다. 여기서 우리는 그 행동을 계획하는 것, 성취하고자 했던 것은 무엇이었는지, 그리고 무엇이 '잘못'되어 갔는지(혹은 양가감정이 어떻게 발현되었는지)를 법의학적으로 연구하게 되었다. 이러한 작업에서 얻은 통찰은 넓게는 캠벨과 헤일의 살아남은 자기라는 환상 개념을 지지해 준다. 그리고 파이어스톤의 '반자기'와 페어베언의 심사숙고한 내용과 매우 특별한 '실연된 죽음'으로서의 자살 개념을 지지해 준다.

참여자들 중 한 사람에 의해 고무된 이후의 과정 전개는 몸으로 되돌아가는 인지적인 집단 작업을 실험하는 것이었다. 이는 **사후 세계 작업**과 관련하여 공황발작을 경험한 집단의 일원과 함께 시작되었다. 사후 세계에 존재한다고 믿는 것에 대한 조용한 명상에 잠겨 있을 때, 그녀는 실제로 이미 죽었을지도 모르며 그녀가 어떻게 알게 되는지를 사색하기 시작했다. 그녀의 설명에 따라 해리성 에피소드가 나오게 되었다. 거기에서 그녀는 자신이 숨쉬기를 멈췄다고 믿었으며(실제로는 그러지 않았음에도 불구하고) '얼어붙은' 상태로 완전히 마비되었다고 믿었다. 집단과 그녀 자신의 육체적 실제에 그녀 자신을 안착시키도록 하는 몇 번의 회기를 가졌다― 얼마간의 시간 동안 그녀의 숨쉬기와 공간 내에서의 그녀의 감각 인식과 신체적인 지각에 관해 작업함으로써 그 회기에 그녀가 집단으로, 그리고 물리적 현실로 다시 돌아오도록 하였다. 그렇게 해서 공황은 서서히 가라앉았으며 그녀는 그 순간의 현실로 되돌아갔다. 그 회기 전체를 돌이켜 볼 때, 이 특별한 참여자는 어떻게 해서 분열 상태가 된 순간에 자신이 약물을 과도하게 복용하려고 했는지, 언제 이어지는 그녀의 숨이 최후일 거라고 확신했었는지, 그리고 약물복용으로부터 회복되었음에도 불구하고, 어떻게 해서 그런 느낌이 계속 지속되었는지에 대해 말해주었다. 약물과다에서 벗어나 신체적으로 회복되었음에도 불구하고 그런 감각이 어떻게 그녀에게 남아 있는지를 말했다. 기초훈련에서 우리는 숨쉬기를 이용해서 생명을 주는 산소가 신체로 들어오는 들숨으로 근육에 산소를 주입하는 것과 날숨을 통해 몸에서 유독성의 이산화탄소를 배출하는 양자 모두에 집중했다. 단순히 숨쉬기 경험으로 그녀는 자신의 몸을 '정교하게 균형 잡힌' 것으로 그리고 '생과 사를 보유한' '경이로운' 유기체로, 그리고 '그게' 바로 나이며, 유일한 것이기에 돌봐야만 한다는 것을 아는 경험을 하기 시작했다.

이 특별한 참여자의 경험이 새로운 단계의 작업을 합체하는 구조를 이끌어 냈다. 그 작업의 참가자들은 삶, 피할 수 없는 죽음, 사후, 그리고 그들 신체 내의 가능성을 재고했다. 그래서 중심적인 과정은 들숨 운동에 초점을 둔 **눈부시게 아름다운 삶**이라는 연상으로 하는 신체적 탐험이 되었다. **죽음**에 대한 **보편적 느낌**은 날숨과 죽은 유해독소 배출 운동을 수반했다. 사후 세계는 신체의 절대적 정지점이 되었다. 다시 숨쉬게 하는 자극과 어떻게 하면 그 숨이 의미를 만드는 움직임으로 이어질지 탐색함에 따라 희망이 생겨나고, 그 희망이 삶을 되돌려 놓는 움직임과 힘을 낳게 했다. 이 단계의 작업이 전체 구조 내에서 더 많이 만들어짐에 따라 자살을 기도하거나 혹은 거의 성공했던 그들 몸을 마치 다시 발견하고 다시 사는 것처럼 참여자들에 미치는 효과가 심오하게 드러났다. 결국 이는 마지막 단계의 작업에서 더 큰 흥미로운 것을 유발했는데, 개개의 집단원들이 발견하게 된 것들, 희망하는 것들과 욕망을 '헌정사' '후기' 그리고 희망의 이미지들로 되돌려 통합했다는 점이다.

개인 작업에의 적용

후에 입원환자시설에 이 조직unit이 합병되고, 필자가 독자적인 지역사회 중심 시설로 옮김에 따라, 필자는 개인 참여자들과의 작업에서 이들 집단 경험에서 얻은 구조와 지식을 사용해 오고 있다. 그들이 처음 자살 시도를 한 후 비교적 빨리 자살 생존자들을 볼 수 있었던 응급외래치료시설과 달리, 지역사회 내의 필자의 작업은 만성적인 자해와 수많은 자살 시도들로 인해 지역 정신보건 팀의 자원과 낙관주의를 진 빠지게 했던 개개인들과 주로 만나는 일이다. 이러한 참여자들과의 개인작업 경험은 앞에서 강조한 역동들을 재교정하게 만들었다.

먼저 집단 프로그램과 더 포괄적인 구조의 부재는 참여자에게 나타나게 될 더 큰 의미의 수치심과 실패감을 느끼는 경향(적어도 치료의 초기 단계들에서)이 있다는 것을 의미한다. 그 사실에 주목함과 동시에 필자는 작업을 아우르는 다학제간 전문치료팀에 명료하고 일관성 있는 보유구조가 없다는 것을 알았고 위험평가와 위험관리의 문제들에 대해 그리고 그 문제로 조직된 많은 것을 알게 되었다. 이는 결과적으로 많은 만성적 자해자와 자살에서 살아남은 자들을 역설적인 위치로 이끌어 주었다. 그런 참여자들에게는 깊게 자르는 방법과 많은 알약을 어떻게 복용하고 여전히 그것에서 빠져나가는 방법을 아는 그들의 전문기술과 관련하여 치료사에게 신뢰를 부여하도록 그들을 초대하는 것보다는 치료사가 그들에게 치료사의 신뢰를 확장해야 한다는 것을 제안한다. 그 결과는 치료사로서의 필자의 역할에 대한 불가항력적인 책임감, 즉 위험을 확대하지 않도록 하는, 이들 참여자가 심각하게 다루는 '행위화'에 대해 구체적인 관심과 잠재성을 보장해 주지 않는, 너무 자극적이거나 너무 불손하지 않은 치료사로 필자를 이끌었다. 하지만 동시에 기분 나쁜 농담의 중요성, 갈팡질팡하는 콜롬보의 순수한 질의자로서의 이미지, 자신의 신체와의 관계 경험의 재구성은 여전히 분명한 아이디어로 잔존한다. 이러한 모든 생각들은 자살 행동 내의 양가 감정과, 자살 계획과 실행이라는 그들 환상에 대한 반대 감정 공존의 순간들에 대해 좀 더 완만하지만 공들인 탐구 결과를 낳게 했다―좀 더 치열한 과정 내에서 필자가 다루고 유지한 필자의 입장과 접근은 형사 콜롬보 같은 초기의 참여자 이미지다.

관찰과 반영

앞에서 의구심을 갖고 개인 작업과 관련한 매우 다른 역동을 기술했다면, 이어지는 관찰과 반영은 집단과 함께 이러한 구조를 사용한 경험과 연관된다. 이러한 작업의 중심 특성은 순전한 공동체 감각이었다. 이는 모든 집단에 매우 빠르게 도입되었다—이것은 부분적으로는 쉽게 공유하고 그리고 집단원들 간에 쉽게 구걸하고 빌려 오고 훔치는 초기 단계 구조의 연합적 본질에 기인할 수도 있다. 좀 더 심층적인 수위로는 공동의 경험에 대한 정직한 평가가 집단원들 사이에 '헛소리 마'라는 도전을 산출하게 했다. 그리고 죽음과 소멸에는 '거리를 둠으로써' 삶에 의미와 개별적인 미칭(美稱)을 주는 좀 더 유별나고 특이한 제안들을 기꺼이 받아들일 준비를 하게 되었다. 나아가 집단원들 중 하나가 제시한 〈형사 콜롬보〉 모티브의 극적 장치 효과를 순수하게 협의했음에도 불구하고 살인 행위 이면의 동기 탐색을 유희적으로 말하고 탐험하게 해 주었다. 집단 내에는 '살아남은 자들'이라는 공동의 경험이 주어져서 매우 빠르게 수치와 실패의 명백한 반응들을 넘어서게 해 주었다. 유사하게 개개인들이 그들의 '사후 세계'에 대한 반성을 공유했든 안 했든 간에 집단원들은 매우 빠르게 서로 간의 개별적(대개는 특유한) 신념들에 대해 존중하게 되었다. 이는 부분적으로는 치료사로서의 역할로 내가 만든 것이었다. 왜냐하면 나는 어떤 개인의 신념과 연관하여 존경받지만 동시에 회의주의로 의심을 받는 위치를 유지하려고 노력했기 때문이다. 나는 소멸성과 유한성이라는, 즉 그것이 인식될 때 불확실성과 의심에 밀접하게 연관된다는 얄롬의 개념에 초점을 맞추려 애를 썼다.

하지만 그 구조로 이전에는 폄하되고 개념화되지 않았거나 단순히 유희거리였던 경험들을 정말로 깊이 있게 탐험하기 시작했던 계기는 몸과의 재회에서였다. 이러한 작업 국면에 대한 참여자의 개별적 반응은, 명백한 불안

(어린아이처럼 자의식적으로 킥킥대고 웃는 형식에서, 특히 사후세계의 정지/사색의 단계에서)에서부터 사무치는 눈물과 큰 소리로 울어 대는 울음, 그리고 버텨 낼 방향감각의 상실과 불확실성에 이르기까지 전반적인 반응을 드러냈다.

평가와 향후 연구 영역

삶의 많은 부분에 애초 다른 개입들이 나란히 전달되었다는 사실을 감안해 보면, 이러한 개입 자체만의 효과를 고려하기는 어렵다―개별적인 주요 담당자의 집중적인 지지, 8~12주 이상의 카운슬링 혹은 심리치료, 주 5일 집단 프로그램 참석(기분전환이 되는 오락적인 심리교육적 집단들, 매주 정신과 의사의 약물 평가). 이는 증거 기반의 임상이 막 출현하기 시작하고 있을 때인 1990년대 중반 특별한 참여자 집단을 위한 하나의 집단 경험으로 외래환자 병동 환경에 도입되었다. 계속되는 참여자의 피드백과 평가가 그 체계 내 에토스의 중심 요소인 반면, 강력한 양적 데이터는 체계적으로 수집되지 못했다. 그러므로 뒤이은 자살 시도가 실제로 없어진 한편에는(최근 자살 시도한 사람들은 입원환자 병동보다 외래환자 병동과 직접적으로 연관될 수 있다) 이 같은 특별한 개입 때문이 아니라 응답할 수 있었던 그 체계에 기인하였던 셈이다. 유사하게 집단 참여가 재발을 매우 낮춘다는 결과가 있었음에도 불구하고 이러한 결과에 영향을 미쳤던 유일한 요소로서 집단을 구분하는 것은 불가능하다.

우리가 가진 것은 참여자들의 입증되지 않은 자료들과 일부 참여자의 가장 기본적인 피드백과 결과물 데이터다. 외래환자 병동에서 참여자들이 발견한 '도움이 되지 않는' 것과 연결하여 '가장 도움이 되는' 것에 대해(그들 모두는 이런 특별한 연극치료 집단에 참석했다), 1년 과정 넘게 진행한 질문지에 대한 26명의 응답자 중 8명이 이 집단의 구조를 '가장 도움을 주는' 것이라답했다—이것은 정확하게 집중적인 개인의 지지/상담/치료라고 답했거나 혹은 '가장 도움을 주는' 것으로서의 '외래환자 병동의 전체 활동들'이라고 응답했던 사람들과 일치했다. 12명이 '도움을 주는' 것이라고 평가했다. '최소한의 도움을 주는/도움을 주지 않는'이라고 응답한 자는 없었다. 그들 개개인들 가운데 추후 시도에 대한 어떤 통계도 우리는 가지고 있지 않았지만 1990년대 중반 2년 연속 그 집단 내 68명의 참가자들의 후속 연구에서 차후 2년 이내 완전 자살로 보고된 것은 한 건이었다.

　개인 작업에서 구조 그 자체는 덜 유용한 것으로 나타난다. 이는 주위의 상태와 공동체적 결핍에 기인할 수도 있다. 아니면 담당해야 할 현재의 병명caseload 때문일 수도 있다. 즉, 심각한 자해와 자살행위, 타인에 대한 폭력, 경계성 인격장애와 복합적 트라우마라는 좀 더 복합적이고 만성적인 기초진단의 제시들로 구성되어 있어서다. 계속 도움이 되었던 것은 그 모델을 뒷받침하고, 비난 혹은 수치심 또는 '미친'이라는 낙인을 찍고 싶은 충동 없이 개개인의 참여자들과 필자가 함께하는 것을 가능하게 해 준 이론적인 관점들이다.

　이론적으로는 자살 시도가 의미하는 것에 대한 순수한 비단정적 평가에 이점이 있는 것 같다. 반대 감정의 공존과 해결의 순간들, 그리고 처벌과 응징의 방출 저 너머의 더 어두운 환상들을 이해하는 것, 또한 우리가 보고 있는 개개인들이 희생자-가해자-살아남은 자였다는 것을 마음에 수용하는 것 그리고 이러한 서로 다른 경험들/성향들을 아는 것 말이다. 가장 중요한 것은 몸에 재접속하여 죽여 없애야 하는 어떤 것과의 관계를 변형하는 것이야말로 모든 가능성을 억제할 수 있다는 점이다.

3부

지금까지 증거 기반 자료의 평가를 향하여

Dramatherapy and Destructiveness

Creating the Evidence Base, Playing with Thanatos

13

타나토스와 함께 놀기:
파괴성에 창의성을 부여하기

Pete Holloway, Ditty Dokter, Henri Seebohm

지식, 작업 그리고 증거

우리는 서문에서 이 책의 목표를 서술하였다. 일반적으로 우리는 파괴성의 현상과 그것이 치료적인 만남에서 어떻게 작용하는지 탐구하고자 하였다. 구체적인 연구 주제는 다음과 같다.

- 참여자에게 나타난 인간 존재의 딜레마, 곧 참여자의 삶이 파괴적인 힘에 의해서 형성될 때, 그리고 참여자들이 자신이나 타인들에게 파괴성을 나타낼 때
- 실연enactment을 바탕으로 한 치료 작업이 폭력적이거나 공격적인 혹은 위험한 것의 '행위화'를 오히려 부추기는 것은 아닌지, 파괴성을 표현함으로써 내적 동력이 감소되고 역동이 변형될 수 있는지를 살피는 것
- 참여자와 치료팀이 직면한 임상 문제와 파괴성의 표현이 어떻게 관련되는지, 그리고 파괴성과 일련의 임상 진단의 관계

다수의 개별적 장들은 광범위한 정신역동이론의 틀에 의존하고 있지만, 이 책의 전체적 사고(思考)는 공공연히 절충적이다. 초반에 우리는 문화이론, 심리치료 그리고 예술치료의 현장에서 나온 사고와 현장에 의지한다. 앞의 장들에서 저자들은 파괴성의 미학과 예술적 창의성의 다층적 관계를 기반으로 하여, 파괴성을 다르게 이해하는 방법을 질문하고, 대안적인 예술적 견해들을 제안한다. 우리는 파괴성을 단순히 외부 세계로 나타날 때의 결과에 의한 것보다는, 내적 동력으로 정의하길 원했다. 그러므로 파괴성은 정신 안에서, 그리고 사람들과의 관계 안의 경향으로써 주로 간주되다. 이 책의 부제와 이 마지막 장의 제목은 파괴성의 고전 정신분석적 이해에 영향을 받는다. 하지만 우리는 현상학의 이해 안에서 포스트모던 이론과 정신분석적 '확신'의 현대 비평을 또한 융합하려고 시도하였다. 그래서 우리는 파괴성을 성장을 향한 창조적 욕동의 반대 극으로 규정하는 단순한 관점을 넘어서고자 한다. 우리가 파괴적 행동의 효능과 독성을 이해하려고 시도하는 동안, 파괴성의 표현을 통한 변증법적 위치를 유지하는 것이 관계 맺고, 살아남고, 긍정적이며 잠재적으로 발휘할 수 있는 힘으로써 또한 이해된다.

행동으로서의 파괴성 혹은 내적 동력으로서의 파괴성 사이의 차이점을 고려하는 것은 사고와 행동 사이의 관계성을 이해하는 데에 중요하다. 1장에서 편집자들은 사고 발달의 1차와 2차 과정(Bion, 1967), '행위화'의 분석적 개념 또는 애착 유형의 발달적 개념(de Zulueta, 2006; Skogstad, 2004), 그리고 '정신화'의 실패(Bateman & Fonagy, 2004)의 내용 안에서 이 관계성을 어떻게 이해할지 안 할지 논의하였다. 스토(Storr, 1991)가 제안한 상상력과 연관된 파괴성은 정체성으로 전환되는 힘으로서의 파괴성에 대한 가능성으로 연결된다. 비슷하게, 파괴성의 잠재력이 창의성 그리고 성장과 함께하는 복잡한 변증법적 관계성 안에서 존재한다는 닛선(Nitsun, 1996)의 의견은 편집자들이 파괴성과 창의성 또는 행동과 사고가 직접적으로 대립하지 않는다는 주장을 할 수 있게 한다. 미학적인 틀을 통해 고려할 때, 이 관계는 더욱 문제적으로 변하고, 파괴성이라는 복합적 주제를 다룸에 있어 그것이 최종적인 과정이 된다. 예술적 행동이 잠재적으로 파괴적 충동을 재구성하거나 재해석할 수 있을까? **기대하는** 행동을 이끌어 내는 생각(상징화와 반영에 의해)을 하게 할 수 있을까? 이 장에서 우리는 이 책의 내용이 실제로 이 가설을 지지하는지, 만약 그렇다면 얼마나 그런지를 탐구하기를 원한다. 또 그렇지 않다면, 이 가설을 더 구체화하거나 반박하기 위해 어떤 연구가 필요할까?

　2장에서 존스는, 관객 혹은 목격자의 상대성을 인정하는, 우리가 찾고 있는 의미에 관한 사회 구성주의의 질문의 중요성을 사실로 가정한다. 이러한 관점에서 볼 때, 파괴성은 관찰자가 어떤 관점으로 보는가 혹은 주요한 해설자가 어떤 상황에 있는가에 따라 한 가지 이상의 의미나 의의를 지닐 수 있다. 그는 어떻게 파괴성과 창의성이 현대예술에서 주요한 주제가 되었는지 보여 준다(Grenier, 2005). 그리고 어떻게 예술이 이 관계성 안에서 의미의 다양성 탐구를 촉진하는지를 보여 준다. 이 관계성 안에서 복잡성과 모호성은 창고를 폭발시키는 '불법적' 창의성뿐만 아니라, '합법적' 식민주의의 파괴성 안에서 설명된다. 보는 이의 시각에 따라 파괴성은 저항이나 생존력으로도 간주된다. 이러한 사회 구성주의자와 예술적 관점으로부터, 존스는 체현-투사-역할 패러다임, 신화·상징·은유, 그리고 역할의 영역에서 (참여자로서보다는 치료사로 본) 파괴성에 관한 연극치료 담화를 분석한다. 그의 분석은 변형성, 드라마의 다리 놓기 기능bridge-building function, 움직임과 상징(Hougham, 2006; Jennings, 1990, 1995, 1997, 1998)을 강조한다. 뿐만 아니라, 역할이론은 '배우' 자신이 파괴적이고 창의적인 압력을 조정하기 위하여 어떤 역할을 연기하는지를 이해하게 해 준다(Landy, 1993, 1995, 1997, 2008).

　3장은 증상의 일부로 파괴적인 행동을 드러낸 참여자 집단을 대상으로 영국연극치료사협회BADth가 진행한 출판된 증거에 대한 체계적 비평 작업을 살펴본다. 그리고 또한 증거 기반 작업evidence-based practice의 의제 안에서 발생하는 요구와 긴장을 고려한다. 이 책의 2부를 구성하는 장들은 일련의 임상 사례와 작업 기반 논의들을 제시한다. 그것들은 다양한 임상 현장에서 파괴성의 현상을 마주한 예술치료사의 작업을 기록한 초기의 자신이 없었던 노력을 보여 준다. 필자들의 이야기, 관찰과 논의들은 갈등을 무대화하고 성찰하는 예술치료사의 창의적 잠재력에 대한 진술 증거다. 편집자들은 이 책에서 제시된 증거들이, 대부분의 서비스 감독관과 정책 입안자 사이에서 최근 유행하는 효율성 혹은 효험의 양적 증거 같은 객관적인 것과는 거리가 멀다는 것을 인정한다. 그리고 이것은 이런 종류의 저서에서 나타나는 약점으로 비쳐질 수 있다. 그러나 예술치료의 효율성에 관한 현장으로부터 끌어온 결론을 완전히 부정하기 전에, 그 '증거'를 구성하는 지배적 관점의 사회적 위치와 본질에 대해 심도 있는 질문을 해 볼 수 있을 것이다. 3장의 첫 번째 부분은 예술치료 안에서 증거 기반 작업을 둘러싼 체계를 논의하고, 작업 기반 증거의 중요성을 강조하면서, 기관들이 증거의 필요성을 어떻게 설득시키고자 하는지에 대한 예들을 제공한다.

그러나 3장에서 살펴본 영국국립보건임상연구원NICE의 증거 분류체계에 입각할 때, 우리는 NICE가 지지하는 대규모의 임의통제실험을 할 수 없다는 문제가 남는다. 그것은 다음에 서술한 철학적인 문제뿐 아니라 구조적이고 실제적인 장애와 관련된다. 이는 연극치료에 관한 논의를 낯설게 한다. 한편으로 우리는 제기된 문제의 전 범위에서 예술치료의 활용에 대한 타당성이나 유효성을 입증하고 일화적인 효과성을 나타내는, 예술치료적인 아이디어, 과정 그리고 개입을 분명하게 발전시키고 있다. 그러나 다른 한편으로는 단일 진단과 연결된 결과를 파악하는 (측정은 물론) 능력은 여전히 크게 발전하지 않았다. 그것은 많은 예술치료사가 취하는 전체론적이고 절충주의적인 입장과, 우리가 다루는 임상 문제의 본질에 기인한다. 이것이 파괴성의 복잡다단한 현상에서만큼 두드러지게 나타나는 곳도 없다. 따라서 독터

Dokter는 3장에서, 파괴성을 임상적 특징 중 하나로 할 수 있는 진단 범주들을 살펴보았지만, 파괴성은 그 항목들 어디에서도 사실상 진단과 일치하지 않는다. NICE가 제시한 양적 증거를 산출함에 있어 이 같은 구조적 장애는, NICE의 지침이 지나치게 의학적 진단의 뚜렷한 범주를 고수한다는 사실이다. (NICE는 자해에 대한 지침 이외에, 나타난 행동의 **관리**에 대한 지침을 제공한다.) 영국연극치료사협회의 검토에 의하면 연극치료사 중 43%만이 의료 환경에서 작업한다. 바꿔 말해, 대부분의 연극치료사는 다양한 비의료적 환경에서 일하며, 따라서 그들의 사례 연구는 반드시 정신의학적 진단과 관련될 필요는 없다. 그들이 참여자의 문제를 인식하는 방식은 각자의 심리치료적 배경과 더 넓게는 철학적이고 인식론적인 입장에 영향을 받는다. 또한 연극치료사는 예술치료와 심리치료의 많은 동료들과 마찬가지로, 분리된 증상이나 행동의 특정한 양상을 치료하기 위한 표준화된 원칙에 기반한 개입을 제공하지 못한다. 연극치료는 본질적으로 치료사와 참여자 사이에 창조적인 즉흥연기에 의존하며, 따라서 연극치료적 개입의 반복 가능성과 일반화 능력은 증명이 어렵다. 이 책에서 언급된 모든 작업은 본질적으로 복잡하고 종종 모순되고 다차원적인 경험, 확신 그리고 욕구의 탐구이며, 이것은 다양한 다른 맥락에서 다양한 방법으로 나타난다.

    3장에서는 각 장에서 파괴성과 관련한 연극치료의 효율성에 대한 질문이 얼마나 진행되었고 또 얼마나 나아갔는지를 요약하고 있다. 차후에 우리는 체계적인 비평을 통해 이미 평가된 것과 이 책에서 다룬 새로운 작업 기반 증거를 연결하기 위하여, 영국연극치료사협회의 체계적 비평으로부터 발견된 것들을 간략하게 다시 논의할 것이다. 이 책에서는 참여자의 의학적 진단명을 명시하지 않되, 나타난 문제점과 정신의학적 진단 사이에 비교적 분명한 관계성이 있는 경우에는, 진단 범주를 찾기 원하는 독자를 위해서 주제 색인에 진단 범주를 포함하였다. 최종적으로, 이 책은 분명한 부정적인 현상으로서의 파괴성을 해체하려고 하였지만, 징후를 진단 범주와 연결할 때는 어쩔 수 없이 보다 더 복잡하고 관계적이며 체계적인 현상으로 조명하기보다, 개개인의 정신병리학 안에 위치한 부정적으로 이해되는 '문제'로 되돌아간다.

임상 현장의 결론

램스덴(Ramsden, 4장)은 세대 간 폭력과 트라우마를 겪은 ADHD로 진단받은 어린 남자아이의 사례를 통해, 비언어적 놀이non-verbal play가 힘든 양육 환경에서 아동의 자기 통제감을 발달시키는 데 주요했다고 결론을 내린다. 나아가서 그녀는 경험의 서사를 다시 말하는 역할놀이를 통해서, 행동상의 난점 중 일부를 훈습하는 감각이 눈에 띄게 좋아졌다고 주장한다. 중요한 점은 힘든 감정을 유희적으로 표현하면서 특정한 주제를 아이들이 공유하고 탐험할 수 있었던 것이 바로 집단 작업에서 일어났다는 것이다. 그녀는 또한 가족의 사례에 대한 체계적 관점, 애착, 두뇌 발달의 관점을 통해, 그것들이 자기 발달에 어떤 상호 영향을 주고받는지를 살핀다. 그것이 단순히 아동 개인의 결함에 집중하는 것이 아니라 그를 둘러싼 초세대적 체계를 다루는 혁신적인 연극치료 과정이 담기고 변형될 수 있음을 살핀다.

엘리노어 질(Eleanor Zeal, 5장)은 제적되거나 '특수교육이 필요하다고 결정된' 청소년들을 위해 하는 학교에서의 연극치료 작업을 발표하면서, 명백한 혼돈을 품고 다루는 그 핵심적인 아이디어를 설명한다. 그녀는 연극치료사의 반응성과 즉흥적인 자질 그리고 매체로서 연극치료의 다차원적 본질로 인해, 치료 과정이 청소년기의 격동을 담아낼 뿐만 아니라 성찰할 수 있도록 한다고 말한다. 나아가 연극치료사에게는 크나큰 도전이지만, 참여자 집단의 적대감, 공격성, 양가 감정을 담아 내면서 유희적인 낙관주의를 유지한다면, 초기의 발달상의 공백을 다시 메움으로써 성숙 과정을 촉진할 수 있다고 주장한다.

6장에서, 디티 독터는 연극치료사가 아니라 방문 연구자로서 참여한 연구의 결과를 발표하였다. 그녀는 자해 행동과 함께 경계성 인격장애 진단을 받은 청소년을 대상으로 한 예술치료의 결과를 고찰한다. 그녀는 연구를 통해 장기 집단치료의 중요성을 이야기하면서 참여자와 치료사 사이의 관계 맺기뿐만 아니라 참여자들끼리의 관계 맺기를 역설한다. 그녀는 또한 치료의 높은 소모율을 설명할 수 있는, 도움을 찾고 받아들임에 있어 집단 안에서 참여자의 양가감정에 주목한다. 그녀는 그런 양가감정이 상징적 놀이와 행동 방법을 시도하는 연극치료사에게 특히 도전이 될 수 있음을 강조한다. 독터의 결론은 단순히 힘든 감정의 공동을 채우거나 치료의 교착 상태를 면피할 방법으로 행동에 들어가지 말 것을 강조한다. 왜냐하면 그렇게 할 경우 누가 통제하느냐를 놓고 전이와 역전이 안에서 분쟁이 나타날 수 있기 때문이다.

역시 치료사보다는 연구자의 관점에서 쓴 7장에서, 잭슨Jackson은 심각한 학습장애가 있는 참여자의 자해에 대한 연극치료사들의 이해를 다루었다. 그녀는 자해하는 참여자들과 일한 치료사의 경험을 토대로, 치료사들이 참여자 행동의 의미를 분석하는 것에 대해서 서술하였다. 그녀의 결론은 이 집단에서 나타나는 자해를 단지 '도전하는 행동challenging behaviour'으로 간주하는 것은 소통의 형식이나 과거의 트라우마 혹은 현재의 스트레스에 대한 반응으로 대하는 것으로 그 행동의 복잡성을 제대로 다룰 수 없다는 것이다. 그녀는 연극치료사에게 열려 있는 개입의 범위는 더욱 긍정적이고 안정적이며 신뢰적인 치료 관계를 성사시키도록 도움으로써 자해를 통해 말하고자 하는 것을 치료 공간을 넘어 참여자의 삶 속에서 인식되고 통합되도록 하는 것이라고 주장한다.

8장은 연극치료가 약물중독자 모임Narcotics Anonymous: NA 접근법의 개념과 함께 사용될 때 발생하는 긴장과 가능성을 고찰한다. 전체가 약물중독자 모임의 회원으로 구성된 소집단과 작업할 때, 조그라포우Zografou는 단기 연극치료 과정에서 레빌롯(Rebillot, 1993)의 영웅의 여정Hero's Journey을 활용했다고 기술한다. 그녀는 중독자의 경험은 회복과 악화, 희망과 파괴성 사이에서 고투하는 것이라고 보았다. 영웅(희망)과 악마(파괴성)에 생기를 불어넣으며, 그녀는 연극치료 안에서의 저항이 '변장한 친구'로 변형되고, 부동성과 인지적 정체를 뚫고 나아가도록 하는 촉매로 작용한다고 주장한다. 그녀는 또한 참여자가 급격히 재발된 상황에서도 연극치료사가 희망과 회복력을 유지하는 것이 얼마나 중요한지 지적한다.

9장에서, 시봄Seebohm은 즉흥적인 극적 과정을 통해 장애가 심각하고 위험한 참여자들과 개별적으로 작업할 때의 힘든 점을 보여 주는 일련의 사례들을 제공한다. 그녀는 놀이 공간의 지금-여기에서 일어나는 것에 주의를 기울이는 것이 참여자의 개인사와 문제행동에 대한 개념적 이해만큼이나 중요하다고 말한다. 사례들을 통해서, 그녀는 참여자의 저항이나 치료사의 반응 때문에 공간이 무너진 중요한 순간들을 보여 준다. 그녀는 그런 강도 높은 치료적 만남 안에 '제3자'와의 접촉을 유지하는 것이 중요하다고 말한다. 그것이 매체든 치료 관계든 또는 슈퍼비전 과정이든 간에 말이다. 그리고 매체나 협동의 관계를 상상적이고 반응적으로 사용함으로써 명백한 파괴성에 직면할 때조차 발달과 변형의 가능성이 유지될 수 있다고 결론짓는다.

10장은 중간위험군 보호병동에 있는 한 여성에 대한 확장된 평가 과정을 탐구한다. 손Thorn은 과정에서 나타난 이야기뿐 아니라 보다 광범한 치료팀에서 참여자를 둘러싸고 발전된 이야기들에 주목한다. 그 이야기들은 문화와 인종차별을 포함하며, 연극치료사에게 다양한 방식으로 울림을 주었다. 인종, 성 역할, 권력의 영향에 대한 탐구를 통하여―치료 관계와 임상 환경 양면에서― 손은 드라마가 '망했을' 때조차 '충분히 좋은' 담기를 만들어 낼 수 있는 가능성을 상정한다.

11장에서 매칼리스터McAlister는, 정신병을 앓는 수감자 집단에서 극적 놀이의 활용성을 논하고 있다. 집단 경험의 서사를 펼치면서, 그녀는 가상의 인물(스파이더맨)을 창조하는 작업이 구체적인 기능 수준과 상징적인 기능 수준 사이를 잇는 다리를 서서히 구축할 수 있다고 가정한다. 그녀의 결론은 연극치료 과정과 위니컷(Winnicott, 1951)의 '전이적 공감'을 등치시킴으로써, 상징화가 폭력과 불법 행위에 관한 개인적인 노출을 끌어낸다는 이 가설을 지지한다. 그리고 수감 환자patient들에게 이전에 불안과 거부감을 주었던 양상들에 대해 후회와 많은 통찰력을 제공한다.

12장은 자살 시도에서 살아남은 참여자를 대상으로 개발된 연극치료 구조를 제시한다. 피트 할로웨이Holloway는 이 작업을 위한 이론적인 기반을 논의하고, 참여자의 피드백과 구조에 대한 반응을 통합할 필요가 있으며, 그렇게 할 때 과정이 시간이 흐르면서 공동의 모험으로 만들어짐을 강조한다. 연극치료 과정의 기초 평가는 자살 시도의 재발 감소에 대한 모종의 영향력을 제시한다. 그러나 그것은 연극치료 개입 자체보다 작업 환경의 보다 광범한 치료 체계의 공으로 인식된다. 그는 이 작업에서는, 자기 자신이나 다른 사람을 향한 파괴성의 정도가 참을 만하고 궁극적으로 변형 가능하다면, 죽으려는 자기뿐 아니라 '살려는 자기'를 향한 치료사의 태도가 결정적이라고 결론을 맺는다.

임상에 관한 장은 전반적으로 연극치료가 파괴성을 만났을 때, 긍정적인 결과 혹은 적어도 긍정적인 결과의 가능성을 기대할 수 있다고 말한다. 물론 그렇게 하는 데는 치료사에게 상당한 노력이 요구되기는 하지만 말이다. 각 장은 파괴적 동력을 담아 내고 조정하는 방법으로서 극적 매체의 중요성을 강조한다. 극적 매체, 곧 '만약 ~라면'의 상태로 이동할 수 있고 파괴적인 힘을 유희적으로 다룰 수 있는 능력은 치료사와 참여자 모두에게 파괴성을 견뎌 내고 훈습하도록 하는 데 결정적일 수 있다. 예술적 과정으로서 드라마의 즉흥적 특성과 다매체적 본성은 이러한 임상적 상황에서 연극치료사의 효율성에 있어 주요 요인(많은 필자들에 의해 확인된)이다. 그들이 발견한 극적 과정의 중요성은 앞서 우리가 세운 가설을 지지한다. 다시 말해, 파괴성의 '실연'은 참여자가 도피와 견딜 수 없음의 '행위화'를 넘어서도록 하며, 파괴적인 잠재성에 대한 점진적 성찰과 재통합을 위한 공간을 제공한다는 것이다.

떠오르는 임상 주제

영국연극치료사협회의 체계적 비평에 대한 평가자 집단의 검토를 고려해 볼 때, 우리는 이 작업 기반 증거가 전하려 애를 쓰는 몇 가지 임상 주제가 있다는 것을 인식할 수 있다. 그중 일부는 평가자 집단의 발견들을 직접적으로 반영하기도 하고, 또 다른 일부는 진행 중인 고려사항과 연구와 평가 영역을 지시하는 더 발전된 것이기도 하다.

상징, 생각, 행동

우리는 1장과 이 장의 도입 부분에서, 상징적 연극과 극적 재현이 참여자를 '행위화'로부터 성찰과 사고로 옮겨 가게 할 수 있음을 말했다. 이 주장은 이 책 전반에서 입증되었지만, 특히 램스덴, 질, 조그라포우, 할로웨이 등은 극적 과정의 사용이 치료 공간에서 재경험과 실연을 통해서 이전의 충동적이고 '아무 생각 없거나' 자기파괴적인 행동을 중재하고 변형시킬 수 있다는 것을 잘 보여 준다. 그러나 어떤 필자들은 정신병과 경계성 인격장애 증상과 관련하여 이 논의에서 간과할 수 없는 중요한 것을 경고한다. 시봄과 매칼리스터는 상징적 사고에 대한 능력이 정신병적인 구체적 사고의 경험 안에서 심하게 손상될 때 치료사가 직면할 어려움을 분명하게 강조한다. 한편으로 독터는 6장에서, 감정이 압도적으로 격동하거나 결핍된 것을 단순히 회피하고 완화하는 방법으로 연극치료사가 **무언가를 하는**(즉, 극적 구조와 행동으로 옮겨 가는 것) 경향을 경고하면서, 고전적인 경계성 인격장애 증상들에서, 치료(그리고 치료사)에 대해 보여 주는 상반된 반응의 어려움을 논한다. 이러한 발견은 체계적인 검토에서 고찰된 이전의 많은 출판물과 일반적으로 일치한다(특히 Grainger, 1992; Johnson, 1980; Johnson & Quinlan, 1985; Johnson et al., 1999; Spencer et al., 1983). 그러나 이 책을 통해 볼 때 더 중요한 것은, 극적 과정의 점진적인 발달과 관련된다. 앞서 인용한 초기 연구는 치료사의 주된 초점으로서 당면한 장애(가령 정신병)의 1차와 2차 증상의 완화를 강조했다. 그래서 치료는 참여자의 인식된 '결함'에 대한 치료적 접근에 집중되었다. 이 책의 많은 필자들은 참여자의 당면한 증상으로 시작하여 극화에 대한 명백한 '저항'과 구체화하려는 경향을 점차 상징화할 수 있는 힘을 갖는 방법을 구축한다고 할 수 있다. 따라서 질의 '꼬리표'와 우편번호의 사용, 밝은 곳에서 자기를 의식하지 않고 흉터를 내보이는 것에 대한 독터의 이해, 약물남용 재발에 대한 절대적인 두려움을 알아차리는 조그라포우, 참여자와 '함께하기' 위해 영화를 보고 난 후 감상을 나누는 것으로 회기를 시작한 것에 대한 시봄의 논의, 어떤 통찰은 집단의 초기 단계에서 단순한 금기일 수 있다는 것에 대한 매칼리스터의 수용, 그리고 '마음속 살인자murder in mind'가 있다는 것에 대한 할로웨이의 인정— 이 모든 것은 참여자 집단의 매우 구체적인 관심사로 시작하고 그에 반응하는 것이 중요함을 입증한다. 구체적인 수준에서 참여자 집단이 무엇에 열중하는지를 알아차려 수용하지 않고서는 상징화와 반영을 격려하는 움직임은 참여자들에게 잠재적이고 압도적으로 경험되고 거부당하여 결국에는 실패하게 될 것이다.

경험과 의미 구축

여기서 연극치료사에게 중요하다고 여겨지는 것은 나타나는 문제를 '질병' '결함' '나쁜/반항 행동' 등의 징후로 여기는 단순한 관점에서 벗어나는 것이다. 대신에 우리는 정신병적 관심사, 자살과 자해 행동, 공격성과 불안을 특정 참여자 집단에게 의미와 중요성을 갖는 생생한 경험에서 발생하는 것으로 볼 수 있다. 체계적인 비평에서는 캐손(Casson, 2004)과 요티스(Yotis, 2006)가 '증상'을 의미 있는 인간의 경험으로 재해석하여 다룸으로써 조현병에 개입하는 접근법을 논한 것에 주목한다. 많은 필자들이 이에 공감을 했다. 이것은 연극치료 작업에 관한 연극치료사들의 이야기를 분석한 존스의 논의(2장)와 연극치료사가 심각한 학습장애가 있는 참여자의 자해를 어떻게 이해해야 하는가에 관한 잭슨의 연구(5장)에서 가장 명확하게 드러났다. 그러나 그런 관점은 지금 – 여기, 참여자 집단의 구체적인 관심사와 나타나는 행동을 고유한 의미를 가진 주어진 현실로서 인식하고 이해하는 것이 중요하다고 말한 질, 독터, 조그라포우, 시봄, 매칼리스터 그리고 할로웨이의 글에도 내포되어 있다. '증상'을 치료되어야 하는 주관적 관심사와 행동으로 바라보는 문제 기반의 관점에서부터 그것을 일종의 소통 형식으로 보는 관점으로의 전환은 연극치료사가 '저항'과 '방해 행위'로 인해 좌절하거나 얼어붙기보다, 직접 다루는 것을 가능하게 한다. 작업의 초점은 미묘하게 변한다. 보다 정상적이거나 기능적인 의미와 '통찰'을 창조, 회복 또는 교육하기 위한 도구로서 극적 거리, 상징화, 놀이를 사용하기보다 치료사와 참여자 사이의 극적 과정과 즉흥극이 참여자의 직접적 경험에 의미를 부여하는 방식이 되는 것이다. 그리하여 작업은 치료사가 참여자에게 구조를 제시하거나 일방적으로 부여하기보다 스스로 의미를 발견하게 하는 협업이 된다. 이것은 (질, 시봄, 매칼리스터, 할로웨이가 보여 주고 독터가 논의한 것처럼) 극적 행동으로 곧장 옮겨 가기보다 최초의 상징화, 극적 체현, 반영이 떠오르기 시작할 때까지는 불편함과 저항과 파괴성의 구체적인 현실에 머무는 것이다. 그렇게 할 때 비로소 참여자는 감정에 압도되어 그것을 행위화하기보다 파괴적인 충동을 재구성하여 다시 통합할 수 있게 된다.

집단의 힘, 개인 작업의 강도

집단 심리치료와 집단분석의 전통에서는 긍정적인 변화를 발생시키고(Yalom, 1995) 파괴적인 잠재력을 담아 내고 활용(Nitsun, 1996)하는 집단의 가능성에 관해 많은 연구들이 있었다. 유사하게, 영국연극치료사협회의 체계적인 비평에서 고찰된 다양한 증거 역시 집단 작업을 통해 수행되었고, 연극치료의 수행 방식은 평가자 집단 검토에서도 중요하고 효과적으로 보였다. 이 책은 집단뿐 아니라 개인 작업을 다루고 있다. 시봄은 개인 환자와 강도 높은 수준에서 작업할 때 치료사들이 봉착하는 특정한 문제점들을 보여 준다. 손Thorn은 개인 작업의 전이/역전이에서 나타날 수 있는 동일시와 공명의 깊이와 함께 잠재적으로 파괴적인 참여자에게 '충분한' 안아 주기를 제공하기 위해 치료사가 겪는 부담을 논한다. 할로웨이는 자살 생존자와 함께한 개인치료의 관계성의 강도는 수치심과 굴욕감을 강화하기 때문에 저변의 파괴적 감정과 경험을 탐험하는 것에 대하여 조심해야 한다고 지적했다. 이 현상은 집단에서 동일한 과정이 진행될 때 나눔과 도전이 일어나면서 좀 더 개방적이고 협동적인 역동이 형성되는 것과는 대조된다. 그러나 조그라포우는 집단 환경이 개인 참여자가 위기 상황일 때는 오히려 수치감과 굴욕감을 확대시킬 수 있다고 말한다. 매칼리스터는 집단 구성원들이 상징화와 반영 능력을 발달시키는 개인에 대한 선구자로서 서로의 자질과 속성을 담아 주고 재현한다고 말한다. 이는 청소년 집단에 대한 질의 설명에서도 드러난다. 물론 그녀는 청소년과 치료사가 집단에서 만날 때 보다 퇴행적이고 양육적인 리듬을 취하는 개인 작업을 기록하고 있다. 독터는 집단 환경에서 참여자들의 또래 관계가 참여자와 치료사의 관계보다 유익할 수 있음을 (그 이상은 아닐지라도) 잠재적인 요점으로 제기한다. 이 책에 소개된 본 작업과 체계적 비평으로 검토한 상대적으로 적은 개인 작업을 놓고, 어떤 연극치료의 방식이 가장 효과적이라고 단정 지을 수 없다. 다만 두 방식 모두 특정한 과정을 강화하거나 또 다른 도전과 가능성의 기회를 제공할 수 있다는 것만은 분명하다.

체현과 신체성

파괴성이 정신과 관계성 내에서 내적 동력과 연관된다는 우리의 입장에도 불구하고, 많은 파괴성만이 신체화를 통해서 뚜렷해진다는 사실은 충격적이다. 이것은 다른 사람이나 자신의 몸을 공격하거나 치료 관계에 성적 뉘앙스를 덧입히거나 회기 중에 잠을 잔다거나 밖으로 나가 버리는 방식을 취한다. 만약 파괴성을 표현함에 있어 이것이 진실이라면, 우리는 치료 공간에서 다른 종류의 체현이 내면의 파괴적 동력을 잠재적으로 통합하는 데 중요한 요인일 수 있음을 알아야 한다. 호흡과 움직임과 가만히 있음을 통해서 몸―자살을 시도했던 몸―을 재경험하는 참여자와 함께한 할로웨이의 작업은 자기파괴성이 재해석되어 다르게 구조화될 수 있는 방식을 보여 준다. 유사하게, 대다수 필자들이 기술한 작업은 치료 공간과 관련하여 참여자와 치료사 모두의 신체성과 연관된 연극치료의 또 다른 차원이 있음을 나타낸다. 이는 때로 대안적인 역할이나 인물의 극적 체현의 형태를 취하고, 때로는 단순하게 치료사와 참여자 혹은 참여자들 사이의 공간적 근접성일 수도 있으며, 때로는 다른 사람과 함께 있는 것이나 물질을 탐험하는 감각적이고 신체적인 경험일 수도 있다. 여기서 가설은 연극치료 고유의 신체성이 과정의 초기부터 참여자 상호 간의 관계와 공간 속에서 신체에 대한 무조건적 자각을 촉진할 수 있다는 것이다. 이를 파괴적 가능성과 관련지을 때, 치료사와 참여자의 자각은 변증법적 가능성으로 나타난다. 규칙위반, 취약성 그리고 공격의 가능성이 있고(시봄과 질의 장에서), 또한 신체적 경계, 개인적 안전성, 집단 자체에 대한 존중과 현실적 책임감이 나타난다(매칼리스터의 장에서). 게다가 극적 체현과 파괴적 행위의 재현이 일어날 때, 치료사는 '놀이의 규칙'을 명확히 해야 할 필요가 있다. 그렇게 할 때 참여자들은 명확성—규칙 안에서 놀기—에 반응하여 자신의 파괴성을 감시하고 조정할 수 있음을 보게 될 것이다.

즉흥과 무례

연극치료는 명사(연극적인 사건)이자 동사(놀다)로서 놀이 개념을 핵심으로 한다. 이 책의 필자들은 모두 참여자들 사이에서 그리고 그 안에서 유희성을 발전시키는 것이 중요하다는 것을 확인한다. 램스덴, 잭슨 그리고 매칼리스터 같은 이들은 발달적 의미에서의 놀이 개념을 활용한다. 그것은 위니컷(2005)에서 근거한 것으로, 참여자가 견디기 어려운 것을 점차적으로 받아들이기 위해, 충분히 이해되지 않는 감정적 경험을 (상징적 놀이를 통해) 연습하고 변형할 수 있게 한다. 이 개념은 교정이나 회복의 과정으로서 본질적으로 참여자의 유희성에 위치한다. 그러나 몇몇 장들은 유희성을 치료사와 참여자에게 똑같이 필수적인 것으로 다룬다. 격동기의 청소년과 함께한 질의 작업, 자살 생존자 집단에서 유머의 사용에 관한 할로웨이의 고찰, 그리고 막다른 상태에서 할 수 있는 것에 대한 시봄의 논의를 통해, 우리는 치료사가 채택할 수 있는 입지를 이해할 수 있다. 그러한 자리에서 치료사는 또한 참여자에 대한 반응으로서 유희성의 감각을 개발할 필요가 있다. 구조를 유지하거나 참여자들 사이에서 유희성을 촉진하는 것에서 한발 나아가 연극치료사 스스로가 '놀이 대상'이 되어 촉진의 매개체로서 참여자의 경험에 대한 개입과 함께 자신의 유희성을 활용한다. 치료 과정에서 '자기를 사용하는 것use of self'은 체계적인 가족치료 안에서 확고한 개념이다. 이는 정말로 견디기 힘든 문제에 대해 치료사와 참여자 사이에서 협동적인 무례irreverence가 결합하는 아이디어로서, 사티어와 볼드윈(Satir & Baldwin, 1987)이 제시하였고 세친(Cecchin, 1993)이 확장하였다. 연극 용어를 빌면, 치료사는 코메디아 델 라르테Commedia del arte의 아를르캥Harlequin(중세 무언극 등에서의 어릿광대)이나 보알(Boal, 2002)의 '조커Joker'(좀 더 현대적인 모습을 한)의 역할을 입고, 드라마가 생생한 즉흥의 특성을 유지하게 하는 한편, 동시에 마치 공작원처럼 극의 내용이 (구체적이든 상징적이든) 심각하고 고통스러운 현실을 깊이 있게 담아 낼 수 있도록 하는 이중 기능을 수행한다. 그 역할은 문화적 배경이 다르다 해도, 어떤 면에서는 미국의 연극치료사 리드 존슨Read Johnson이 복합적인 PTSD 환자들과 만나면서 개발한 '발달 변형Developmental Transformation'과 유사하다. 리드 존슨의 미국식 접근법과 이 책에서 다룬 연극치료 접근법의 효과성(혹은 그 이외의)은 모두 연극치료사의 개방성, 반응성 그리고 즉흥적인 자질과 직접적으로 연관이 있어 보인다. 그것이 사실이라면, 연극치료 실제에서 나타나는 잠재적인 패러다임의 전환을 연구하여 증거를 확보하고자 하는 시도는 더욱더 난국에 직면할 것이다. 복제 가능하고 일반화할 수 있는 개입 모델에 의존하기보다 각 임상 사례의 즉흥적 고유성을 포용해야 하기 때문이다.

더 고려되어야 할 사항과 연구 영역들

이론적 고려사항

- 이 책의 개별 장들은 파괴성을 다루는 작업을 보강하기 위해 연극치료사들이 정신역동치료, 집단분석치료, 문화치료, 예술치료와 미학 이론

의 광범위한 영역에 의존하고 있다는 것을 언급하고 있다. 이것은 작업을 일관되게 이끌어 나가야 하는 전문성의 측면에서 강점이자 약점으로 작용할 수 있다. 그 모든 영향을 정리된 통합 담론 없이, 우리는 작업을 정당화하기 위해 정신분석의 확실성에 의지할 수도 있다. 다른 한편으로는 파괴성을 나타내는 다양한 환경과 진단을 고려하여 가장 적절하고 유용한 특정 담론을 선택하는 것이 중요할 수도 있다. 그러나 애착 이론, 인지발달과 '정신화'(Fonagy et al., 2002)의 개념을 통합하는 것을 목표로 하는 현재 심리치료 이론의 동향은 연극치료사들 사이에서도 통합적인 대화를 이끌어 낼 것이다.

• 임상을 다루는 장에서는 융학파의 이론이 비교적 덜 소개되었다. 그래서 우리가 융의 '그림자'의 개념과 그림자의 성숙한 통합의 필요성에 대한 이해로부터 무엇을 배울 수 있는가 하는 질문이 남는다. 잭슨의 연극치료사들이 속한 드라마와 움직임 치료 세서미sessame 연구소는 융 학파를 강하게 지지(Karkou & Sanderson, 2006)하며, 매칼리스터 또한 융학파의 분석가다. 따라서 연극치료에서 이 영역이 개발되어 학제간의 강점을 활용한다면 보다 깊은 연구가 가능해질 것이다.

• 가령 글래서(Glasser, 1979)의 '핵심 콤플렉스'처럼, 모든 파괴성의 현상을 유아기로의 퇴행으로 해석할 수 있는가, 아니면 그 현상을 '지금-여기', 관계적인 그리고 자기/인성/정체성의 특질로 인식하는 또 다른 관점이 가능한가? 앞에서 언급한 여러 관점이 특별한 문제를 다루는 연극치료사를 위해 일관된 담론으로 통합된다면, 이 질문은 불필요한 것이 될 수도 있다. 1차에서 2차 과정 발달(Bion, 1967), 정신화 능력의 발달(Fonagy et al., 2002), 사고에서 행동을 잇는 발달적 다리(Winnicott, 1971)는 다층적인 연극치료적 관계의 지금-여기로 번역될 필요가 있다.

• 예술치료 이론은, 시간이 지나면서, 이자 관계(참여자-치료사 관계)에

서 삼자 관계(예술 매체의 중요성을 포함한)로 발달해 왔다. 하지만 이제 거기에 **사회화시키는** 네 번째 차원인 이차방정식—치료사, 참여자, 매체＋집단(그리고 반집단)의 공통감각/연대—이 더해질 필요가 있다. 집단 모체의 개념(Nitsun, 1996)과 난민과 작업할 때 고려되어야 하는 네 가지 차원의 기능—정치적, 문화적, 대인관계적, 그리고 심리내적(Blackwell, 2005)—은 예술치료적 문맥 안에서 이를 개념화하는 매개물을 제공할 수 있다.

실천적 고려사항

- 파괴적인 행동을 단순히 병리적으로 다루거나 최소화하는 것보다는, 뚜렷하게 부정적이고 저항적인 또는 태만한 행동을 경청하고 진지하게 다루어 의미를 만들어 내는 것이 진정으로 필요하다.
- 파괴성과 **관련하여** 치료사가 유희성을 유지할 수 있도록 훈련하고 실제에서 개발할 필요가 있다. 우리는 긍정적인 가능성을 강요하거나 부정적인 결과를 피하기 위하여 행동으로 비약하지 않는다는 자신감 또한 키울 필요가 있다. 대신에 우리는 파괴적 충동을 수용하고 경계를 세워 함께 놀 수 있는 방법들을 개발하고, 그럼으로써 또 참여자가 자신의 파괴성을 그런 방식으로 다룰 수 있도록 초대할 필요가 있다.
- 덧붙여 말하자면 공허감을 채우기 위하여 행동으로 옮기는 것에는 분명한 위험이 있다. 연극치료사는 행동에 신념을 가질 수 있으나, 그것이 참여자의 힘과 발전의 가능성을 줄일 수도 있다. 참여자의 요구에 맞추어 작업을 조정하는 것이 중요하다. 이 책은 임상을 다루는 다양한 장에서 조정에 대한 아이디어와 제안을 제시한다. 그러나 여기에서 중요한 것은 공허감을 채우기 위한 방어적인 치료사의 욕구(6장에서 Schwartz-Salant 참조)에서 비롯된 방어적인 행동은 피해야 한다는 것이다.

더 연구할 과제

연극치료사가 파괴성을 어떻게 다루는지 그리고 그러한 작업의 효율성에 대한 연구로서 결과 기반 조사와 질적 사례 연구, 이 두 가지가 필요하다는 것은 명백하다. 이에 대한 장애물은 파괴성이 단순하고 단일한 진단 범주에 들어가지 않는다는 것이다. 파괴성의 복잡성은 관찰 측정되어 표준화된 변인으로서 분리되지 않는다. 시봄의 지적에 의하면, 파괴성은 맥락, 관계성 그리고 역사로부터 분리된 현상으로 있을 수 없다는 것이다. 마찬가지로 임상에서 나타나는 하나의 현상으로서, 파괴성은 기존의 결과 척도에 비추어 어느 하나의 특정한 관점과 직접적으로 관련되어 있지 않다. 연극치료사들은 CORECongress of Racial Equality(인종평등회의) 같은 표준화된 결과 척도를 점점 더 많이 사용하는 추세다(Dokter & Winn, 2009). 그 결과 척도들은 자살과 자해에 관한 위험 요소를 평가하지만 그것을 절대적인 지표로 보기보다는 임상 환경과 치료 관계의 맥락을 고려하여 사용해야 할 것이다. 가장 중요한 것은, 파괴성의 현상이 단지 개인의 병리나 질병의 원인이 되는 **행동** 기표가 아니라 관계적 그리고/혹은 체계적 맥락에 존재한다는 사실이다. 물론 특정한 임상 집단에서 자주 발생하는 파괴적이고 자기파괴적인 표현의 요소가 있긴 하다(Winter et al., 2009; 이 장의 도입부분 참조). 그렇기 때문에 우리의 도전은 기존의 표준 결과 척도들 내에서 파괴성과 자기파괴성의 특징을 어떻게 강조할 수 있는지 그리고 우리가 고심하는 현재의 문제들을 전통적인 진단 프로파일에 더욱 깔끔하게 맞추어 어떻게 기술할 것인지를 좀 더 창의적으로 사고하는 것이다.

이러한 도전에 직면한 것은 연극치료사만이 아니라, 매뉴얼이 없는 비표준화된 심리치료 종사자 모두가 현재의 증거 우선주의로 고심하고 있다. 이 점은 『심리치료사를 위한 새로운 작업 방법 New Ways of Working for Psychological Theapists』이라는 출판물에서 보고된 바, 최근 보건부에서도 이를 자각하고

있다. "그 프로젝트 내에서 증거 기반 작업을 하는 집단은… 현행의 의학적
이고 진단 기반의 접근법보다 훨씬 다양한 증거와 방법론을 포괄하고, 정
신적이고 신체적인 건강을 위해 심리학적 배경의 접근법을 수용할 목적으
로 NICE와의 보다 원활한 대화를 격려한다."(National Institute for Mental
Health in England, 2010)

결 론

이 책을 시작하면서 연극치료사들에게 두 가지 중요한 질문을 했다. 첫
번째는 실연에 기반을 둔 치료적 접근이 폭력적·공격적이거나 위험한 것
을 '행위화'하도록 부추기는 것은 아닌지 하는 것이다. 여기 소개된 작업 기
반 증거뿐만 아니라 체계적 비평에서 평가된 사례들은 그것이 사실이 아님
을 보여 주고 있다. 사실상 실연과 체현에 기반한 치료 형식은 '행위화'의
창조적이고 파괴적인 가능성을 모두 고려한다. 그리고 그것은 두 번째 질문
에 대한 가능한 대답을 찾는 데 도움을 줄 것이다. 두 번째 질문은 예술 형
태가 잠재적으로 파괴적인 충동을 재구성하여 재해석할 수 있게 하고, 그래
서 생각이 기대하는 행동을 이끌어 낼 수 있는가 하는 것이다. 이 물음은 상
징화, 반영, 경험의 재통합을 논의하는 여러 장에서 일화적이고 부분적으로
대답되었지만 그 증거를 확정적이라 할 수는 없다. 이 현상의 복잡성과 다
양한 참여자 집단을 대상으로 한 사정을 감안할 때, 단 한 권의 출판물로 경
험적 입증이 가능하다고 보는 것은 낙관적인 생각일 것이다. 특정한 참여자
집단과 제기된 문제를 대상으로 한 사례의 작업 기반 증거는 보다 작은 규
모의 연구를 위한 지침을 제공한다. 그것은 단일 사례 연구를 축적하는 방
식일 수도 있고(Smeijsters, 1997; Aldridge, 2005) 혹은 현재 행해지고 있는
예술치료와 정신병에 대한 임의통제실험들을 개괄하는 양적인 방식일 수

도 있다. 편집자로서 우리는 독자들이 이 책을 통해 앞으로 더 많은 연구를 행할 수 있는 충분한 영감을 얻기를, 그래서 '타나토스와 함께 놀기'에 대한 증거 기반 작업이 더욱 발전할 수 있기를 희망한다.

역자 후기

한국연극예술치료학회는 개인적으로 이루어지던 연극치료 활동을 체계적이고 집중적으로 도모하고 연구하기 위해 결성되었습니다. 이를 통하여 연극치료에 대한 개별 연구와 사고의 결과를 공유하는 효과를 거둘 수 있었습니다. 학회가 조금씩 정상적인 궤도에 오르면서 우리는 보다 집중적이고 심화된 연구를 위해 연구 모임을 결성하기로 하였습니다.

학회 창설 3년 만에 이루어진 첫 모임에서 우리는 연극치료에 대한 서로의 경험과 생각을 발표하고, 이를 집중적으로 토론함으로써 공동의 발전 방향을 모색할 수 있었습니다. 실제 작업과 이론의 연계, 예술로서의 연극과 치료의 경계, 다른 예술치료와의 접점과 차별화, 작업 기록의 구성 요인 및 윤리, 용어 정리와 통일의 필요성 등등. 모인 첫날, 우리는 저마다 연극치료에 대해 제대로 알고 공유하고 한마음으로 나아가고자 하는 열정이 있음을 확인하였습니다.

그리고 연극치료에 대한 기존의 연구업적을 검토하는 과정에서 『연극치료와 파괴성』을 만날 수 있었고, 이 책의 번역 소개가 한국 연극치료학계에 기여할 수 있을 것이라는 생각을 갖게 되었습니다. 이 책은 우리가 당면하고 있는 현실 문제에 대한 연극치료적 관점을 잘 드러내고 있기 때문입니다. 지난 1년간 우리는 각자 번역한 글을 읽고 토의하며 필자들의 생각이 잘 전달될 수 있도록 글을 다듬었습니다.

필자들은 서문에서 밝힌 바와 같이 이 세계를 파괴성의 표현과 파괴의 힘이 가득한 곳으로 인식하고 있습니다. 우리는 우리가 살고 있는 오늘날의 사회 현상도 이 책에서 제기하고 있는 파괴 담론이 팽배하고 있어, 그 해결을 기다리고 있다고 생각합니다. 이를 위해서 우선적으로 파괴성, 파괴의 힘을 올바로 인식할 필요가 있습니다.

이 책은 파괴성에 대해 다양한 관점에서 접근하는 연극치료 작업을 제시하고 있어서 단일한 논지의 전개가 갖는 위험성을 제거하고 있습니다. 무엇보다도 우리의 일상에서 필연적으로 드러나고 있는 파괴성을 부정적으로 보지 않고, 창의성과 연계하여 치료와 회복에 새로운 힘으로 작동할 수 있게 하는 치료사들의 노력은 이러한 다양한 관점에서 우러난 결과라고 봅니다. 또한 이 책의 필자들은 은유적·상징적 극 경험을 서술함에 있어 '몸'의 경험을 최우선에 두고 있습니다. 이는 '이전에 없던 것을 있는 것으로 바꾸는' 연극치료 작업이라고 할 수 있습니다.

그런 점에서 이 책은 우리에게 새로운 연극치료의 방법을 모색하게 하는 도전의식을 갖게 하였습니다. 이 책을 번역하면서 그들과 마찬가지로 연극치료에 있어 '증거 기반 작업'과 '작업 기반 증거'의 차이나, 이에 대한 인식의 견고성을 심각하게 고민한 것은 이러한 이유 때문이었습니다. 연극치료의 이론과 실제에서 드러나는 다양한 문제점의 발견과 해결, 그리고 여타 분야 심리치료와의 관련성을 진지하게 검토함으로써 올바른 연극치료의 방향을 모색하는 것도 이 책이 우리에게 주는 시사점이라고 할 수 있습니다.

이 번역은 앞서 말했듯이 우리 연극치료의 발전을 위해 모인 한국연극예술치료학회 회원들의 첫 공동 연구 모임의 산물입니다. 이제 첫발을 뗀 만

큼 아직 여러 면에서 서툴고 부족한 점들이 눈에 띕니다. 하지만 이를 시작
으로 앞으로 더욱더 뜨거운 토론과 논쟁을 통해 소통과 공감으로 중의를 모
으면서도 각자의 고유성을 잃지 않고 연극치료학의 발전을 기하고자 합니
다. 아무쪼록 이 책이 우리 연극치료의 질적 · 양적 성장에 많은 도움이 될
수 있기를 희망합니다.

2016년 1월
박 미 리

참고문헌

Abram, J. (1996). *The Language of Winnicott - A Dictionary of Winnicott's Use of Words*. London: Karnac.

Adshead, G. (2002). Three degrees of security: attachment and forensic institutions. *Criminal Behaviour and Mental Health 12*, 31-45.

Adshead, G. (2010). Thereby hangs a tale . . . . Invited response to Annual Isaac Ray Lecture by Professor Ezra Griffiths. American Academy of Psychiatry and Law, Tucson, AR, USA, 23 October 2010.

Adshead, G. and Van Velsen, C. (1988). Psychotherapeutic work with victims of trauma. In C. Cordess and M. Cox (eds), *Forensic Psychotherapy -Crime, Psychodynamics and the Offender Patient*. London: Jessica Kingsley.

Aigen, K. (1995). Principles of qualitative research. In B. Wheeler (ed.), *Music Therapy Research. Quantitative and Qualitative Perspectives*. Phoenixville, AR: Barcelona.

Alcoholics Anonymous. (2001). *The Story of How Many Thousands of Men and Women Have Recovered from Alcoholism*. New York: AA World Services.

Aldridge, D. (1993). Music Therapy Research I: a review of the medical research literature within a general context of music therapy research. *The Arts in Psychotherapy 20*(1), 11-35.

Aldridge, D. (1996a). *Music Therapy Research and Practice in Medicine*. London: Jessica Kingsley.

Aldridge, D. (1996b). The development of music therapy research as a perspective of complementary medicine. In S. Olesen and E. Hog (eds), *Communication In and About Alternative Therapies*. Odense: Odense

University Press.

Aldridge, D. (2005). *Case Study Designs in Music Therapy*. London: Jessica Kingsley.

Andersen-Warren, M. and Grainger, R. (2000). *Practical Approaches to Dramatherapy: The Shield of Perseus.* London: Jessica Kingsley.

Apollinari, C. (1996). Dramatherapy and personality disorder. Echoes of abuse. In S. Mitchell (ed.), *Dramatherapy Clinical Studies*. London: Jessica Kingsley.

Banks-Wallace, J. and Parks, L. (2001). So that our souls don't get damaged: the impact of racism on maternal thinking and practice related to the protection of daughters. Issues of Mental Health Nursing 22, 77-98.

Bannister, A. (1995). Images and action: dramatherapy and psychodrama with sexually abused adolescents. In S. Jennings (ed.), *Dramatherapy with Children and Adolescents*. London: Routledge (pp. 169-185).

Bannister, A. (2003). *Creative Therapies with Traumatized Children*. London: Jessica Kingsley.

Barker, C. and Galasinski, D. (2001). *Cultural Studies and Discourse Analysis*. London: Sage.

Barnes, B., Ernst, S. and Hyde, K. (1999). *An Introduction to Groupwork. A Groupanalytic Perspective*. London: Macmillan.

Bateman, A. and Holmes, J. (1995). *Introduction to Psychoanalysis*. London: Routledge.

Bateman, A. and Fonagy, P. (2004). *Psychotherapy for Borderline Personality Disorder: Mentalisation Based Treatment*. Oxford: Oxford University Press.

Barber, V. and Campbell, J. (1999). Living colour in art therapy – visual and verbal narrative of black and white. In J. Campbell, M. Liebmann, F. Brooks, J. Jones and C. Ward (eds), *Art Therapy, Race and Culture*. London: Jessica Kingsley.

Becker, C. (1992). *Living and Relating: An Introduction to Phenomenology*. London: Sage.

Beckett, S. (1956). *Waiting for Godot*. London: Faber and Faber.

Benson, J. F. (1995). The secret war in the dis-united kingdom: psychological aspects of the Ulster conflict. *Group Analysis 28*(1), 47-62.

Berger, J. (2008). *Ways of Seeing*. London: Penguin Modern Classics.

Bergman, J. (2001). Using drama therapy to uncover genuineness and deception in civilly committed sexual offenders. In *The Sexual Predator, vol. 2, Legal Issues, Clinical Issues, and Special Populations*. New York: Civic Research Institute Inc.

Bion, W. R. (1959). Attacks on linking. *International Journal of Psychoanalysis 40*(5, 6), 308-315.

Bion, W. R. (1961). *Experiences in Groups*. London: Tavistock.

Bion, W. R. (1962). *Learning from Experience*. London: Karnac.

Bion, W. R. (1967). *Second Thoughts*. London: Heinemann.

Blackman, N. (2003). *Loss and Learning Disability*. London: Worth.

Blackman, N. (2008). Making space for thought: supervision in a learning disability context. In P. Jones and D. Dokter (eds) *Supervision of Dramatherapy*. London: Routledge (pp. 185-198).

Blackwell, D. (2005). *Counselling and Psychotherapy with Refugees*. London: Jessica Kingsley.

Bloch, H. S. (1995). *Adolescent Development, Psychology and Treatment*. New York: International University Press.

Blos, P. (1962). *On Adolescence*. New York: Free Press.

Boal, A. (1992). *Games for Actors and Non-actors*. London and New York: Routledge.

Boal, A. (2002). *Theatre of the Oppressed*. London: Pluto Classics.

Bolton, A. and Adams, M. (1983). An investigation of the effects of music therapy on a group of profoundly mentally handicapped adults. *Research News: International Journal of Rehabilitation 6*(4), 511-512.

Bowlby, J. (1975). *Attachment and Loss, vol. 2, Separation, Anxiety and Loss*. Harmondsworth: Penguin.

Bowlby, J. (1998). *A Secure Base*. London: Routledge.

Bowlby, J. (2009). *A Secure Base, 2nd re-issue edn*. London: Routledge Classics.

Brem, A. (2002). The creative container between sessions. Helping self harming patients to endure solitude. *Dramatherapy 24*(2), 16-22.

Brezo, J., paris, J., Dylan Barker, E., Tremblay, R., Vitaro, F., Zoccolillo, M., Hébert, M. and Turecki, G. (2007). Natural history of suicidal behaviours in a population-based sample of young adults. *Psychological Medicine 37*, 1563-1574.

British Association of Dramatherapists (BADth). (2005). *Code of Practice*. Available online: www.badth.org.uk/code/index.html#cop (accessed 1 August 2009).

British Association of Dramatherapists (BADth). (2008). *Equal Opportunities dictionary*. Available online: www.badth.org.uk/downloads/information/Equal%20Opportunities%20Analysis%2015.4.08.PDF (accessed 21 February 2009).

British Association of Dramatherapists (BADth). (2009). Available online: www.badth.org.uk (accessed 1 August 2009).

Britton, R. (1989). The missing link: parental sexuality in the Oedipus complex. In J. Steiner (ed.), *The Oedipus Complex Today*. London: Karnac.

Brooker, J., Cullum, M., Gilroy, A., McCombe, B., Ringrose, K., Russell, D., Smart, L. and Waldman, J. (2005). *The Use of Art Work in Art Psychotherapy with People Who Art Prone to Psychotic States*. London: Goldsmiths' College and Oxleas NHS Trust.

Bruscia, K. E. (1998). *Defining Music Therapy*, 2nd edn. New Hampshire: Barcelona.

Bucher, R. and Strauss, A. (1961). Professions in process. *American Journal of Sociology 6*(4), 325-334.

Cambridge Online Dictionary: cambridge.dictionary.org

Campbell, D. and Hale, R. (1991). Suicidal acts. In Holmes, J. (ed.), *Textbook of Psychotherapy in Psychiatric Practice*. Edinburgh: Churchill Livingstone.

Campbell, J. (1993). *The Hero with a Thousand Faces*. London: Fontana.

Casson, J. (2004). *Drama, Psychotherapy and Psychosis: Dramatherapy and Psychodrama with People Who Hear Voices*. Hove and New York: Brunner-Routledge.

Cattanach, A. (ed.). (1999). *Process in the Arts Therapies*. London: Jessica Kingsley.

Cecchin, G. (1993). *Irreverence: A Strategy for Therapists' Survival*. London: Karnac.

Chasen, L. R. (2005). Spectacle and ensemble in group dramatherapy treatment for children with ADHD and related neurological syndromes. In A. Weber and C. Haen (eds), *Clinical Applications of Dramatherapy in Child and Adolescent Treatment*. New York and Hove: Brunner-Routledge.

Chesner, A. (1994). An integrated model of dramatherapy and its application with adults with learning disabilities. In S. Jennings, A. Cattanach, S. Mitchell, A. Chesner and B. Meldrum (eds), *The Handbook of Dramatherapy*. London: Routledge.

Chesner, A. (1995). *Dramatherapy for People with Learning Disabilities: A World of Difference*. London: Jessica Kingsley.

Clarke, L. and Whittaker, M. (1998). Self-mutilation: culture, contexts and nursing responses. *Journal of Clinical Nursing 7*, 129–137.

Clarkson, P. and Nuttall, J. (2002). Working with countertransference. In P. Clarkson (ed.), *On Psychotherapy 2*. London, UK, and Philadelphia, PA: Whurr.

Collins, D. (1996). Attacks on the body: how can we understand self-harm? *Psychodynamic Counselling 2*(4), 463–475.

Comtois, K. A. and Linehan, M. M. (2006). Psychosocial treatments of suicidal behaviours: a practice-friendly review. *Journal of Clinical Psychology: In Session 62*(2), 161–170.

Cordess, C. and Cox, M. (eds). (1996). *Forensic Psychotherapy: Crime, Psychodynamics and the Offender Patient*. London: Jessica Kingsley.

Cordess, C. and Hyatt Williams, A. (1996). The criminal act and acting out. In C. Cordess and M. Cox (eds), *Forensic Psychotherapy Crime, Psychodynamics and the Offender Patient*. London: Jessica Kingsley.

Cossa, M. (2006). *Rebels with a Cause: Working with Adolescents Using Action Techniques*. London: Jessica Kingsley.

Costello, S. J. (2002). *The Pale Criminal: Psychoanalytic Perspectives*. London and New York: Karnac.

Cottis, T. (ed.). (2009). *Intellectual Disability, Trauma and Psychotherapy,*

Hove: Routledge.

Count Me In Census. (2008). Commission for Healthcare Audit and Inspection. Available online: www.cqc.org.uk/_db/_documents/Count_me_in_2008_Results_of_the_2008_national_census_of_inpatients_in_mental_health_and_learning_disability_services_in_England_and_Wales.pdf (accessed 20 November 2009).

Cox, M. (1978). *Structuring the Therapeutic Process: Compromise with Chaos*. Oxford: Pergamon (p. 13).

Cox, M. (1988). *Structuring the Therapeutic Process*. London: Jessica Kingsley.

Crouch, W. and Wright, J. (2004). Deliberate self harm at an adolescent unit: a qualitative investigation. *Clinical Child Psychology and Psychiatry 9*(2), 185-204.

Cummings, J. L. and Mega, M. S. (2003). *Neuropsychiatry and Behavioural Neuroscience*. Oxford: Oxford University Press.

Dalal, F. (2002). *Race, Colour and the Processes of Racialization*. Hove: Brunner-Routledge.

Dalal, F. (2006). Racism – processes of detachment, dehumanization and hatred. In K. White (ed.), *Unmasking Race, Culture, and Attachment in the Psychoanalytical Space*. London: Karnac.

Davidoff, F., Haynes, B., Sackett, D. and Smith, R. (1995). Editorial. In *Evidence Based Medicine 1*(1), 5.

Davidson, K., Livingstone, S., McArthur, K., Dickson, L. and Gurnley, A. (2007). An integrative complexity analysis of CBT sessions for borderline personality disorder. *Psychology and Psychotherapy: Theory, Research and Practice 80*, 513-523.

Davies, R. (1998). The inter-disciplinary network and the internal world of the offender. In C. Cordess and M. Cox (eds), *Forensic Psychotherapy -Crime, Psychodynamics and the Offender Patient*. London: Jessica Kingsley.

Davis, J. (2010). *And When the Smile Gets Just too Tired* [unpublished].

Dent-Brown, K. and Wang, M. (2004). Pessimism and failure in six-part stories: indicators of borderline personality disorder? *The Arts in Psychotherapy 31*(5), 321-333.

Department of Health. (1999). *Saving Lives: Our Healthier Nation*. London: Stationary Office.

Department of Health. (2001). *Valuing People: A New Strategy for Learning Disability for the 21st Century*. A White Paper. Available online: www. archive.official-documents.co.uk/document/cm50/5086/5086.htm (accessed 15 January 2008).

de Zulueta, F. (1993). *From Pain to Violence: The Traumatic Roots of Destructiveness*. London: Whurr.

de Zulueta, F. (1998). Theories of aggression and violence, In C. Cordess and M. Cox (eds), *Forensic Psychotherapy - Crime, Psychodynamics and the Offender Patient*. London: Jessica Kingsley.

de Zulueta, F. (2006). *From Pain to Violence: The Traumatic Roots of Destructiveness*, 2nd edn. London: Wiley-Blackwell.

Dintino, C. and Johnson, D. R. (1997). Playing the perpetrator. Gender dynamics in developmental dramatherapy. In S. Jennings (ed.), *Dramatherapy Theory and Practice 3*. London and New York: Routledge.

Doctor, R. (1999). Understanding the erotic and eroticised countertransference. In D. Mann (ed.), *Erotic Transference and Countertransference: Clinical Practice in Psychotherapy*. London: Routledge.

Doctor, R. (2003). The role of violence in perverse psychopathology. In R. Doctor (ed.), *Dangerous Patients: A Psychodynamic Approach to Risk Assessment and Management*. London: Karnac.

Dokter, D. (1988). Acting out: a dialogue between dramatherapy and group analysis. In P. Jones (ed.), *State of the Art Conference Proceedings*. Hertfordshire College of Art and Design, St. Albans.

Dokter, D. (ed.). (1994). *Arts Therapies and Clients with Eating Disorders: Fragile Board*. London: Jessica Kingsley.

Dokter, D. (1996). Dramatherapy and clients with eating disorders. In S. Mitchell (ed.), *Dramatherapy: Clinical Studies*. London: Jessica Kingsley.

Dokter, D. (ed.). (1998). *Arts Therapists, Refugees and Migrants - Reaching Across Borders*. London: Jessica Kingsley.

Dokter, D. (2001). Arts therapies in the asylum. In L. Kossolapow, S. Scoble and D. Waller (eds), *Arts-Therapies-Communication*. Munster: Lit Verlag (pp. 180-191).

Dokter, D. (2003). Exile. Arts therapies and refugees. In L. Kossolapow, D. Waller and S. Scoble (eds), *Arts-Therapies-Communication 3*. Munster: Munster Verlag.

Dokter, D. (2005-2006). The fool and stranger anxiety; creative and destructive possibilities. *Dramatherapy 27*(4), 9-14.

Dokter, D. (2008). Immigrant mental health: acculturation stress and the response of the UK host. In M. Finklestein and K. Dent-Brwon (eds), *Psychosocial Stress in Immigrants and Members of Minority Groups as a Factor of Terrorist Behaviour*. Amsterdam: IOS Press.

Dokter, D. (2010). Helping and hindering processes in creative arts therapy group practice. In *GROUP 34*(1), 67-84.

Dokter, D. and Hughes, P. (2007). *Equal Opportunities Survey*. Available online: www.badth.org.uk

Dokter, D. and Hughes, P. (2009). Evidence-based practice systematic review database. Available online: www.badth.org.uk

Dokter, D. and Winn, L. (2009). Evidence based practice, a dramatherapy research project. *Dramatherapy 31*(1), 3-9.

DSM-IV. (2000). *Diagnostic and Statistics Manual*, 4th edn. Washington, DC: American Psychological Association.

Duncan, E., Nicol, A. S., Ager, M. M. and Dalgleish, L. (2006). A systematic review of structured group interventions with mentally disordered offenders. *Criminal Behaviour and Mental Health 16*(4), 217-241.

Edwards, D. (1999). The role of the case study in art therapy research. *Inscape 4*(1), 2-9.

Ellens, J. H. (2004). *The Destructive Power of Religion: Violence in Judaism, Christianity, and Islam*. Westport, CT: Praeger.

Ellis, A. (2001). *Overcoming Destructive Beliefs, Feelings, and Behaviors*. Amherst, NY: Prometheus Books.

Emerson, E., Felce, D., McGill, P. and Mansell, J. (1994). Introduction. In E. Emerson, P. McGill and J. Mansell (eds), *Severe Learning Disabilities and Challenging Behaviours. Designing High Quality Services*. London: Chapman and Hall.

Emunah, R. (1994). *Acting for Real: Drama Therapy Process, Technique, and Performance.* New York: Brunner-Routledge.

Emunah, R. (1995). From adolescent trauma to adolescent drama: group dramatherapy with emotionally disturbed youth. In S. Jennings (ed.), *Dramatherapy with Children and Adolescents.* London: Routledge (pp. 150-168.

Emunah, R. (2005). Drama therapy and adolescent resistance. In A. Weber and C. Haen (eds), *Clinical Applications of Dramatherapy in Child and Adolescent Treatment.* New York and Hove: Brunner-Routledge (pp. 107-120).

Fairbairn, G. J. (1995). *Contemplating Suicide: The Language and Ethics of Self-harm.* London: Routledge.

Favazza, A. R. (1987). *Bodies Under Siege. Self-mutilation in Culture and Psychiatry.* Baltimore, MD: Johns Hopkins University Press.

Fenichel, O. (1946). *The psychoanalytic Theory of Neurosis.* London: Routledge and Kegan Paul.

Fernando, F., Ndegwa, D. and Wilson, M. (1998). *Forensic Psychiatry, Race and Culture.* London: Routledge.

Fields, B., Reesman, K., Robinson, C., Sims, A., Edwards, K., McCall, B., Short, B. and Thomas, S. P. (1998). Anger of African American Psychological Association women in the South. *Issues of Mental Health Nursing 19,* 353-373.

Finklestein, M. and Dent-Brown, K. (eds). (2008). *Psychosocial Stress in Immigrants and Members of Minority Groups as a Factor of Terrorist Behaviour.* Amsterdam: IOS Press.

Firestone, R. W. (1997). *Suicide and the Inner Voice.* London: Sage.

Fisher, S. and Cooper, C. (1990). *On the Move: The Psychology of Change and Transition.* London: Wiley.

Fletchman Smith, B. (1993). Assessing the difficulties for British patients of Caribbean origin in being referred for psychoanalytical psychotherapy. *British Journal of Psychotherapy 10*(1), 50-61.

Fletchman Smith, B. (2000). *Mental Slavery - Psychoanalytic Studies of Caribbean People.* London: Rebus.

Flores, P. J. (1997). *Group Psychotherapy with Addicted Populations: An Integrated 12-Step Approach*. New York: Haworth.

Fonagy, P. and Target, M. (1999). Towards understanding violence: the use of the body and the role of the father. In R. J. Perelberg (ed.), *Psychoanalytic Understanding of Violence and Suicide*. London: Routledge.

Fonagy, P., Gergely, G., Jurist, E. and Target, M. (2002). *Affect Regulation, Mentalization, and the Development of the Self*. New York: Other Press.

Foulkes, S. H. (1964). *Therapeutic Group Analysis*. London: George Allen and Unwin.

Frankl, R. (1998). *The Adolescent Psyche. Jungian and Winnicottian Perspectives*. London: Routledge.

Freud, S. (1895). Reply to the criticisms on anxiety-neurosis. In J. Reviere (ed.), *Sigmund Freud Collected Papers*, vol. 1. New York: Basic Books.

Freud, S. (1920). *Beyond the Pleasure Principle*, standard edn 18. London: Hogarth.

Fromm, E. (1973). *The Anatomy of Human Destructiveness*. New York: Holt, Rinehart and Winston.

Fromm, E. (1974). *The Anatomy of Human Destructiveness*. New York: Henry Holt and Co.

Gardner, F. (2001). *Self-harm. A Psychotherapeutic Approach*. Hove: Brunner-Routledge.

Gelder, M., Mayou, R. and Geddes, J. (2005). *Psychiatry*, 3rd edn. Oxford: Oxford University Press.

Gerard, R. (1952). The biological basis of imagination. In B. Ghiselin (ed.), *The Creative Process*. New York: Mentor.

Gerhardt, S. (2004). *Why Love Matters*. London: Routledge.

Gersie, A. (1992). *Earthtales - Storytelling in Times of Change*. London: Greenprint.

Gersie, A. and King, N. (1990). *Storymaking in Education and Therapy*. London: Jessica Kingsley.

Gilbody, S. and Sowden, A. (2000). Systematic reviews in mental health. In N. Rowland and S. Goss (eds), *Evidence Based Counselling and Psychological Therapies*. London: Routledge.

Gilligan, J. (1996). *Violence: Reflections on Our Deadliest Epidemic*. London: Jessica Kingsley.

Gilroy, A. (2006). *Art Therapy, Research and Evidence-based Practice*. London: Routledge.

Gilroy, A. and Lee, C. (1995). *Art and Music. Therapy and Research*. London: Routledge.

Glass, I. P. (ed.). (1991). *The International Handbook of Addiction Behaviour*. London: Routledge.

Glasser, M. (1979). Some aspects of the role of aggression in the perversions. In I. Rozen (ed.), *Sexual Deviation*. Oxford: Oxford University Press.

Glasser, M. (1985). The weak spot - some observations on male homosexuality. *International Journal of Psychoanalysis 79*, 405-414.

Glyn, J. (2002). Drummed out of mind. In E. Richards and A. Davies (eds), *Sound Company: Group Work in Music Therapy*. London: Jessica Kingsley.

Goertz, K. (1998). Transgenerational representations of the holocaust: from memory to 'post-memory'. *World Literature Today 72*(1), 33.

Gomez, L. (1996). *An Introduction to Object Relations*. London: Free Association Books.

Goldring, N. and Fieve, R. R. (1984). Attempted suicide in manic-depressive disorder. *American Journal of Psychotherapy 38*, 373-383.

Grainger, R. (1990). *Drama and Healing: The Roots of Drama Therapy*. London: Jessica Kingsley.

Grainger, R. (1992). Dramatherapy and thought disorder. In S. Jennings (ed.), *Dramatherapy: Theory and Practice 2*. London: Tavistock/Routledge (pp. 164-180).

Grainger, R. (1999). *Researching the Arts Therapies -A Dramatherapists Perspective*. London: Jessica Kingsley.

Greenwood, H. (2000). Captivity and terror in the therapeutic relationship. *Inscape: The Journal of the British Association of Art Therapists 5*(2), 53-61.

Grenier, C. (2005). *Big Bang: Creation and Destruction in 20th Century Art*. Paris: Editions du Centre Pompidou. Available online: www.studiointernational.co.uk/reports/big_bang (accessed 9 September 2009).

Grimshaw, D. (1996). Dramatherapy with children in an educational unit: the more you look, the more you see. In S. Mitchell (ed.), *Dramatherapy Clinical Studies*. London: Jessica Kingsley.

Gross, R. D. (1991). *Psychology: The Science of Mind and Behaviour*. London: Hodder and Stoughton.

Grotstein, J. S. (2007). *An Intense Beam of Darkness: Wilfried Bion's Legacy to Psychoanalysis*. London: Karnac.

Gruen, A. (2007). *The Insanity of Normality: Toward Understanding Human Destructiveness*. Berkeley, CA: Human Development Books.

Guggenbuhl-Craig, A. (1971). *Power in the Helping Professions*. Dallas, TX: Spring Publications.

Guillén, M. F. (2001). Is globalization civilizing, destructive or feeble? A critique of five key debates in the social science literature. *Annual Review of Sociology 27*, 235–260.

Haen, C. (2005). Rebuilding security: group therapy with children affected by September 11. *International Journal of Group Psychotherapy 55*, 391–414.

Halliday, S. and Mackrell, K. (1998). Psychological interventions in self-injurious behaviour. Working with people with a learning disability. *British Journal of Psychiatry 172*, 395–400.

Harding, C. (ed.). (2006). *Aggression and Destructiveness: Psychoanalytic Perspectives*. London: Routledge.

Haste, E. and McKenna, P. (2010). Clinical effectiveness of dramatherapy in the recovery of severe neuro-trauma. In P. Jones (ed.), *Drama as Therapy*, vol. 2. London: Routledge.

Hayden, C. (2007). *Children in Trouble - The Role of Families, Schools and Communities*. Basingstoke: Palgrave Macmillan.

Hawton, K., Townsend, E., Arensman, E., Gunnell, D., Hazell, P., House, A. and van Heeringen, K. (1999). Psychosocial and pharmacological treatments for deliberate self-harm. *Cochrane Database of Systematic Reviews*, Issue 4, Art. No. CD001764; doi: 10.1002/14651858. CD0011764.

Hawton, K., Rodham, K., Evans, E. and Weatherall, R. (2002). Deliberate self-harm in adolescents: self-report study in schools in England. *British Medical Journal 325*, 1207-1211.

Hawton, K., Zahl, D. and Weatherall, R. (2003). Suicide following deliberate self-harm: long-term follow-up of patients who presented to a general hospital. *British Journal of Psychiatry 182*, 537-542.

Herman, J. L. (1997). Good enough fairy tales for resolving sexual abuse trauma. *The Arts in Psychotherapy 24*(5), 439-445.

Herman, J. L. (2001). *Trauma and Recovery: From Domestic Abuse in Political Terror.* New York: Rivers Oram Press.

Hewitt, D. (1999). Points of view: cold dark matter. Available online: www.tate.org/uk/colddarkmatter/texts (accessed 9 September 2009).

Higgins, R. (1996). *Approahces to Research: A Handbook for Those Writing a Dissertation.* London: Jessica Kingsley.

Hill, M. (2006). Children's voices on ways of having a voice: children's and young people's perspectives on methods used in research and consultation. *Childhood 13*, 69-89.

Hillman, J. (1965). *Suicide and the Soul.* Dallas, TX: Spring Publications.

Hillman, J. (1990). *The Essential James Hillman: A Blue Fire.* London: Routledge.

Hillman, J. (2004). *A Terrible Love of War.* Harmondsworth: Penguin.

Hiscox, A. R. and Calisch, A. C. (1998). *Tapestry of Cultural Issues in Art Therapy.* London: Jessica Kingsley.

HMSO (2003). *Every Child Matters.* London: The Stationery Office.

Holmes, J. (2001). *The Search for a Secure Base. Attachment Theory and Psychotherapy.* Hove and New York: Brunner-Routledge.

Holloway, P. (1996). Dramatherapy in acute intervention. In S. Mitchell (ed.), *Dramatherapy: Clinical Studies.* London: Jessica Kingsley.

hooks, b. (1990). *Yearning - Race, Gender, and Cultural Politics.* Boston, MA: Southend Press.

Hoskyns, S. (1982). An investigation into the value of music therapy in the care of patients suffering from Huntington's chorea. Outcome study on short-term music therapy. *Lancet 319*(8283), 1258-1260.

Hougham, R. (2006). Numinosity, symbol and ritual in the sesame approach. *Dramatherapy 28*(2), 3-7.

Huizinga, J. (1955). *Homo ludens.* Boston, MA: Beacon.

James, J. (1996a). Dramatherapy with people with learning disabilities. In S. Mitchell (ed.), *Dramatherapy Clinical Studies.* London: Jessica Kingsley.

James, J. (1996b). Poetry in motion: drama and movement with people with learning disabilities. In J. Pearson (ed.), *Discovering the Self through Drama and Movement: The Sesame Approach.* London: Jessica Kingsley.

James, M. and Johnson, D. R. (1997). Drama therapy in the treatment of combat-related post-traumatic stress disorder. *The Arts In Psychotherapy 23*(5), 383-395.

James, M., Forrester, A. M. and Kim, K. C. (2005). Developmental transformations in the treatment of sexually abused children. In A. Weber and C. Haen (eds), *Clinical Applications of Dramatherapy in Child and Adolescent Treatment.* New York and Hove: Brunner-Routledge (pp. 67-86).

Jenkyns, M. (1996). *The Play's the Thing. Exploring Text in Drama and Dramatherapy.* London: Routledge.

Jennings, S. (1987). Rights and rites? Innovation in the teaching of medical students at the London Hospital. *Journal of Interprofessional Care 3*(4), 185-194.

Jennings, S. (1990). *Dramatherapy with Families, Groups and Individuals.* London: Jessica Kingsley.

Jennings, S. (1995). *Dramatherapy with Children and Adolescents.* London: Routledge.

Jennings, S. (1997). *Dramatherapy. Theory and Practice 3.* London: Routledge.

Jennings, S. (1998). Introduction to dramatherapy: theatre and healing. In S. Jennings (ed.), *Dramatherapy Theory and Practice 3.* London: Routledge.

Jennings, S., Cattanach, A., Mitchell, S., Chesner, A. and Meldrum, B. (1994). *Handbook of Dramatherapy.* London: Routledge.

Jennings, S., McGinley, J. D. and Orr, M. (1997). Masking and unmasking: dramatherapy with offender patients. In S. Jennings (ed.), *Dramather-*

apy Theory and Practice 3. London: Routledge.

Johnson, D. R. (1980). Effects of theatre experience on hospitalised psychiatric patients. *The Arts in Psychotherapy 7*, 265–272.

Johnson, D. R. (1982a). Dramatherapy and the schizophrenic condition. In G. Schatner and R. Courtney (eds), *Drama in Therapy*, vol. 2. New York: Drama Book Specialists.

Johnson, D. R. (1982b). Developmental approaches to drama therapy. *The Arts in Psychotherapy 9*, 183–190.

Johnson, D. R. (1999). *Essays on the Creative Arts Therapies*. Springfield, IL: Charles C. Thomas.

Johnson, D. R. (2005). *Text for DvT Practitioners* [unpublished].

Johnson, D. R. and Quinlan, D. (1985). Representational boundaries in role portrayals among paranoid and nonparanoid schizophrenic patients. *Journal of Abnormal Psychology 94*(4), 498–506.

Johnson, D. R., Lubin, H. and Corn, B. (1999). Course of treatment during a cohort based inpatient programme for PTSD. *Group 23*(1), 19–35.

Johnson, R. (1991). *Owning Your Own Shadow: Understanding the Dark Side of the Psyche*. San Francisco, CA: Harper San.

Jones, E. (1957). *Sigmund Freud: Life and Work, vol. 3*: The Last Phase, 1919–1939. London: Hogarth.

Jones, G. (2002). *Killing Monsters - Why Children need Fantasy, Super Heroes, and Make-Believe Violence*. New York: Basic Books.

Jones, P. (1996). *Drama as Therapy, Theatre as Living*. London: Routledge.

Jones, P. (2005). *The Arts Therapies. A Revolution in Health Care*. London: Routledge.

Jones, P. (2007). *Drama as Therapy: Theory, Practice and Research*. London: Routledge.

Jones, P. (ed.). (2010). *Drama As Therapy*, vol. 2. London: Routledge.

Jones, P., Moss, D., Tomlinson, S. and Welch, S. (2008). *Childhood - Services and Provision for Children*. Harlow, Essex: Pearson Education.

Jones, V., Davies, R. and Jenkins, R. (2004). Self-harm by people with learning difficulties: Something to be expected or investigated? *Disability and Society, 19*(5), 487–500.

Jung, C. G. (1952). *The Answer to Job*. Collected Works No. 11. Princeton, NJ: Princeton University Press.

Jung, C. G. (1964). *Civilization in Transition*. Collected Works No. 10. London: Routledge.

Jung, C. G. (1966). *The Practice of Psychotherapy*. Collected Works No. 16. Princeton, NJ: Princeton University Press.

Jung, C. G. (1970). *Symbols of Transformation*. Collected Works No. 5. London: Routledge and Kegan Paul.

Jung, C. G. (1975). *The Archetypes and the Collective Unconscious*. Collected Works No. 9, Part I. London: Routledge and Kegan Paul.

Jung, C. G. (2002). *The Undiscovered Self* (first published 1957). London: Routledge Classics.

Kalsched, D. (1996). *The Inner World of Trauma*. London: Routledge.

Kareem, J. and Littlewood, R. (eds). (2000). *Intercultural Therapy*. London: Blackwell Science.

Karkou, V. (1999). Art therapy in education: findings from a nationwide survey in arts therapies. *Inscape: Journal of the British Association of Art Therapists* 4(2), 62-70.

Karkou, V. and Sanderson, P. (2006). *Arts Therapies: A Research Based Map of the Field*. Bodmin: Elsevier.

Kelly, G. (1955). *The Psychology of Personal Constructs*. New York: Norton.

Kernberg, O. F. (1975). *Borderline Conditions and Pathological Narcissism*. New York: Jason Aaronson.

Kernberg, O. F. (1976). *Obect Relations Theory and Psychoanalysis*. New York: Jason Aaronson.

Klein, M. (1946). Notes on some schizoid mechanisms. In *Envy and Gratitude and other Works 1946-1963*. London: Hogarth Press and the Institute of Psychoanalysis.

Lahad, M. (1992). Story-making in assessment method for coping with stress. In S. Jennings (ed.), *Dramatherapy: Theory and Practice 2*. New York: Routledge.

Lahad, M. (1996). Masking the gas mask. In A. Gersie (ed.), *Dramatic Approaches to Brief Therapy*. London: Jessica Kingsley.

Laing, R. D. (1967). *The Politics of Experience*. New York: Ballantine.

Lambert, R. (2004). *Handbook of Psychotherapy and Behavior Change*, 5th edn. New York: Wiley.

Landers, F. (2002). Dismantling violent forms of masculinity through developmental transformations. *The Arts in Psychotherapy, 29*, 19-30.

Landy, R. (1993). *Persona and Performance: The Meaning of Role in Drama, Therapy, and Everyday Life*. London: Jessica Kingsley.

Landy, R. (1995). The dramatic world view: reflections on the roles taken and played by young people. In S. Jennings (ed.), *Dramatherapy with Children and Adolescents*. London: Routledge.

Landy, R. (1997). The case of Sam: application of taxonomy of roles to assessment, treatment and evaluation. In Jennings, S. (ed.), *Dramatherapy Theory and Practice 3*. London: Routledge.

Landy, R. (2008). The dramatic world view revisited: reflections on roles taken and played by young children and adolescents. *Dramatherapy, 30*(2), 3-14.

Langenberg, M. and Frommer, J. (1994). From isolation to bonding. Case study of a music therapy process – a qualitative research approach. In H. Smitskamp (ed.), *Proceedings of the Third European Arts Therapies Conference, Ferrara, Italy*. Hatfield: University of Hertfordshire Press.

Langley, D. (2006). *An Introduction to Dramatherapy*. London: Sage: www.nationalstrategies.standards.dcsf.gov.uk/node/132587 (accessed 28 September 2009).

Larkin, M. and Griffiths, M. D. (2002). Experiences of addiction and recovery: the case for subjective accounts. *Addiction Research and Theory 10*(3), 281-311.

Laufer, M. and Laufer, M. E. (1984). *Adolescence and Developmental Breakdown: A Psychoanalytic View*. New Haven, CT: Yale University Press.

Lavender, J. and Sobelman, W. (1995). I can't have me if I can't have you. Working with the borderline personality. In F. Levy (ed.), *Dance and Other Expressive Therapies*. London: Routledge.

Lawes, C. and Woodcock, J. (1995). Music therapy and people with severe learning difficulties who exhibit self-injurious behaviour. In B.

Saperston and T. wigram (eds), *The Art and Science of Music Therapy: A Handbook*. Amsterdam: Harwood Academic.

Leenaars, A. A. (2003). *Psychotherapy with Suicidal People: A Person-centred Approach*. Chichester: Wiley.

Levens, M. (1995). *Eating Disorders and Magical Control of the Body*. London: Routledge.

Levine, P. (1997). *Walking the Tiger*. Berkeley, CA: North Atlantic Books.

Lewith, G. and Aldridge, D. (1993). *Clinical Research Methodology for Complementary Therapies*. London: Hodder and Stoughton.

Littlewood, R. and Lipsedge, M. (1997). *Aliens and Alienists: Ethnic Minorities and Psychiatry*, 3rd edn. London: Routledge.

Livingston, R. B. (1967). Brain circuitry relating to complex behaviour. In G. C. Quarton, T. O. Melnechuck and F. O. Scmitt (eds), *The Neurosciences: A Study Program*. New York: Rockefeller University Press.

Long, K. and Weber, A. (2005). Through the eyes of the therapists and children. Drama therapy during and after September 11th. In A. Weber, and C. Haen (eds), *Clinical Applications of Dramatherapy in Child and Adolescent Treatment*. New York and Hove: Brunner-Routledge (pp. 261-279).

Lorde, A. (1984). *Sister Outsider*. Berkeley, CA: Crossing Press.

Lovell, A. (2007). Learning disability against itself: the self-injury/self-harm conundrum. *British Journal of Learning Disabilities 36*, 109-121.

Lowe, F. (2008). Colonial object relations: going underground, black-white relations. *British Journal of Psychotherapy 24*(1), 20-33.

Luxmore, N. (2006). *Working with Anger and Young People*. London: Jessica Kingsley.

McAdams, D. P. and Pals, J. L. (2006). A new Big Five: fundamental principles for an integrative science of personality. *American Psychologist 61*, 204-217.

McAlister, M. (2000). An evaluation of dramatherapy in a forensic setting. *Journal of Dramatherapy 22*(1), 16-19.

McAlister, M. (2002). Dramatherapy and psychosis: symbol formation and dramatic distance. *Free Associations 9*(3), 353-370.

McGilchrist, I. (2009). *The Master and His Emissary: The Divided Brain and the Making of the Modern World*. New Haven, CT, and London: Yale University Press (first paperback edn, 2010).

McGrath, J. (1996). *A Good Night Out - Popular Theatre: Audience, Class and Form*. London: Nick Hern Books.

McKenna, P. and Haste, E. (1999). Clinical effectiveness of dramatherapy in the recovery from neurotrauma. *Disability and Rehabilitation 21*(4), 162–174.

McLeod, J. (2001). *Qualitative Research in Counselling and Psychotherapy*. London: Sage.

McMillan, M. (2007). Hopelessness evidence. *Psychological Medicine 37*, 769–778.

McNiff, S. (1998). *Art Based Research*. London: Jessica Kingsley.

Malan, D. H. (1997). *Anorexia, Murder and Suicide*. Oxford: Butterworth-Heinemann.

Mann, D. (1990). Art as a defence against creativity. *British Journal of Psychotherapy 7*(1), 5–14.

Mann, T. (1996). Clinical audit in the NHS. In *Using Clinical Audit in the NHS - A Position Statement*. Wetherby: NHS Executive.

Mansell, J. L. (1993). *Services for People with Learning Disabilities and Challenging Behaviour or Mental Health Needs: Report of a Project Group*. London: HMSO.

Mansell, J. L. (2007). *Services for People with Learning Disabilities and Challenging Behaviour or Mental Health Needs: Report of a Project Group*. London: HMSO. [first published 1993].

Marquis de Sade, M. Dialogue between a priest and a dying man: www.horrormasters.com/Text/a0923.pdf

Maslow, A. H. (1993). *The Farther Reaches of Human Nature*. Arkana: Penguin.

May, C. (2001). Pathology, identity and the social construction of alcohol dependence. *Sociology 35*(2), 385–401.

Meekums, B. and Payne, H. (1993). Emerging methodology in dance movement therapy research. In H. Payne (ed.), *Handbook of Inquiry in the Arts Therapies*. London: Jessica Kingsley.

Meltzer, H., Harrington, R., Goodman, R. and Jenkins, R. (2002). *Children and Adolescents Who Try to Harm, Hurt or Kill Themselves. A Report of Further Analysis from the National Survey of the Mental Health of Children and Adolescents in Great Britian in 1999.* London: Office for National Statistics.

Menninger, K. (1938). *Man Against Himself.* New York: Harvest Books.

Miles, C. P. (1977). Conditions predisposing to suicide: a review. *Journal of Nervous and Mental Disease 164,* 231-246.

Milia, D. (2000). *Self-mutilation in Art Therapy.* Violent Creation. London: Jessica Kingsley.

Milioni, D. (2001). Social constructionism and dramatherapy: creating alternative discourses. *Dramatherapy 23*(2), 10-17.

Mitchell, S. (ed.). (1996). *Dramatherapy: Clinical Studies.* London: Jessica Kingsley.

Moffet, L. A. and Bruto, L. (1990). Therapeutic theatre with personality disordered substance abusers: characters in search of different characters. *The Arts in Psychotherapy 17,* 339-348.

Moore, J. (2006). Theatre of attachment using dramatherapy to facilitate attachment in adoption. *Adoption and Fostering 30*(2), 64-73.

Moore, J. (2009). Dramatherapy and social theatre: necessary dialogues. In D. J. Betts (ed.), *Creative Arts Therapies Approahces in Adoption and Foster Care: Contemporary Strategies for Working with Individuals and Families.* Springfield, IL: Charles C. Thomas.

Morgan, D. and Ruszczynski, S. (eds). (2007). *Lectures on Violence, Perversion and Delinquency: The Portman Papers.* London: Karnac.

Moustakas, C. (1990). *Heuristic Research: Design Methodology and Applications.* Newbury Park, CA: Sage.

Moustakas, C. (1994). *Phenomenological Research Methods.* Thousand Oaks, CA: Sage.

Mulder, J. (1995). Het terugval preventie model als behandelingsmethodiek in een forensische dagbehandelingskliniek [the prevention of recidivism model as a treatment method in a forensic day treatment clinic]. *Tijdschrift voor Psychotherapie 21*(2), 119-133.

Murphy, G. (2003). Information sheet-self-injurious behaviour. Available online: www.thecbf.org.uk (accessed 1 December 2007).

Murphy, G. and Wilson, B. A. (1985). *Self-injurious Behaviour*. Kidderminster: British Institute of Mental Handicap Publications.

Murray, J. (1985). The use of health diaries in the field of psychiatric illness in general practice. In *Psychological Medicine, 15*, 827-840.

National Collaborating Centre for Mental Health. (2004). *Self-harm: The Short-term Physical and Psychological Management and Secondary Prevention of Self-harm in Primary and Secondary Care*. Leicester: British Psychological Society.

National Institute for Mental Health in England (2010). *New Ways of Working for Psychological Therapists* (Overarching Report), London NIMHE/NSP/IAPT. Available online: www.iapt.nhs.uk/wp-content/uploads/nww4pt-overarching-report-final.pdf (accessed 10 September 2010).

Neall, L. (2002). *Bringing the Best Out in Boys*. Stroud, Gloucestershire: Hawthorn Press. Available online: www.Ofsted.gov.uk (accessed 28 September 2009).

NHS Centre for Reviews and Dissemination. (1998). Deliberate self-harm. *Effective Health Care 4*, 1-12.

NICE Guidelines. (2008): www.doh.gov.uk

Nicholas, M. and Forrester, A. (1999). Advantages of heterogeneous group therapy in the psychotherapy of the traumatically abused: treating the problem as well as the person. *International Journal of Group Psychotherapy 49*(3), 323-342.

Nitsun, M. (1996). *The Anti-group: Destructive Forces in the Group and Their Creative Potential*. London: Routledge.

Nitsun, M., Stapelton, J. H. and Bender, M. P. (1974). Drama and movement therapy with long-stay schizophrenics. *British Journal of Medical Psychology 47*, 101-119.

Nordoff, C. and Robbins, R. (1971). *Music Therapy in Special Education*. London: John Day Books.

Ogden, T. H. (1979). On Projective Identification. *International Journal of*

Psychoanalysis (Issue 60). London: Institute of Psychoanalysis.

Oliver, C. and Head, D. (1990). Self-injurious behaviour in people with learning disabilities: determinants and interventions. *International Review of Psychiatry 2*(1), 101-116.

Online Medical Dictionary: www.mondofacto.com

Orbach, S. (1998). *Fat Is a Feminist Issue -and Its Sequel*. Reading: Arrow.

Parker, C. (1999). Extract from an interview with Cornelia Parker by Bruce Ferguson. Available online: www.tate.org.uk/colddarkmatter/texts (accessed 9 September 2009).

Parry, G. (1996). Service evaluation and audit methods. In G. Parry and F. Watts (eds), *Behavioral and Mental Health Research*. Hove: Erlbaum (UK) Taylor & Francis.

Parry, G. and Richardson, A. (1996). *NHS Psychotherapy Services in England: Review of Strategic Policy*. Wetherby: NHS Executive.

Payne, H. (ed.). (1993). *Handbook of Inquiry in the Arts Therapies*. London: Jessica Kingsley.

Perelberg, R. J. (1999). A core phantasy in violence. In R. J. Perelberg (ed.), *Psychoanalytic Understanding of Violence and Suicide*. London: Routledge.

Piaget, J. (1983). Piaget's theory. In P. Mussen (ed.), *Handbook of Child Psychology*, 4th edn, vol. 1. New York: Wiley.

Pitruzzella, S. (2004). *Introduction to Dramatherapy, Person and Threshold*. London: Routledge.

Pounsett, H., Parker, K., Hawtin, A. and Collins, S. (2006). Examination of the changes that take place during an art therapy intervention. *International Journal of Art Therapy 11*(2), 79-101.

Practice-based evidence website: www.practicebasedevidence.com

Priestley, M. (1975). *Music Therapy in Action*. London: Constable.

Quinodoz, J. M. (2008). *Listening to Hanna Segal: Her Contribution to Psychoanalysis*. London: Routledge.

Qureshi, H. (1993). Prevalence of challenging behaviour in adults. In I. Fleming and B. Stenfert Kroese (eds), *People with Learning Disability and Severe Challenging Behaviour: New Developments in Services and Ther-*

apy. Manchester: Manchester University Press.

Qureshi, H. (1994). The size of the problem. In E. Emerson, P. McGill and J. Mansell (eds), *Severe Learning Disabilities and Challenging Behaviours. Designing High Quality Services*. London: Chapman and Hall.

Radmall, B. (2001/2002). The dance between post-modern systemic therapy and dramatherapy. *Dramatherapy, Journal of the British Association for Dramatherapists 23*(3), 16-19.

Rafaeli, E., Bernstein, D. P. and Young, J. (2010). *Schema Therapy* (CBT Distinctive Features). London: Routledge.

Rasmussen, S. (2000). *Addiction Treatment: Theory and Practice*. Thousand Oaks, CA: Sage.

Rawlinson, B. (1996). The seeds of the pomegranate: images of depression. In S. Mitchell (ed.), *Dramatherapy: Clinical Studies*. London: Jessica Kingsley.

Reason, J. (1988). *Human Inquiry in Action*. London: Sage.

Rebillot, P. (1993). *The Call to Adventure: Bringing the Hero's Journey to Daily Life*. San Francisco, CA: Harper.

Renfrew, C. (1999). Points of view: formation. Available online: www.tate. org.uk/colddarkmatter/texts (accessed 9 September 2009).

Rice, C. A. and Benson, J. F. (2005). Hungering for revenge: the Irish famine, the troubles and shame-rage cycles and their role in group therapy in Northern Ireland. *Group Analysis 38*(2), 219-235.

Rosenfeld, H. (1971). A clinical approach to the psychoanalytic theory of the life and death instincts: an investigation into the aggressive aspects of narcissism. In B. Spillius (ed.), *Melanie Klein Today: Mainly Theory*, vol. 1. London and New York: Routledge.

Roth, A. and Fonagy, P. (eds). (2004). *What Works for Whom: A Critical Review of Psychotherapy Research*. London: Guilford.

Roth, A., Fonagy, P. and Parry, G. (2004). Psychotherapy research, funding and evidence-based practice. In A. Roth and P. Fonagy (eds), *What Works for Whom. A Review of Psychotherapy Research*. London: Guilford.

Rothschild, B. (2000). *The Body Remembers - The Psycho-physiology of Trauma and Trauma Treatment*. London: W. W. Norton.

Rouchy, J. C. (1995). Identification and groups of belonging. *Group Analysis 28*(1), 129-141.

Royston, R. (2006). Destructiveness: revenge, dysfunction or constitutional evil? In C. Harding (ed.), *Aggression and Destructiveness: Psychoanalytic Perspectives*. London: Routledge.

Rozynko, V. and Dondershine, H. E. (1991). Trauma focus group therapy for Vietnam veterans with PTSD. *Psychotherapy Theory-Research-Practice-Training 28*(1), 157-161.

Ruddy, R. and Dent-Brown, K. (2007). Drama therapy for schizophrenia or schizophrenia-like illnesses. In H. I. Spitz and S. T. Spitz (1999). *Group Therapy With the Chronic Psychiatric Patient: A Pragmatic Approach to Group Psychotherapy*. Philadelphia, PA: Brunner/Mazel (pp. 141-152).

Rusbridger, R. (1999). Elements of the Oedipus complex: building up the picture. *British Journal of Psychotherapy 15*, 488-500.

Russell, S. S. and Shirk, B. (1993). Women's anger and eating. In S. P. Thomas (ed.), *Women and Anger*. New York: Springer.

Ryle, A. (1997). *Cognitive Analytic Therapy and Borderline Personality Disorder*. Chichester: Wiley.

Samuels, A. (1985). *Jung and the Post-Jungians*. London: Routledge.

Samuels, A., Shorter, B. and Plaut, A. (1997). *A Critical Dictionary of Jungian Analysis*. London: Routledge.

Satir, V. and Baldwin, M. (1987). *The Use of Self in Therapy*. New York: Haworth.

Schwartz-Salant, N. (1989). The borderline personality. In A. Samuels (ed.), *Psychopathology: Contemporary Jungian Perspectives*. London: Karnac.

Segal, H. (1957). Notes on symbol formation. *International Journal of Psychoanalysis 39*, 391-397.

Segal, H. (1991). *Dream, Phantasy and Art*. London: Routledge.

Schore, A. (2001). The effect of early relational trauma on right brain development, affect regulation and infant mental health. *Infant Mental Health Journal 22*, 201-249.

Schore, A. (2003). *Affect Dysregulation and Disorders of the Self*. London: W. W. Norton & Co.

Shakespeare, W. (1952). *Complete Works*. Oxford: Oxford University Press.

Shakespeare, W. (1998). *The Tempest*, F. Kermode (ed.), Arden edn. Surrey, UK, Thomas Nelson Ltd.

Shakespeare, W. (1998). *Julius Caesar*, D. Daniell (ed.), Arden edn. London: Thomson Learning.

Shneidman, E. (1985). *Definition of Suicide*. New York: Wiley.

Silver, A. L. and Larsen, T. K. (eds). (2003). The schizophrenic person and the benefits of the psychotherapies – seeking a PORT in the storm. *Journal of the American Psychological Association Academy of Psychoanalysis and Dynamic Psychotherapy 31*, 1-10.

Silverman, Y. (2004). The story within – myth and fairytale in therapy. *The Arts in Psychotherapy 31*(3), 127-135.

Simpson, D. and Miller, L. (eds). (2004). *Unexpected Gains: Psychotherapy with People with Learning Disabilities*. London: Karnac.

Sinason, V. (1992). *Mental Handicap and the Human Condition*. London: Free Association Books.

Skogstad, W. (2004). Action and thought: inpatient treatment of severe personality disorders within a psychotherapeutic milieu [unpublished paper].

Smeijsters, H. (1993). Music therapy as psychotherapy. *The Arts in Psychotherapy 20*, 223-229.

Smeijsters, H. (1997). *Multiple Perspectives. A Guide to Qualitative Perspectives in Music Therapy*. Phoenixville, AR: Barcelona.

Smeijsters, H. (2003). Multiple perspectives for the development of an evidence-based creative therapy. In L. Schiltz (ed.), *Epistemology and Practice of Research in the Arts Therapies*. Luxembourg: CRP-Sante Luxembourg.

Smeijsters, H. and van Cleven, G. (2006). The treatment of aggression using arts therapies in forensic psychiatry: results of a qualitative inquiry. *The Arts in Psychotherapy 33*, 37-58.

Solomon, Z. (1992). The Koach project. *Journal of Traumatic Stress 5*, 173-272.

Soyinka, W. (1996). *The Open Sore of a Continent: A Personal Narrative of the*

Nigerian Crisis. Oxford: Oxford University Press.

Spencer, P. C., Gillespie, C. R. and Ekisa, E. G. (1983). A controlled comparison of the effects of social skills training and remedial drama on the conversational skills of chronic schizophrenic patients. *British Journal of Psychiatry 143*, 165–172.

Spinelli, V. (1989). *The Interpreted World: An Introduction to Phenomenological Psychology*. London: Sage.

Stamp, S. (1998). Holding on: dramatherapy with offenders. In J. Thompson (ed.), *Prison Theatre: Perspectives and Practice*. London: Jessica Kingsley.

Stamp, S. (2000). A fast-moving floorshow – the space between acting and thinking in dramatherapy with offenders. *Dramatherapy 22*(1), 10–15.

Stamp, S. (2008). A place of containment: supervising dramatherapists in a secure setting. In P. Jones and D. Dokter (eds), *Supervision in Dramatherapy*. London: Routledge.

Stapley, L. F. (2006). *Globalization and Terrorism. Death of a Way of Life*. London: Karnac.

Stern, D. (1985). *The Interpersonal World of the Human Infant. A View from Psychoanalysis and Developmental Psychology*. New York: Basic Books.

Stern, D. (1995). *The Motherhood Constellation: A Unified View Of Parent-Infant Psychotherapy*. New York: Basic Books.

Stern, D. (2008). *Diary of a Baby*. New York: Basic Books.

Storr, A. (1991). *Human Destructiveness. The Roots of Genocide and Human Cruelty*, 2dn edn. London: Routledge.

Temple, N. (1996). Transference and countertransference: general and forensic aspects. In C. Cordess and M. Cox (eds), *Forensic Psychotherapy: Crime, Psychodynamics and the Offender Patient*. London: Jessica Kingsley.

Thompson, J. (1999a). *Drama Workshops for Anger Management and Offending Behaviour*. London: Jessica Kingsley.

Thompson, J. (1999b). *Prison Theatre: Perspectives and Practice*. London: Jessica Kingsley.

Timimi, S. B. (1996). Race and colour in internal and external reality. *British Journal of Psychotherapy 13*(2), 183–192.

Timmer, S. (2000). Delict keten denken binnen dramatherapie [The use of the concepts of the chain of offence in dramatherapy. Dramatherapy in a forensic day treatment clinic]. *Tijdschrift voor Kreatieve Therapie 19*(1), 12-18.

Timmer, S. (2003). *Werkwijzen Dramatherapie in de Forensische Psychiatrie* [Dramatherapy Treatment Modalities in Forensic Psychiatry]. Nijmegen: Kairos-Pompe Stichting.

Timmer, S. (2004). Dramatherapy within a schema oriented treatment for sexual offenders. *Tijdschrift voor Kreatieve Therapie 23*(1), 11-16.

Tomlinson, S. (2008). The politics of childhood. In P. Jones, D. Moss, S. Tomlinson and S. Welch (eds), *Childhood - Services and Provision for Children*. Harlow, Essex: Pearson Education.

Twist, S. and Montgomery, A. (2005). Promoting healthy lifestyles - challenging behaviour. In G. Grant, P. Goward, M. Richardson and P. Ramcharan (eds), *Learning Disability: A Life Cycle Approach to Valuing People*. Maidenhead: McGraw-Hill International.

United Nations (1998/9). *Convention on the Rights of the Child - Adopted by the General Assembly of the Untied Nations on 20 November 1989*. London: The Stationary Office.

Valery, P. (1919). The crisis of the mind. In *La Nouvelle Revue Française* [from History and Politics, trans. D. Folliot and J. Mathews] 10, 23-36.

Valery, P. (1940). The course in poetics: first lesson. *Southern Review 5*(3), 6.

Vardi, D. (1999). Group therapy with holocaust survivors and second generation. *Mikbaz 4*(2), 11-23.

Vaughn, J. (2003). The drama unfolds. In C. Archer and A. Burnell (eds), *Trauma, Attachment, and Family Permanence: Fear Can Stop You Loving*. London: Jessica Kingsley.

Volkan, V. D. (1997). *Blood Lines: From Ethnic Pride to Ethnic Terrorism*. New York: Farraf, Strauss and Geroux.

Volkan, V. D. (1999). Psychoanalysis and diplomacy, part II: large group rituals. *Journal of Applied Psychoanalytic Studies 1*, 223-247.

Volkan, V. D., Ast, G. and Greer, W. (2002). *The Third Reich in the Unconscious. Trans-generational Transmission and Its Consequences*. New York: Brunner-Routledge.

Waite, T. (1991). In: www.getquote.com

Waller, D. (1991). *Becoming A Profession: the History of Art Therapy in Britain 1940-82*. London: Routledge.

Waller, D. (1998). *Towards a European Art Therapy: Creating a Profession*. Buckingham and Philadelphia: Open University Press.

Ward, J. (2006). *The Student's Guide to Cognitive Neuroscience*. New York: Psychology Press.

Warner, C. (2007). Challenging behaviour: working with the blindingly obvious. In T. Watson (ed.), *Music Therapy with Adults with Learning Disabilities*. Hove: Routledge.

Watkins, J. (1999). Points of view: on cold dark matter. Available online: www.tate.org.uk/colddarkmatter/texts (accessed 9 September 2009).

Watts, P. (1992). Therapy in drama. In S. Jennings (ed.), *Dramatherapy Theory and Practice 3*. London: Routledge.

Watzlawick, P., Weakland, J. H. and Fisch, R. (1974). *Change*. New York: Norton.

Weber, A. and Haen, C. (eds). (2005). *Clinical Applications of Dramatherapy in Child and Adolescent Treatment*. New York and Hove: Brunner-Routledge.

Weinberg, H., Nuttman-Schwartz, O. and Gilmore, M. (2005). Trauma groups: an overview. *Group Analysis 38*(2), 187-202.

Weissmann, M. M., Klerman, G. L., Markowitz, J. S. and Oulette, R. (1989). Suicidal ideation and suicide attempts in panic disorder and attacks. *New England Journal of Medicine 321*, 1209-1214.

Welldon, E. (1988). *Mother, Madonna*, Whore. New York: Guilford.

Welldon, E. V. (1992). *Mother, Madonna, Whore - The Idealization and Denigration of Motherhood*. London: Guilford.

Welldon, E. (1997). Forensic psychotherapy: the practical approach. In E. V. Welldon and C. Van Velsen (eds), *A Practical Guide to Forensic Psychotherapy*. London: Jessica Kingsley.

Welldon, E. V. and Van Velsen, C. (eds). (1997). *A Practical Guide to Forensic Psychotherapy*. London: Jessica Kingsley.

West, J. (1996). Child Centred Play Therapy, 2nd edn. London: Arnold.

Wheeler, B. (1995). *Music Therapy Research. Quantitative and Qualitative Perspectives*. Phoenixville, AR: Barcelona.

White, K. (ed.). (2006). *Unmasking Race, Culture, and Attachment in the Psychoanalytical Space*. London: Karnac.

Wilkinson, M. (2006). *Coming Into Mind - The Mind-Brain Relationship: A Jungian Clinical Perspective*. London: Routledge.

Wigram, T. (1993). Observational techniques in the analysis of both active and receptive music therapy with disturbed and self-injurious clients. In M. Heal and T. Wigram (eds), *Music Therapy in Health and Education*. London: Jessica Kingsley.

Wigram, T., Pedersen, I. N. and Bonde, L. O. (2002). *A Comprehensive Guide to Music Therapy*. London: Jessica Kingsley.

Wikipedia website: en.wikipedia.org/wiki/Destructiveness_(Phrenology); or www.wikipedia.org

Williams, R. (1971). *Culture and Society*. London: Penguin.

Willig, C. (ed.). (1999). *Applied Discourse Analysis*. Buckingham: Open University Press.

Wilt, D. (1993). Treatment of anger. In S. P. Thomas (ed.), *Women and Anger*. New York: Springer.

Winn, L. (1994). *Post Traumatic Stress Disorder and Dramatherapy: Treatment and Risk Reduction*. London: Jessica Kingsley.

Winn, L. (2008). The use of outcome measures in dramatherapy. Available online: www.badth.org.uk/members/research-project/index.php (accessed 13 October 2009).

Winnicott, C., Shepherd, R. and Davis, M. (eds). (1984). *Deprivation and Delinquency*. London: Tavistock.

Winnicott, D. W. (1947; published 1982). Hate in the countertransference. In *Through Paediatrics to Psycho Analysis*. London: Hogarth Press.

Winnicott, D. W. (1967; published 1991). The location of cultural experience. In *Playing and Reality*. London: Routledge.

Winnicott, D. W. (1951, 1971; published 1991). Transitional objects and transitional phenomena. In *Playing and Reality*. London: Routledge.

Winnicott, D. W. (1989). *The Family and Individual Development*. London: Routledge.

Winnicott, D. W. (2005). *Playing and Reality*. London: Routledge.

Winter, D., Bradshaw, S., Bunn, F. and Wellsted, D. (2009). *Counselling and Psychotherapy for the Prevention of Suicide: A Systematic Review of the Evidence*. Lutterworth: BACP.

Wolverson, M. (2006). Self-injurious behaviour and learning disabilities. Available online: www.naidex.co.uk (accessed 10 December 2007).

Woods, J. (1996). Handling violence in child group therapy. *Group Analysis* 29, 81.

Woods, N. (2006). *Describing Discourse*. London: Hodder Arnold.

Woods, P., Reed, V. and Collins, M. (2001). *Measuring Communication and Social Skills in a High Security Forensic Setting Using the Behavioral Status Index*. London: King's College.

Yalom, I. (1980). *Existential Psychotherapy*. New York: Basic Books.

Yalom, I. (1991). *Love's Executioner*. London: Penguin.

Yalom, I. D. (1995). *The Theory and Practice of Group Psychotherapy*, 4th edn. New York: Basic Books.

Yalom, I. (2008). *Staring at the Sun: Overcoming the Terror of Death*. New York: Piatkus Books.

Yin, R. K. (1994). *Case Study Research: Design and Methods*, 2dn edn. Newbury Park, CA: Sage.

Yotis, L. (2002). Dramatherapy Performance and Schizophrenia. PhD Thesis, University of Hertfordshire.

Yotis, L. (2006). A review of dramatherapy research in schizophrenia: methodologies and outcomes. *Psychotherapy Research 16*(2), 190-200.

Zane, N., Gordon, C., Hall, N., Sue, S., Young, K. and Nunez, J. (2004). Research on psychotherapy with culturally diverse populations. In R. Lambert (ed.), *Bergin and Garfield's Handbook of Psychotherapy and Behaviour Change*, 5th edn. London: Wiley.

Zarkowska, E. and Clements, J. (1988). *Problem Behaviour in People with Severe Learning Disabilities. A Practical Guide to a Constructional Approach*. Beckenham, Kent: Croom Helm.

Zografou, L. (2007). The drama of addiction and recovery. In S. Scoble (ed.), *European Arts Therapies: Grounding the Vision - To Advance Theory and Practice*. Talinn: ECArTE Conference Publication.

Websites

ASBOs: www.antisocial behaviour.org.uk

Association of Dance Movement Therapists UK (ADMPUK): www.admt.org.uk

British Association of Art Therapists: www.baat.org

British Society for Music Therapists: www.bsmt.org

Department for Children Schools and Families: www.dcsf.gov.uk/every-childmatters/ (accessed 28/9/09)

Department of Health: *New Ways of Working for Psychological Therapists*, p.8 and pp.21-23. www.newsavoypartnership.org/docs/NWW4PT-over-arching-report.pdf (accessed 10/09/10)

Gangs: www.centreforsocialjustice.org.uk

Hidden Pain? Self-injury and people with learning disabilities: www.bristol.ac.uk/norahfry/research/completed-projects/hiddenpainrep.pdf

Looked-after children: tameside.gov.uk

Samaritans (2010): www.samaritans.org/your_emotional_health/publications/depression_and)suicide.aspx (accessed 15/04/10)

SDQs: www.sdqinfo.com

Statements: www.direct.gov.uk

World Health Organization: www.who.int/whosis/whostat/2008/en/index.html (accessed 15/01/10)

찾아보기

내 용

저자 소개

디티 독터 Ditty Dokter는 영국 보건복지부 재단 산하 성인과 노인 정신의학 예술치료의 수장이다. 그녀는 앵글리아 러스킨 대학과 케임브리지에서 연극치료 석사과정의 전공 리더를 맡고 있으며, 영국 전역뿐 아니라 국제적으로도 여러 곳에서 강의를 한다. 그녀는 문화 상호적인 예술치료 작업을 주로 연구하며, 영국은 물론 여러 다른 나라의 학생들을 가르치고 활발한 저술 활동을 해 왔다. 『예술치료와 식이장애 참여자Arts Therapies and Clients with Eating Disorders』(Jessica Kingsley, 1994), 『예술치료사, 망명자와 이민자Arts Therapists, Refugees and Migrants』(Jessica Kingsley, 1998), 『연극치료 슈퍼비전Supervision of Dramatherapy』(with Phil Jones; Routledge, 2008)이 최근작이다.

피트 할로웨이 Pete Holloway는 영국 보건복지부 지역사회 정신건강 환경 산하 심리지원 팀의 컨설턴트 연극치료사이자 그 분야 리더다. 그의 임상 전문 분야는 성격장애, 부모의 정신질환으로 인한 범법 행위와 아동 보호에 관한 것이다. 그는 또한 로햄튼 대학 연극치료 석사과정의 상급 강사다.

제인 잭슨 Jane Jackson은 연극치료사이자 슈퍼바이저다. 그녀는 많은 참여자 집단과 만났지만, 특히 여러 환경에서 다양한 수준의 학습장애를 가진 성인과의 작업에 주력해 왔다. 프리랜서인 그녀는 연극치료 자선기금과 일할 뿐 아니라 영국 보건복지부에서도 풍부한 작업 경험을 가지고 있다.

필 존스 Phil Jones는 리즈 대학 강사이며, 예술치료와 아동기에 관한 많은 책을 쓰고 국제적으로 강의를 해 왔다. 그가 단독으로 저술한 책에는 『어린이의 권리를 다시 생각하기Rethinking Children's Rights』(Continuum, 2010), 『치료로서의 드라마Drama As Therapy』(Routledge, 2007), 『예술치료The Arts Therapies』(Routledge, 2005)가 있다. 그리고 『치료로서의 드라마 2Drama As Therapy, Vol. 2』(Routledge, 2009), 『연극치료 슈퍼 비전Dramatherapy Supervision』(with Dokter; Routledge, 2008), 『아동기Childhood』(with Moss, Tomlinson, & Welch; Pearson, 2007)를 편집하였다. 또한 '새로운 아동기New Childhoods'(Continuum) 시리즈의 편집자이기도 하다.

매기 매칼리스터 Maggie McAlister는 런던 분석심리학회Society of Analytical Psychology: SAP 소속의 융학파 분석가로 훈련받았다. 그리고 연극치료사이자 슈퍼바이저다. 그녀는 서부 런던 정신건강 신탁West London Mental Health Trust에서 법의학 환경전문 성인 심리치료사로 일하고 있으며, 그곳에서 12년 동안 상급 연극치료사로 있었다. 그녀는 연극치료, 정신증과 범법 행위에 관한 광범한 저술 활동과 교육을 겸해 왔다. 그녀의 최근작은 심리치료와 살인에 관한 『살인: 심리치료적 탐구Murder: A Psychotherapeutic Investigation』(R. Doctor (Ed.); Karnac, 2008)이며, 현재 SAP에서 가르치면서 개인 작업을 하고 있다.

엠마 램스덴 Emma Ramsden은 연극치료사이자 리즈 메트로폴리탄 대학의 연구자로 「연극치료에서 아동의 심리적 목소리에 관한 연구A Study of Children's Psychological Voice in Dramatherapy」라는 박사 논문을 쓰고 있다. 엠마는 또한 초등학생을 위한 교육 작업을 하기도 하고, 고위험도 법의학 심리치료 환경에서 폭력 범죄와 성범죄 가해자를 대상으로 작업해 왔다. 엠마는 취약한 대상의 동의에 관한 윤리학, 슈퍼바이저로서의 치료사, 그리고 '피해자 감정이입victim empathy'에 대한 치료적 접근과 같은 법의학 환경에서의 작업을 다루는 책에서 자신의 연극치료에 대해 글을 쓴 바 있다. 엠마는 슈퍼바이저이며 런던 남동부에 기반을 두고 개인 작업을 하고 있다.

헨리 시봄 Henri Seebohm은 로햄튼 대학 연극치료 석사과정의 프로그램 의장이며, 영국 보건복지부 정신건강 재단을 위한 성인 법의학 환경 심리치료 부문의 상급 연극치료사이자 슈퍼바이저다. 그녀는 특히 초기 트라우마와 정신증, 성격장애와 범법 행위의 관계, 치료 공간에서 발생하는 분명한 파괴성에 치료사가 어떻게 개입할 것인가에 관심을 갖고 있다. 헨리는 지난 15년간 유럽에서 치료적 공연therapeutic theater과 행동 접근법action methods을 사용하여 워크숍, 트레이닝, 갈등 해결, 팀 구축 작업을 해 왔다.

로즈 손 Rose Thorn은 매우 다양한 사회경제적 · 민족적 · 문화적 배경을 가진 사람들과 작업해 온 연극치료사다. 그녀의 임상 경험은 학습장애 아동과 성인, 정신적 고통을 경험한 사람들에 집중되어 있다. 최근에는 법의학 환경 중위험도 단위에서 남녀 수감자를 대상으로 작업하고 있으며, 치료적 예술가 공동체인 '스튜디오 업스테어즈 Studio Upstairs'에서도 일한다. 로즈는 시각예술가이자 헌신적인 퍼포머다. 그녀는 흑인 여성으로 구성된 재생 연극 극단인 '브레싱 파이어Breathing Fire'의 창립 단원이기도 하다.

엘레노어 질 Eleanor Zeal은 학교에서 쫓겨난 청소년과 어린 범법자들을 위한 특수학교의 현장 연극치료사다. 그녀는 아동을 돌보는 것과 관련한 주제에 특히 관심을 갖고 있다. 최근에는 로햄튼 대학에 외래 강사로 나가면서 데이비드 리드 존슨의 발달 변형David Read Johnson's Developmental Transformations을 위한 영국 코디네이터/트레이너로 일하고 있다.

리아 조그라포우 Lia Zografou는 연극치료 석사과정을 마친 연극치료사이자 슈퍼바이저로서 그리스 테살로니키에 살면서 프리랜서로 일하고 있다. 그녀는 로햄튼 협회에서 훈련받았고, 재활 기관에 사는 중독자와 식이장애와 약물 및 관계 중독을 가진 참여자와의 개인 작업을 전문으로 한다. 그녀는 또한 런던 사이코드라마센터가 운영하는 창의적 슈퍼비전을 위한 학위 과정에서 가르치고 있으며, '헬레닉 재생 연극 극단 Hellenic Playback Theater'의 배우이자 창립 단원이기도 하다.

역자 소개

박미리 Park Miri(2, 3장)

용인대학교 연극학과 및 동 대학원 연극치료학과 교수. 주요 저서로 『발달장애 연극 치료』, 『감정모델 연극치료』, 『연극치료의 진단평가』(공역) 등이 있다.

김숙현 Kim Sukhyun(8장)

연극평론가. 주요 논문으로 「여자의 사랑, 행위, 그리고 정치-와즈디 무아와드의 '그을 린 사랑'」과 「공연중심 연극치료의 양상과 치료적 특성」 등이 있다.

배희숙 Bae Heesook(11장)

우송대학교 언어치료 · 청각재활학부 교수, 1급 언어치료사. 주요 논문으로 「자폐스 펙트럼 장애아동의 화용발달을 위한 DvT 연극치료 모델 집단 언어치료」, 「연극을 활 용한 집단 언어치료가 사회성 결핍 언어발달장애 아동의 언어 및 사회성에 미치는 효 과」 등이 있다.

심정순 Shim Jungsoon(10장)

숭실대학교 명예교수, 연극평론가, 드라마투르그dramaturg. 한국연극학회 회장 및 국 제연극학회IFTR 집행위원회 위원 역임. 관심분야는 젠더와 연극, 문화상호주의, 셰익 스피어이며, 주요 저서로 『페미니즘과 한국연극』, 『글로벌 시대의 한국연극 공연과 문 화 1, 2권』, 『한국여성연출사와 미학』 등이 있다.

오수진 Oh Soochin(12장)

현재 한국역할극 문화예술교육협회 회장, 한국심리극 예술치료연구원 대표. 동신대학교 영문과(드라마 전공) 전임교수, 여성부 국제결혼가정 지원교육 전문가 협의회 상임대표 역임. 역할극 전문가 수련감독, 사이코드라마 전문가, 통합예술치료 전문가. 주요 저서로『셰익스피어 공연 읽기』가 있고, 주요 논문으로「집단통합예술치료 프로그램의 아동학대 부모교육으로서 활용 효과에 관한 연구」,「노인여가활동으로서의 비블리오드라마의 효과」등이 있다.

윤일수 Yoon Ilsoo(7장)

강원대학교 인문과학연구소 HK연구교수, 사이코드라마 1급 전문가 수련감독, 통합예술치료사. 주요 저서로『가족 사이코드라마』,『인생은 톱니바퀴: 영상을 통한 인문치료 이야기』등이 있으며, 주요 논문으로「사이코드라마 디렉터의 역할과 자질」,「사이코드라마 주인공의 효율적인 선정방식」,「이혼에 대한 편견을 경감시키기 위한 소시오드라마의 활용」등이 있다.

이가원 Lee Gawon(5장)

연극치료사, 수원여자대학교 강사. 주요 논문으로「투사적 이미지를 활용한 연극치료에 관한 연구」,「정서도식을 활용한 여성노인 연극치료 사례 연구」가 있다.

이두성 Lee Doosung(13장)

배우, 한양대학교 연극영화과 겸임교수, 前 한국마임협회 회장. 주요 논문으로「공감공동체를 향한 자전적 스토리텔링 공연 만들기 프로그램 연구」,「시를 활용한 마음 창작공연 연구」등이 있다.

이선형 Lee Sunhyung(6장)

김천대학교 상담심리학과 교수. 주요 저서로『연극은 무엇을 위해 존재하는가』,『연극, 영화로 떠나는 가족치료』등이 있으며, 주요 논문으로「치유의 드라마에서 주체와 객체의 관계 연구」,「연극치료에서 자전공연의 의미 연구」,「연극치료에서 투사 연구」등이 있다.

이효원 Lee Hyowon(서문,1장)

연극치료사, 용인대학교 문화예술대학원 연극치료학과 강사. 주요 저서로『연극치료와 함께 걷다』,『카우치와 무대』(역서) 등이 있다.

장인숙 Jang Insook(9장)

수원과학대학 공연연기과 교수 역임. 주요 저서로『20세기 전반기 유럽의 연출가들』(공저),『아리안느 므누슈킨과 태양극단의 공동창작 연극』,『바르바와 오딘극단의 연극여정』(역서),『몸과 마음의 연기』(공저) 등이 있다.

정순모 Jung Soonmo(4장)

연극연출가, 민속예술치료연구소장, 구로연극협회부회장. (사)한국교사연극협회창립초대회장, 극단수업대표, 前 현대고 교사. 주요 연출 작품으로〈에쿠우스〉,〈깔리귤라〉,〈비계긴 감자〉 등 30여 편이 있고, 저서로는『東洋傳統演劇의 美學』,『잔혹연극론과 아르또』가 있다.

연극치료와 파괴성

Dramatherapy and Destructiveness:
Creating the Evidence Base, Playing with Thanatos

2016년 1월 10일 1판 1쇄 인쇄
2016년 1월 15일 1판 1쇄 발행

지은이 • Ditty Dokter · Pete Holloway · Henri Seebohm
옮긴이 • 박미리 · 김숙현 · 배희숙 · 심정순 · 오수진 · 윤일수
　　　　이가원 · 이두성 · 이선형 · 이효원 · 장인숙 · 정순모
펴낸이 • 김진환
펴낸곳 • (주)**학지사**
　　　　04031 서울특별시 마포구 양화로 15길 20 마인드월드빌딩
대표전화 • 02)330-5114　　　팩스 • 02)324-2345
등록번호 • 제313-2006-000265호

홈페이지 • http://www.hakjisa.co.kr
커뮤니티 • http://cafe.naver.com/hakjisa

ISBN 978-89-997-0849-7 93180

정가 19,000원

인터넷 학술논문 원문 서비스 **뉴논문** www.newnonmun.com

이 도서의 국립중앙도서관 출판시도서목록(CIP)은 서지정보유통지
원시스템 홈페이지(http://seoji.nl.go.kr)와 국가자료공동목록시스템
(http://www.nl.go.kr/kolisnet)에서 이용하실 수 있습니다.
(CIP제어번호: CIP2015031643)